【博雅·分享】

高职高专职业素养精品教材

# 人际交往与沟通

RENJI JIAOWANG YU GOUTONG

主　编　熊文华　周　静
副主编　宋小梅　黎　华　李伟娜

苏州大学出版社
Soochow University Press

图书在版编目(CIP)数据

人际交往与沟通/熊文华,周静主编.—苏州:苏州大学出版社,2010.10(2019.6重印)
高职高专职业素养精品教材
ISBN 978-7-81137-586-2

Ⅰ.①人… Ⅱ.①熊… ②周… Ⅲ.①人间交往-高等学校:技术学校-教材 Ⅳ.①C912.1

中国版本图书馆 CIP 数据核字(2010)第 198618 号

## 人际交往与沟通

熊文华 周 静 主编

责任编辑 张 希

苏州大学出版社出版发行
(地址:苏州市十梓街1号 邮编:215006)
宜兴市盛世文化印刷有限公司印装
(地址:宜兴市万石镇南漕河滨路58号 邮编:214217)

开本 787×1092 1/16 印张 16.5 字数 410 千
2010 年 10 月第 1 版 2019 年 6 月第 5 次修订印刷
ISBN 978-7-81137-586-2 定价:38.00 元

苏州大学版图书若有印装错误,本社负责调换
苏州大学出版社营销部 电话:0512-67481020
苏州大学出版社网址 http://www.sudapress.com

## 人际交往与沟通

**编著者**

**主　编**　熊文华　周　静
**副主编**　宋小梅　黎　华　李伟娜
**编写者**　（按姓氏音序排列）

陈秋娜　郭　健　郭　星
何　惠　李东航　李庆原
李伟娜　黎　华　潘春玲
宋小梅　唐　建　熊文华
岳德虎　周　静　朱汝群

世事洞明皆学问

人情练达即文章

# 序 言
Preface

天地万物，莫不重和；社会人生，和为根本。和则顺，顺则兴。常言道，万物生长盼风调雨顺，谋事创业求天地人和。其中所蕴含的基本质素就是不同事物之间的彼此契合，相生相长，所追求的是一种大和谐的境界。毫无疑问，在社会交际领域，和谐同样是一个极其重要的概念。

在我们的一生中，个人的成长与发展始终伴随着一个持续深入的社会化进程。每个人都与社会发生着千丝万缕的联系。人在旅途，不论你是否意识到，不管你是否愿意接受，你都真实地处在纷繁复杂的社会关系之中。从亲人到朋友，从家庭到职场，你的个体角色在不断地变化，而不变的是在不同环境、不同时期那些形质各异的人际关系网络始终包围着你。所以，我们无法漠视人际关系的存在。随着商品经济的快速发展，文化多元趋势的增强，社会结构的日益复杂，人际关系出现了有别于过往的排列组合。亲人之间如何相守，朋友之间如何共处，同事之间怎样合作，如何与人愉快交往、顺畅沟通，等等，这一切成为人们在新的社会条件下需要认真面对的重要课题。因此，我们只有拿出智慧，融通地处理好人际关系，才有可能在这个时代行走如歌。

与其他一切事物一样，和谐是人际关系的理想状态，是人际交往与沟通所追求的目标。古人说"和宜生物"，可见，不同事物唯有相互协调才能有所发展；又说"天时不如地利，地利不如人和"，此则强调了"人和"是行动顺利乃至成就事业至为关键的因素。无论是对于个人还是对于群体，都是同样的道理。人际关系的和谐与否同样有如水之载舟覆舟，它可助人走向成功，也可毁人于一旦。良好的人际关系可以助推我们的事业，滋润我们的生活。因此，走出个人空间，融入社会，营建和谐有益的相互关系，应当成为我们生活的必需。

需要辨明一点，强调个人走向大众与人融通共处，并不意味着个性的消解，亦即营建人际关系并不是一个舍弃独立思想而简单求同的过程。一方面，我们需要知道个体必须通过社会才能实现价值，因而人不能离开与他人的关系而孤立存在；另一方面，又需要认识，追求"和谐"不等于要求"相同"。融通共处并不意味着千人一面、万物同声。在承认个体差异、尊重个体价值的基础上，营建人际关系的要旨是把不同个性的人联系在一起，形成合力，共同发展前行。

在社会生活中，我们格外关注、强调人与人的交往与沟通，其目的就在于良好人际关系的营建。维系人际关系的关键是在"差异"之中建构"和谐"。那么,怎样从"差异"通达"和谐"?一个必经之途便是彼此之间的交往与沟通。譬如人在职场,无论是私企还是国企,无论是普通雇员还是自我创业的老板,个人都处在特定的社会组织当中。在其中,个人所扮演的角色或是团队的管理者,或是团队普通一员,或二者兼于一身。于是,与人交往和沟通的问题就迫在眉睫。作为管理者,要善于聚合人心,发掘成员潜力,以凝成团队优势,这需要交往与沟通;作为依指示办事的团队成员,要善于听取、领会上级意图,确切表达自己的意见,与同事良好协作,这同样需要交往与沟通。同事之间,上下级之间,个人与个人、个人与群体之间,彼此需要在不断的交往和沟通中认识理解,互惠互谅,构筑合作共处的基础,从而营造出新的和谐统一。

在承认差异、尊重个性的前提下,追求和谐的特性决定了人际的交往与沟通是一门复杂而有意味的艺术。如果期待能够在其间自由徜徉,让这门艺术焕发光彩,我们就需要凝练智慧。智者不但通晓具体做事的方法,并且富有精诚为人的魅力。也就是说,我们不能把对人际交往与沟通的认识仅仅局限在一般方法和技巧层面,还必须将做人的精神品格纳入习养的视野。为人的魅力与做事的技巧相结合,才能够让人与人之间的交往沟通来得更为顺畅、圆融而深远。

我们赖以生存的是一片积淀深厚的土地,中华传统文化极其讲究做人的品质,把人做好是获得他人接纳的基础。在生活中,你或许会有这样的经验:同样一句话,从受人敬佩或遭人轻视的人口中说出,对他人的影响效力会有极大的不同。人品人格是人际交往过程中的潜实力,它所给予的启示是每个人都应当重视自我人格修养。在与人交往的过程中,能够真正融入真诚无私的情怀、宽阔坦荡的胸襟、乐观豁达的气度等,将会为你打开一个真善美的交往世界。

当我们作为社会的一分子进入社会后,就必须关注并遵循这个社会的普遍规则。在实际生活中,我们也需要讲究与人交往和沟通的一般方法,从而找到共识,相互协调;不然,就很可能会让所谓的交往沟通成为徒费热情的一厢情愿,导致有往无来、沟而不通的遗憾。

总之,我们强调,要想经由交往与沟通而通达人际关系的和谐,任何人都需要结合自身特点而习用一般的方法和技巧,但又不能仅止于此。你必须更进一层,重视修身养性,把人做好,才可能真正获得交往沟通之道。

在发达国家及地区,目标指向人的全面发展、和谐发展的全人教育理念已较为广泛地进入到高等教育领域。我国高等职业教育发展至今,也逐步从初期侧重专业技能培养走向强调可持续发展能力培养的阶段,人才培养视野突破了简单上岗就业的局限,提升学生综合素质日渐成为社会共识。这种对初期育人目标工具化倾向的逐步修正,使得我国高职教育正在朝着全人教育方向发展。为适应高职教育新的发展形势,作为高职院校的教育工作者,我们对促进学生全面发展的素质教育投入了极大的热情。关注学生在社会生活、职业生涯中良好人际关系的构建,加强人际交往与沟通能力的培养,正是我们素质教育链上的重要一环。

一般来说,在以往的生活中,人们都会有着与人交往沟通的经验,但对于不少职业院校学

## 序　言

生而言,这些交往与沟通的行为大多还不是自觉地、有意识地实现,以致效力低下,甚至出现偏差。为此,我们特别组织编写了这部高职高专院校基础素质教育教材,旨在培养提高学生人际交往与沟通的能力。

本书针对高职高专院校学生人际交往与沟通的现实状况和能力基础,着眼于学生未来职业生涯的可持续发展,从内在主观情志到实际行为方式,从为人的品格修养到交往沟通的方法、技巧,精心安排了十讲内容。本书重在引导学生从整体上认识人际交往与沟通实际上是一门讲究做人与做事和谐统一的综合性艺术,理解良好的交往沟通应当从做人开始;认识到诸多人际关系知识、与人交往沟通的方法技巧,必须与个人走向大众的内在热情相结合,才可能在生活中发挥作用,才可能转化为自我的实际能力。在此基础之上,指导学生用心体会,实际习练,使自己与他人的交往沟通成为一种自觉自主的行为,从而让我们的学生能够尽快地适应社会复杂的人际关系,在生活学习、就业创业的过程中得以健康发展。这是编写者的初衷,也是本书有别于其他同类教材的特色。

受编写者水平以及时间、精力的限制,教材内容与编撰形式难免存在诸多不足,我们真诚地期待各位专家、教师、学生及其他读者的批评指正,以助本书今后逐步修订完善。

编　者

# 目录

第一讲　你需要:激发交往的意愿 …………………………………………… (3)

第二讲　你需要:具备人格的魅力 …………………………………………… (23)

第三讲　你需要:了解人际的关系 …………………………………………… (43)

第四讲　你需要:获取对象的信息 …………………………………………… (65)

第五讲　你需要:遵守交往的原则 …………………………………………… (93)

第六讲　你需要:掌握表达的适切 …………………………………………… (111)

第七讲　你需要:懂得倾听的重要 …………………………………………… (141)

第八讲　你需要:学习交往的技巧 …………………………………………… (169)

第九讲　你需要:解决交往的危机 …………………………………………… (191)

第十讲　你需要:预演职场的交往 …………………………………………… (213)

自我测试 ……………………………………………………………………… (231)

主要参考文献 ………………………………………………………………… (253)

某高职院校三年级男生刘某,学习刻苦,成绩优异,但从小性格内向、孤僻,不愿与人交往,时常一天也难得说一句话,甚至有时候别人问他话也经常不回答。他在大学期间几乎没有朋友,只跟自己同宿舍的两个同学接触较多。大三了,自己班上还有同学不认识,与女生更是没有接触。他内心感到非常孤独、苦闷,觉得自己就像是行尸走肉,不知自己的生活有什么意义。即将毕业,想象着不可知的未来,他更是感到茫然无措。

——请问,对即将踏入社会的小刘你有什么建议?

# 第一讲

# 你需要:激发交往的意愿

英国剧作家萧伯纳说过:"你我是朋友,各拿一个苹果彼此交换,交换后仍然各有一个苹果;倘若你有一种思想,我也有一种思想,彼此交换,我们每个人就有了两种思想,甚至多于两种思想。"这两种或两种以上的思想,就是靠我们去与人交往而获得的。

"人"字,是除"一"字外的最简单的汉字之一。有人说,"人"字是一个相互支撑的结构,"丿"一撇,站立不住,要躺;"乀"一捺,无法直立,要睡。只有一撇一捺相互支撑才构成一个完美的"人"字。看似一种浅显的理解,却给人以深刻的启示。

所以人们常说,"人"字最容易写,但做人处世却最难。难就难在人与人之间怎样交往和相处,这是一个我们一生都必须面对而又不容易把握和处理的复杂问题。

写好一个"人",只需两笔;做好一个人,却要一生。

"接受我的关怀,期待你的笑容,人字的结构就是相互支撑……告诉你一个发现,你和我都会感动,世界很小,是个家庭……"

这是20个世纪80年代的热播剧《我爱我家》中的主题曲,每当响起这首由稚嫩童声唱出的歌时,人们心中很容易涌起一种无言的感动,因为这首歌道出了人与人之间应当相互帮助的人生真谛。

在现实生活中,你与我及他(她)、夫与妻、父母与子女、男人和女人、国家和家庭、人与自然等均构成了一个个支撑,组成了这个地球、这个世界,亲情、友情、爱情……无不需要支撑,正是有了相互扶持才有了我们这个异彩纷呈的世界。人一生的成长、发展、成功、幸福,离不开社会;人一生的烦恼、快乐、悲伤、爱与恨,也同样和他人的交往分不开。没有与他人的交往,也就没有人生的悲欢离合,也不会产生文学、艺术和科学。换句话讲,没有与他人的交往,就谈不上其他的一切。也正因为此,马克思提出了著名的关于人的本质的科学论断:"人的本质并不是单个人所固有的抽象物。在其现实性上,它是一切社会关系的总和。"①

有一个《天堂与地狱》的小故事:

有一个教士想知道天堂和地狱的区别,就去找上帝。上帝对教士说:"来吧,我让你看看什么是地狱。"

他们走进了一个房间,屋里一群人正围着一大锅肉汤。每个人看起来都营养不良、饥饿绝望。他们每个人都有一双很长很长的可以够到锅里的筷子,但筷子比他们的手臂还长,自己没法把食物送进嘴里,只能看着肉汤干坐着着急,他们看上去是那样悲苦。

"来吧,我再让你看看什么是天堂。"上帝把教士领入另一房间。这里的一切和上一个房

---

① 《马克思恩格斯选集》第1卷,人民出版社,1995年,第56页。

间没有什么不同。一锅汤、一群人、一样的长筷子，但大家都在快乐地歌唱。"我不懂，"教士说，"为什么一样的待遇和条件，他们快乐，而另一个房间里的人们却很悲惨？"

上帝微笑地说："很简单，在这儿，他们会先喂别人。"

> 助人就是助己，生存就是共存。社会分工越细，每个人对他人的依赖度就越高。人生在世，如果不会与人交往、与人合作，就相当于把自己送入地狱。

## 一、认识交往

### （一）交往需要是交往的原动力

交往指的是人与人之间通过一定的方式进行接触，从而在心理上和行为上相互影响的过程。在交往过程中，交往双方实现着各种信息的交流和行为上的互动。个体的人，因不断被社会化，人格才趋于成熟。

交往源于人的需要。人有天赋的、与生俱来的、自由开放的人性，包括生物性、社会性、精神性，人的生存同时具有生物性、社会性、精神性等多方面的需要，人与人交往的需要是人生物性、社会性、精神性三位一体的需要，是人最基本的需要。

人的生物需要是由人的生物属性决定的。我们这里所说的生物需要，尽管不是与动物本能完全相同的生物需要，但就起源来讲，人的生物需要是由生物本能发展而来的，比如个体保存、种族延续、动物的群体性等，都离不开交往，如寻偶需要，如果没有交往便不能实现。

人的本质属性中还有社会性。按人类社会的原则形成的社会对人提出了自己的客观要求，这些客观要求是多方面的，最根本的有社会交往、生产劳动和伦理规范等。人们对这些客观要求的体验、认识和反应就成了人的社会需要。社会性需要包括与人交往、受人尊重、爱与被爱的需要等。在人的社会需要中，交往需要是很关键的。它不但保证着人的生存、安全和延续，在某种意义上，它又是产生和维持正常精神活动的支柱。人与人之间的社会交往对于心理活动的发生和持续都起重要作用。这种需要得不到满足，人的精神活动往往就会崩溃或畸变。长期与社会隔离，即所谓"关系剥夺"或"社会交往剥夺"，可以使人丧失很多能力。

2003年7月29日，40岁的意大利洞穴专家毛里奇·蒙塔尔只身到意大利中部内洛山的一个地下溶洞里，开始了长达1年的命名为"先锋地下实验室"的活动。

"先锋地下实验室"设在溶洞内的一个68平方米的帐篷内，里面除配备有科学实验用的仪器设备外，还设有起居室、卫生间、工作间和一个小小的植物园。在洞外山顶上的控制室里，研究人员通过闭路电视系统观察蒙塔尔一个人在长期孤独生活的情况下生理方面会产生哪些变化。

度过了1年多暗无天日的地下生活后，蒙塔尔于2004年8月1日重见天日。这时，他的体重下降了21公斤，脸色苍白而瘦削，人也显得憔悴，免疫系统功能降到最低点；如果两个人同时向他提问，他的大脑就会混乱；他变得情绪低落，不善与人交谈。虽然他渴望与人相处，希望热闹，但他的确已丧失了交际能力。

蒙塔尔说:"在洞穴里度过了1年,才知道人只有与人在一起的时候,才能享受到作为一个人的全部快乐。过去,我是一个喜欢安静的人,常常倾向于独处。现在,让我在安静与热闹之间选择,那我宁可选择热闹,而不是孤寂。我之所以在洞穴中坚持了1年,只是为了搞科学试验。我丧失了许多与人交往的能力,这需要在今后的生活中重新纠正。但我不后悔,因为这场实验使我明白了一个人生的奥秘:生活的美好在于与人相处。"

人生的美好就像风中的花粉,在相互传播的同时,带给别人一缕愉悦,自己也暗香盈袖。

社会交往的需要与人的精神需要有密切联系,如只有在社会交往中才能体验到社会责任、伦理规范等,并由此产生满足责任感和道德感的精神需要。

美国心理学家马斯洛提出了著名的"需要层次论",从这一理论中,我们也可认识到交往的无处不在。马斯洛把人的各种需要归纳为五大基本需要:生理需要、安全需要、爱与归属的需要、尊重需要、自我实现的需要。看上去,这里似乎没有交往需要的位置。可仔细想想,在这五个层次需要当中,又有哪一种需要脱离得了与人的交往呢?

每个人生活在社会中,必然要与其他人发生相互作用、相互影响,即必然要与别人进行交往。这种交往就是人与人之间的相互接触、交流信息、沟通思想、联络感情的过程。从社会心理学的角度说,它是主体双方寻求需要满足的心理行为表现。其一,人们往往通过他人而认识自己,这需要与别人进行交往;其二,人们认识他人、认识社会及社会规范也需要通过与他人交往来实现,从而实现个体的社会化,所以人际交往是一种相互作用的需要;其三,在社会生活中,人有表现自己的意向,有以自己的思想影响他人、改造客观世界的心理需要,这就要通过交往,利用一切机会表达自己的态度、看法,若没有交往这一途径,则个体的这种心理需要将得不到满足从而产生恐惧、孤独等心理疾病;其四,人们在共同的社会生活中也通过交往交流信息、传递情感的需要。可见,人际之间的交往是必然的也是必须的。和谐的人际交往可协调人们的认识、情感、行动,增进人们的了解,团结一致,形成群体规范,利于个体身心健康发展及个性良好发展。

威廉·詹姆斯在《心理学原理》(1890)中写道:

"如果可行,对一个人最残忍的惩罚莫过如此:给他自由,让他在社会上逍遥,却又视之如无物,完全不给他丝毫的关注。当他出现时,其他的人甚至都不愿稍稍侧身示意;当他讲话时,无人回应,也无人在意他的任何举止。如果我们周围每一个人见到我们时都视若无睹,根本就忽略我们的存在,要不了多久,我们心里就会充满愤怒,我们就能感觉到一种强烈而又莫名的绝望,相对于这种折磨,残酷的体罚将变成一种解脱。"①

"找呀找呀找朋友,找到一个好朋友,敬个礼呀握握手,你是我的好朋友。"这是我们小时候都唱过的一首耳熟能详的儿歌,它唱出了人们需要朋友、需要人际交往的强烈心理需求。

> 交往需要是交往的原动力,交往动机根植于交往需要,这些需要构成了人们交往的心理动力源泉,并转化为人们的交往动机。

---

① 转引自阿兰·德波顿文集《身份的焦虑》,上海译文出版社,2009年,第7页。

### (二)交往动机对交往行为的影响及其结果

社会心理学认为交往动机是人类最基本的社会动机之一。它构成人们面向社会的最基本的行为趋势,是个人愿意与别人接触并得到别人接纳和关心的动机,是人们交往行为实际的直接的动力。

交往动机具有重要的心理功能,一是表现为协调作用,即协调情感和协调动作,交往可以使相互心理得到某些满足,从交往的信息中自动调节自己的行为;二是保健作用,通过交往,保持人与人的充分的思想情感的交流,保持实现沟通行为所必需的条件,是保证个人心理健康成长所必需的;三是在形成和发展人的社会性心理中有着重要作用,人的社会性心理正是在与他人进行的相互交流中,逐步形成和发展起来的,没有交往中的信息交流,就没有社会心理的产生。

所以,安全的需要、情感交流的需要和个体社会性发展的需要是交往动机最基本的因素。人们参与交往的动机,总的来说也由以上几方面引起,不过,由于每个人情况不同,会有不同的特定需求,这也就决定了人们不同类型的交往动机。其中,有出于情绪上的交往,有出于活动性的交往,有出于关系性的交往,但无论什么类型的交往,交往的最基本动机就是在于希望从交往对象那里得到自己需求的满足。如果对方不能满足自己的交往需求,人们便很难产生与之交往的动机。

交往动机是人们交往行为实际的直接的动力,是影响交往效果的主要内部原因。交往动机对交往行为及其结果的影响,主要表现在以下两个方面:

一是影响交往对象的选择。每个人往往面对着若干可以交往的对象,可是实际上每个人总是与特定的对象交往。个体所选定的交往对象,一般都是能满足其交往需要的对象。如果一个对象所具备的知识、经验、能力、品德、仪表、地位和身世等特性,不能满足个体的交往需要,那么个体就不会把该对象作为交往对象。人们对特定交往对象的这一选择过程,直接表现为交往动机。只有通过交往动机这个中介,才会使交往需要的满足转化为可能。因此,我们通过一个人的交往动机,不仅能了解一个人需要同什么人交往,而且了解他为什么选择了这样或那样的交往对象。

二是影响交往行为的强度和力度。交往动机不仅有如上所说的方向性,而且有动力性,能规定人们交往行为的强度和力度。人们交往行为的振奋与怠惰、紧张与松懈、坚持与终止,其直接原因来自交往动机的强弱。大凡在交往动机强烈的情况下,人们的交往行为一般都比较振奋和专注,表现出努力排除交往障碍,把交往过程继续下去的意向。相反,人们在交往中,表现得兴趣索然,行为怠惰、松懈、厌倦,稍有障碍便欲终止交往等,其交往动机一定很弱。

无论是在职场还是在生活中,我们都必须和人打交道,只有学会与人打交道,才能在职场取得好的业绩,在生活中一帆风顺。因此,社会交往动机对于我们主动适应社会各种角色要求是必不可少的一种动机,这种动机具有基础性和活动性的特征,是一种希望通过更多的人际交往,了解社会、认识社会和适应社会的外部推动力。

交往动机的强弱直接影响着人际交往活动的有效性,强烈的交往动机会激发并维持人与人之间长期高效地交往,反之则会使人与人之间较少交往或进行无效交往。要获得最佳交往效果,就必须遵循交往原则,自觉地激发、强化交往动机。

当然,人的交往毕竟不同于动物的群居性生活,我们不但要自觉地激发、强化我们的交往动机,更要在参与积极的社会交往活动中深刻体会交往的重要性、目的性,知道社会交往的道德知识和行为准则,借助交往,加快社会经验的积累,增强道德情感,形成有利于社会和他人、有利于个人健康成长的高尚的交往动机,进而使我们的人格得以完善,社会化的进程得以加快。

我们个人的成长、发展、事业的成功、生活的幸福都与人际关系密切相关。良好的人际关系靠积极正确的人际交往来实现。

## 二、身心健康离不开人际交往

人际交往的时间越长,空间越大,人的精神生活就越丰富多彩,得到支持与帮助的机会就会越多,就越容易保持心理平衡;当交往需要得不到满足时,人的情绪就会低落,心理就会失去平衡。人们的交往活动能够使情绪得到调节,使紧张的心理得以缓解,从而保持心理平衡,有利于身心健康。

在中国有许多父母都认为学习成绩的好坏关系到孩子一生的成败,这是一个已经过时的观念,殊不知不少成绩优等的学生到了社会上反而沦为终身怀才不遇的失败者。这是因为比学习成绩更重要的则是一个人的心理品质——自尊和自信。瑞士心理学家葛兹那维夫妇认为,比成绩更重要的是孩子的自尊。当一个孩子自尊降低时,用于学习的动力和能量也就降低了,从而有可能跌进失败的循环圈中。而自尊是自信心的核心,是一个人成功的重要心理品质。一个人的心理品质是在人际交往中形成、巩固、强化起来的,人的心理发展历程都是在人际交往中实现的,个人的交往能力和技巧同样是在与人的交往中学习和发展起来的,人际交往是人的心理发展的雨露阳光。

### (一) 人际交往对我们生理和心理状况的影响

人人都渴望交往,人际交往是维持人们正常生理、心理健康的必要因素。现在的年轻人多数为独生子女,自小被家长溺爱,由于过分地强调"人身安全",从小到大一直被家长和学校无微不至地保护着,缺少集体活动与社会活动。另外,由于学习压力过重,家长、学校又不鼓励大家进行更多课外的交往,造成封闭心理较为严重,交往中有一种难以克服的惰性,这种长时期形成的闭锁交往心理使人很难走出狭小的交往圈,从而导致"不知如何与人交往"。进入职场后,面对新的环境、新的交往对象和紧张的工作,不少人不知道怎样与人交往,特别是长期在应试教育的指挥棒下,一些人内心脆弱、封闭、自私,容易受伤,情绪不稳定,认识上有偏颇,不善于合作,不会交往,一旦在交往中出现不和谐因素,就会产生心理矛盾和冲突,导致焦虑、紧张、恐惧、愤怒等不良情绪,甚至出现过激行为,走向极端。

> 缺乏积极的人际交往,就不能正确地对待自己和别人,心胸狭隘,目光短浅,容易形成精神上、心理上的巨大压力,甚至可能形成恶性循环而严重影响身心健康。

### (二) 人际交往对情绪和情感变化的影响

处在人生黄金时期的年轻人,在心理、生理和社会化方面逐步走向成熟,需要通过和同龄人的交往来满足自己的成人感和独立性,产生肯定的情绪体验。正如德国学者斯普兰格所言:"在人的一生中,再也没有像青年时期有那样强烈地渴望被理解的时期了。没有任何人会像青年那样沉陷于孤独之中,渴望被人接近与理解。"① 对于走向未来的青年人来说,正常的交往是不可缺少的,通过相互交往,互相表达自己的喜、怒、哀、乐,就会增进人们之间思想感情的交流,产生亲近感和亲密感,从中吸取力量,获得人与人之间的心理平衡。但在这一人生的"过渡期",自身的生理和心理特点决定了他们情绪不稳定,情感既丰富又脆弱。主要表现就是容易受到不良因素的影响,遇到挫折容易急躁、冲动,自我控制能力差,容易灰心丧气。

我们常说的情绪问题,一般是指人们的消极情绪,指因生活事件引起的悲伤、痛苦长时间不能消除的状态。情绪上的矛盾是心理矛盾最重要的表现形式。情绪问题一方面导致大脑神经活动功能紊乱,使情绪中枢部位的控制减弱,使其认识范围缩小,自制力、学习工作效率降低,不能正确评价自我,甚至会产生某些失去理智的行为,造成心理障碍和心理疾病;另一方面,情绪问题又会降低人的免疫功能,导致正常生理平衡失调,引起心血管、消化、泌尿、呼吸、内分泌等系统的各种疾病。专家指出,导致人们产生情绪问题的原因多数是由人际关系不畅造成的。

一是人际交往的受挫带来负面情绪。一些人对人际交往具有浓厚的理想主义色彩,人际交往的期望值过高,一旦期望值难以达到,就容易采取消极冷漠的态度。当出现心理困扰,又无人倾诉排解,由于得不到及时的帮助与治疗,就可能引发精神上的疾病。另外,不少人或多或少地存在自卑心理,担心自己在社交场合不善言谈,担心自己缺少社交风度和气质,不被人重视接纳。有些人很想与人正常地交往,却因生性内向,过于腼腆,存在思想顾虑,从而游离于社会、职场交际圈之外。一旦在心理上与周围的人格格不入,就不可避免地陷入紧张、焦虑的情绪之中。

二是性和恋爱引起的情绪波动,这也是一种特殊的人际交往。随着性机能日益成熟,青年人对感情的欲望逐渐加强,他们渴望与异性交往,追求美好爱情。但由于心理尚未完全成熟,情绪具有较大波动性,且性格尚未定型,承受挫折的能力不够,对爱情的理解又过于浪漫而不切实际,一旦情感问题上遭受挫折(如失恋、单相思)便难以承受而灰心丧气、一蹶不振,甚至走向极端而采取过激行为。另一方面,有些人由于缺乏必要的性教育而导致谈性色变。性心理常处于受压抑状态,本能的释放性与心理的压抑性的矛盾必然导致精神焦虑。个别人会因此精神蒙受痛苦,心灵备受煎熬,情绪波动明显。

青年人的情绪问题与情感问题又是密切联系的,他们人际交往的类型包括同学交往、师生交往、家庭交往、社会交往等,在大学阶段一般是亲情、友情、爱情等三个情感方面的问题。

一是亲情。近年来,反映青年人与家人关系疏远的文章较常见,很多人的反映是:进入大学后与家长没有太多的话讲,跟他们联系往往限于实质性问题,如经济供给、物质补充而非情感沟通,尽管自己也认识到不应该这样,但懒得联系却是一种普遍心态,而且从心理上也并不感到有歉疚,即使通电话,也仅仅是我一切都好,不用牵挂之类的客套话。与此相反,恋人之间的联系却越来越多,电话短信越来越频繁,一位大学生在发出数十张贺卡后,人们并没有从他开出的"账单"上发现给父母的。很多家长也感到亲情受到空前的挑战,发出了"与孩子之间的联系仅是经济上的"感慨。对父母给予的关心、爱护,不少大学生认为是理所当然的,能够理解家长良苦用心的大学生少之又少。

---

① 名言网 http://www.mingyanw.com.

二是友情。怎样处理与同学之间的关系也是大学的一门必修课,如果处理不好同学之间的关系自己就会感到很孤独,很寂寞,甚至也会走向极端。友情是人生路上的宝贵财富,校园独特的人文氛围滋长着学生各种情感的发展。在处理个人情感问题上,分不清友谊与爱情,不能很好地把握男女同学交往的尺度,希望珍惜友谊又不经意地与友谊失之交臂,这些问题时刻困扰着某些大学生。

三是爱情。大学生不会处理学业和恋爱的关系,一味的爱情至上,一切以爱情为中心,整天忙于花前月下、卿卿我我,甚至连睡觉吃饭都没时间。于是厌学、早退、旷课现象增多,甚至造成多门功课不及格,不能顺利毕业,耽误了自己的美好前程,令人痛心。也有的大学生社会阅历浅,心理承受能力较弱,而期望值又高,容易冲动。一旦失恋,往往造成爱情悲剧:伤害对方的有之;自杀的有之;精神分裂的有之;厌恶俗世、破罐破摔的有之……

随着知识的增长和社会阅历的增多,大学生心理逐步成熟,成人感也日益增强,在进入职场这样一个全新人际环境的时候,对于人际关系的建立抱有积极良好的愿望,在人际交往中仍十分注重感情的交流,讲求情投意合和心灵深处的共鸣,希望通过建立良好的人际关系获得尊重和承认,希望别人能够真正把自己放在成人的位置上尊重,发现自己,了解自己。遇到突发事件或与心理预期落差太大的情况下,由于社会经验较少,而我们的学校又缺乏相关的教育与培训,往往不知道该如何处理与面对,情绪就会很不稳定,变化无常,表现为时而欢欣鼓舞,时而焦虑悲观,容易用情感冲动代替理智分析。

正是由于心理发展的不完善,情绪不稳定,做事易冲动,加之生活的领域不断拓宽,因而在人际关系的处理上也就表现出明显的易变性。这种易变性与学生时代人际交往的理想性相关,从而体现出人际交往的不成熟,这种不成熟反过来又影响到青年人对于情绪、情感的控制。

生活本来就不是一帆风顺的,在人生的道路上,不顺心的事情是不可避免的。书画大师刘海粟先生一生为了艺术奋斗,即使在生命历程不太顺利的情况下仍然能够做到"宠辱不惊,看庭前花开花落;去留无意,望天上云卷云舒",其画室内的这副对联充分显示出大师的心胸气度。的确,生活中并不缺乏阳光,只不过阳光被你的心情阴霾遮盖了。

> 友好、和谐的人际交往,有利于对不良情绪和情感的控制和发泄。我们也可以在不断经历的人际困扰中学会调整自己,走向真正的成熟。

## (三)人际交往对精神生活的影响

每个人都需要别人的关怀、帮助、爱护、同情,需要一种稳定的安全感,它表现为人们追求稳定、安全的环境,希望得到保护,能够免除恐惧和焦虑等。这种需要是一种精神上的需要,如果一个人没有亲人、朋友,他会感到孤独、寂寞、焦虑、恐惧;如果他有亲人、朋友,他会感到充实、快乐、安全。人际交往的需要是人的一种基本的精神需要。

在漫长的人生旅途中,人不能不与他人打交道,人需要和别人建立一定的情感联系。这种情感联系可能使你获得快乐与幸福,也可能使你获得烦恼与不幸;可能对一个人的成功与发展犹如雨露阳光,使你茁壮成长,也可能如同雷霆万钧,或阴雨连绵,使你经历坎坷或默默无闻,所以它对一个人的心理发展有着不可忽视的作用。这种心理状态一般比较持久,将会影响人生的某个阶段,以至人的整个一生。正因为如此,有意识地密切人际交往,建立良好的人际交往关系,对每一个人来说都是十分重要的。在职场中,主动与他人进行广泛的交往,迅速建立起新的人际关系,这样才能尽快地从学生过渡成为职业人,产生稳定感和归属感。

## 三、个人成长离不开人际交往

人际交往是个人社会化的起点。每个人的社会化进程自出生后就开始了,婴儿语言的产生与发展从本质上讲就是人际交往的结果。随着婴儿的长大,他开始走出照顾者的势力范围,在与更多的小朋友交流过程中学会理解别人,关心别人,表达自己的情感和愿望,克制自己的愿望、行为等。如果我们观察一个人的发展,就会发现,他的成长过程实际上就是一个不断开放自己,与更多的人和更广范围的人交际的过程。如果一个人一生都封闭自己,他的发展就会受到很大的限制。人际交往对每个人成长的作用表现在以下三个方面。

### (一) 人际交往是交流信息、获取知识的重要途径

现代社会是信息社会,信息量之大,信息价值之高,是前所未有的。人们对拥有各种信息和利用信息的要求,随着信息量的扩大,也在不断地增长。社会交往可以营造一个丰富的、快速的、反映灵活的信息环境。在这样一个环境中,我们可以更好地吸纳、选择和运用信息,可以迅速、广泛而深入地进行信息的交流、反馈和思想火花的碰撞与共振,使各种知识相互融合、移植、增长,从而促进思想观念的更新以及知识结构和思维方式的不断调整与完善,通过交流思想,互通有无、取长补短、共同提高。

人际交往还可以产生群体压力,人际比较、竞争与情感激励等因素,这些因素可以激励我们去努力学习,发愤拼搏。随着交往内容的不断扩充,社会接触面越来越大,人际交往越广、越深,就越能获得更多、更真实的信息,从而拓宽自己的视野,丰富自己的知识,并加快社会经验的积累和深化的速度,缩短个体与社会的距离。因此,良好的人际交往能促进信息交流,有利于我们每一个人文化知识与技能的学习。

> 拥有丰富的信息,便拥有发展的机遇。敞开胸怀,投入到人群,与他人分享信息,是实现个人与他人共赢的基础。

### (二) 人际交往是实现个性全面发展的重要手段

个性不是天生的,个性是逐渐形成的社会化过程,这个过程开始于人的生命伊始。个性的发展在很大程度上取决于交往的方式与交往环境的辩证统一。个人交往的面越广、内容越丰富,个性发展的条件就越好,交往决定着个性结构及其发展方向。

社会心理学研究证实:健康的个性总是与健康的人际交往相伴随的,愉快、广泛和深刻的人际交往有助于个性发展与健康。心理健康水平越高,与别人的交往就越积极,越符合社会

的期望,与别人的关系也越深刻。心理学家奥尔波特发现个性成熟的人,都同别人有良好的交往与融洽的关系,他们可以很好地理解别人,容忍别人的不足和缺陷,能够对别人表示同情,具有给人以温暖、关怀、亲密和爱的能力。人本主义心理学家马斯洛发现高水平的"自我实现者",对别人有更强烈、更深刻的友谊与更崇高的爱。如果一个人长期缺乏与别人的积极交往,缺乏稳定而良好的人际关系,这个人往往就有明显的性格缺陷。

首先,人际交往是促进自我认识的基本途径。人贵有自知之明。古往今来,人们最想了解,而又最难了解的正是自己。正确地认识自我,从而合理地评价自我,对每个人来说都不是一件容易的事,对于初入职场的人来说更为困难。一个人要认识自己,往往有两种方法和途径:一种途径就是自省,反思自己所做过的事情以及后果;另一种途径就是观照,即从对象(包括自然对象和他人对象)身上反观自己。因此,与人交往是个体认识自我的重要途径。经验表明,人对自己的认识总是以他人为镜,通过与他人进行比较,把自己的形象反射出来而加以认识。

人们有时候必须在多次受到长辈斥责和朋友规劝之后,才能恍然大悟,真正达到有自知之明。贞观年间,正是有了能够犯颜直谏的魏徵等忠臣的帮助,唐太宗才开创了唐初的贞观盛世。因此魏徵病逝,太宗追思不已,尝临朝谓侍臣曰:"夫以铜为镜,可以正衣冠;以古为镜,可以知兴替;以人为镜,可以明得失。朕常保此三镜,以防己过。今魏徵殂逝,遂亡一镜矣!"① 通过广泛的人际交往,能促进自我发现、自我反省,取人之长、补己之短,在交往中找到认识自我的尺度,磨砺性格,砥砺品行。俗话说,"听君一席话,胜读十年书","前车之辙,后车之鉴",说的就是这个道理。

其次,人际交往又是个性发展和完善的条件。人的个性除了受先天遗传因素的影响以外,更重要的是后天环境因素的塑造。人们交往的环境是个性形成、发展和完善的直接条件。长期生活在友好和睦的人际关系环境里,一个人就会乐观、开朗、积极主动;相反,长期处于人际关系紧张的状态之中,就有可能变得消极、悲观、多疑、神经质。善交往者,往往能在人际交往中获得很多。交往的深度直接影响个性的品质,对我们来说,自己最了解、最亲密、品行高尚的朋友对自己的影响也是最大的。交往的广度直接影响个性的形成,一个人与人交往越多,生活经验越丰富,接触的面越广泛,对自己的了解和评价就会更客观、全面。同时,广泛地接触社会,广泛地进行人际交往,不仅有利于增加对社会的认识,更能够学会认识问题的方法,扩大视野,增长才干,为自我评价、设计、发展和完善创造有利条件,全面提高自己的综合素质。

> 一个人的发展取决于和他直接或间接进行交往的其他一切人的发展。
> 
> ——马克思②

---

① 《二十四史全译·旧唐书·卷七十一 列传第二十一·魏徵》,汉语大词典出版社,2004年,第2062页。
② 《马克思恩格斯全集》第3卷,人民出版社,1976年,第515页。

## （三）人际交往影响个体的社会化进程

人际交往是个人社会化的起点和必经之路。所谓社会化，是使一个出生时仅有最基本的生理功能和基本的反射的"自然人"，通过逐渐参与社会生活，逐步学习和接受所在社会的知识、技能和社会规范，成为一个文明、有文化素养，懂得用社会规范约束自己的"社会人"的过程。瑞士著名心理学家皮亚杰认为，社会每分钟使成千上万的野蛮人问世，应该使他们文明化，成为社会的个体。人的社会化过程决定了人的自我意识和各种智能。一个社会化完全的人，应该具有正确的自我观，能够在社会实践中，随着年龄的增长而不断提高和自我完善生理、心理、社会活动及自己与他人的关系的认识；反之，便是心理病态人，一个社会化不完全的人。交往是个体社会化必不可少的条件，社会化的主要内容——内化社会规范、学习社会角色和自我的发展都是通过个体和社会的充分交往而实现的。如果没有其他个体的合作，个人是无法完成这个过程的。事实上，人从出生就进入了巨大而复杂的人际关系网络中，人的社会化和发展都是在这无法避免的人际交往中完成的。人要想在社会中生活，就必须学会适应环境，学习社会长期积累起来的知识、技能和行为规范，掌握处理人与人之间关系的本领，获得和发展自己的社会性。随着个体年龄的增长，这个社会化由外在教化转为个体内化，而内化的几种形式（模仿学习、主观认同、认识加工、角色扮演）是离不开人与人的交往的。因此，人际交往是每一个人社会化的重要环节。

青年人跨入社会要比在家庭这个小天地里承担更多而又是必须承担的社会角色，没有丰富的社会生活经验是难以胜任的。人际交往能让我们在较短的时间里，以较少的代价获得别人积极的经验，洞察别人失败的教训。一个人一生经历的环境有限，结交的范围有限，所有的经验教训不能靠自己一个人慢慢地去一一经历，只有与更多的人交往，与经历丰富的人交流，才可能获得更多、更广泛的有益经验。在交往中，我们可以通过广泛而深入地接触各种各样性格不同、职业选择不同、年龄不同、经历不同、爱好不同、能力不同、地位不同、家庭环境不同、价值观念不同的人，与他们交流思想认识，观察他们的为人处世以及他们对自己的反应、态度及评价，更深刻、更全面地认识自我、认识社会、认识人生，并不断积累社会生活的经验，从而摆正个人与他人、个人与社会的关系，明确自己应尽的社会责任和义务，树立正确的世界观、人生观和价值观，使自己的学习、生活、行为更好地适应社会的要求，促进早日成熟，尽快成为一个社会人。任何人如果将自我封闭起来，夜郎自大，等待他的就只能是失败。

> 一个人交往的性质和水平，直接影响着他社会化的水平，因此要尽量多地开展人际交往活动，锻炼自己人际交往的能力，为自己的人生铺平道路。

## 四、事业成功离不开人际交往

孟子曰："天时不如地利，地利不如人和。"① 讲的是战争胜利的三个条件，"天时、地利、人

---

① 《孟子·卷四·公孙丑下》，中华书局，2006年，第76页。

和"中,"人和"是最重要的,无论在古代还是现代,"人和"都是战争取得胜利的决定因素。事实上,"人和"不仅对于战争是重要的,对于任何事业都同样重要,上至国家、下至企业乃至每一个人,要想办成一件事,都离不开"人和"。而"人和"离不开成功的人际交往。

良好的人际交往与沟通能力是事业成功的基础。对于一个人来说,事业的成功与否,一方面取决于自身的真才实学,另一方面则取决于自身是否具有让他人和社会认同接纳的能力。从实际情况看,目前有相当数量的应届大学毕业生初入社会都会有不同程度的不适应感,总有与社会格格不入的感觉。他们大多与单位领导及同事关系不够和谐,其原因还是在于学生时代缺乏良好的人际交往和沟通能力。如果在学生时代开始注重培育自己良好的人际交往能力,对于今后融入社会、开创事业、干好工作都有着非常重要的基础作用,特别是在市场经济条件下,社会竞争日趋激烈,这一能力就显得越来越重要。

人是群体动物,人与人之间能否和睦相处,对事业影响很大。企业家制造出来的商品,因商品受人喜爱而赚钱发财;政治家开展政治工作,因得到人们的支持而有所成就;歌唱家演唱,因得到乐队的伴奏和观众的捧场而被接受……一切都离不开其他人的支持和帮助。犹太人领会了这一道理,认为把人与人之间的关系处理好,是他们事业成功和发财致富的一种技巧。

管理学上有一个非常著名的"木桶理论",木桶理论的最初含义说的是木桶的最大储水量不是取决于最长的那块木板,而是取决于最短的那一块。新阐发的木桶原理是指一只木桶能够装多少水,在正常情况下取决于三方面的因素:第一,每一块木板的长度,最短的木板决定盛水量;第二,木板与木板之间的结合是否紧密,如果木板与木板之间存在缝隙或缝隙很大,也无法装满水;第三,是否有一个很好的桶底,如果没有好的桶底,盛水只能是空想。这就是新木桶原理。对一个组织而言,构成组织的各个要素类似于一个木桶的若干木板,而组织的能力有如木桶的容量,取决于组织中最弱的要素,也取决于组织有无凝聚力。对于一个人来说,要想取得成功需要多方面的能力,如果说他各方面的能力分别是木桶桶身的一块块木板,这些能力中最差的一项决定着成功的大小,那么人际交往能力则是整个木桶的桶底,桶底决定着能不能装水,人际交往能力决定着究竟能不能成功。这又是为什么呢?

## (一) 交往能带来更多的机会

通过交往,才能获得更多的机会,个人的才干才能得到充分的表现,才能获得社会的承认,进而获得他人的尊重。在现代社会中,个人才华的展现,越来越体现为通过人际吸引,加深与他人的情感联络,进而获得他人的高度认可和深层理解。

美国著名成功教育专家戴尔·卡耐基经研究发现:一个人的成功,15%是靠个人的专业知识,85%是靠人际关系和处事能力。可以说,人际交往能力是对人的一生起着重要作用的基本素质,它直接影响着一个人的生活、学习和工作。在普遍联系的现代社会,仅靠一个人单枪匹马、单打独斗地去建功立业已经成为难以实现的幻想。我们不难发现,在社会上有些人在人生和事业上难以获得成功,并不是因为他专业能力不强,也不是因为他学历不高和智力不足,而是因为他社交能力差,不会很好地与人相处,因而缺乏社会支持,到处碰壁,举步维艰。

在好莱坞流行一句话:一个人能否成功,不在于你知道什么( what you know),而是在于你认识谁( whom you know)。卡耐基训练(Carnegie)大中华区负责人黑幼龙指出,这句话并不是叫人不要培养专业知识,而是强调"人脉,是一个人通往财富、成功的入门票"。人脉,顾名思义，指的是人与人之间的脉络，也就是我们常说的关系网。人脉资源丰富的人往往朋友遍天下。黑幼龙举例，美国老牌影星寇克·道格拉斯（知名男影星麦克·道格拉斯的父亲）年轻时十分落魄潦倒，有一回，他搭火车时，与旁边的一位女士攀谈起来，没想到这一聊，聊出了他人生的转折点。没过几天，他就被邀请至制片厂报到，因为，这位女士是一个知名制片人。这个故事的重点在于，即使寇克·道格拉斯的本质是一匹千里马，但也要遇到伯乐，一切才能美梦成真。

或许你觉得你的同事在水平、人品各个方面都和你不相上下，甚至有的地方还不如你，为何他会拥有众多的机遇，而你却没有呢？因为有人赏识他！为什么赏识的偏偏是他呢？

答案很简单——你的同事比你有人缘，获得升职加薪的机遇当然比你多。

斯坦福研究中心曾经发表一份调查报告，结论指出：一个人赚的钱，12.5%来自知识，87.5%来自人脉。这个数据是否令你震惊？2004年，中国百富榜上60%的企业家最看重的十大财富品质中，"机遇"排在第二位。而"机遇"的潜台词是"关系"，因为人际关系越好，机遇相对就越多。

先来看个故事：

从最底层的服务生到豪华酒店的老总，其间的路程需要几年？许多人都会认为这个答案很难给出，因为许多人做了十几年甚至一辈子服务生也未能如愿以偿地成为酒店老总。然而，却有人在"一夜之间"实现了这个别人几十年都无法实现的转变。

这就是乔治·波特，华尔道夫饭店首任总经理的故事。

一个风雨交加的夜晚，一对老夫妇走进一间旅馆的大厅，想要住宿一晚。

无奈饭店的夜班服务生说："十分抱歉，今天的房间已经被早上来开会的团体订满了。若是在平常，我会送二位到没有空房的情况下用来支持我们的其他旅馆，可是我无法想象你们要再一次置身于风雨中，你们何不待在我的房间呢？它虽然不是豪华的套房，但还是蛮干净的，因为我必须值班，我可以待在办公室休息。"

对于年轻人诚恳的建议，老夫妇接受了，并对给服务生造成的不便致歉。

隔天雨过天晴，老先生去结账时，柜台前仍是昨晚的这位服务生，小伙子亲切地表示："昨天您住的房间并不是饭店的客房，所以我们不会收您的钱，也希望您与夫人昨晚睡得安稳！"

老先生点头称赞："你是每个旅馆老板梦寐以求的员工，或许改天我可以帮你盖栋旅馆。"

几年后，年轻人收到一封挂号信，信中说了那个风雨夜晚所发生的事，并附一张邀请函和一张到纽约的往返机票，邀请他到纽约一游。

在抵达纽约曼哈顿后，年轻人在第5街及34街的路口遇到了那位当年的老先生。这个路口正矗立着一栋豪华的新大楼。老先生告诉他说："这是我为你盖的旅馆，希望你来为我经营！"

年轻人惊讶不已，说话变得结结巴巴："您是不是有什么条件？您为什么选择我呢？您到底是谁？"

"我叫威廉·阿斯特，我没有任何附加条件。我说过，你正是我梦寐以求的员工！"老先生郑重地告诉年轻人。

那家旅馆就是纽约最豪华、最著名的华尔道夫饭店。这家饭店在1931年启用，并且成为入住者极致尊荣的地位象征，也是各国的高层政要造访纽约下榻的首选。当时接下这份工作的年轻服务生乔治·波特成为奠定华尔道夫饭店世纪地位的著名企业家。

是什么让年轻服务生乔治改变了自己的命运？毋庸置疑的是他遇到了"贵人"。可是如果当天晚上不是他当班,或者乔治·波特以一种公事公办甚至冷冰冰的态度为老夫妇服务,告知他们饭店客满,请他们另寻住处,还会有一样的结果吗?

现实生活中充满着许许多多的因缘,每一个因缘都会使你结识一位新朋友,我们常常要借助这些新朋友来完成自己的事业。在平时,这个人脉资源可以帮你比别人更快速地获取有用的信息,进而转换成工作升迁的机会,或者财富;而在危急或关键时刻,往往可以发挥转危为安、临门一脚的作用,成功的交往会给我们带来好运。拓展你的人脉,每一个因缘都可能将你推向一个新的高峰。要知道,一匹好马可以带领你到达你梦想的地方,好的人际关系可以帮你实现自己的愿望。

腾讯教育频道曾进行一个有六万多网友参加的关于人际交往的调查,有一题是"你结交朋友的动机",其中一个选项是"扩大生活圈子,为以后发展打下人脉基础"。选此项的高达54%。人们交朋友的动机可以分成很多类,概括来讲一种是知心的,就是情投意合,这种朋友,一生一两个就够了,他会永远在你的生活圈子里面;一种是有用的,如果你想成长,想成功的话,就应该结交这些朋友,因为这些朋友将来到社会上可以互相扶持。来到大学交朋友,不仅仅是个人的学习,而且是未来发展的需要,要结识可用的人。

> 人在职场,都渴望贵人相助,贵人就是我们成功的捷径。其实贵人无处不在,贵人出于好人脉。

## (二)交往合作是事业成功的土壤

俗话说:"一个篱笆三个桩,一个好汉三个帮。"现代科技和生产的发展已经进入大协作时代,要想获得事业的成功,要先学会善于与人合作,学会整合各种力量。

随着社会分工越来越细密,个人的能力显得越来越有限,往往局限于单一,或者是某几个有限的领域里。一个思维敏捷、巧舌如簧的律师可能疏于业务能力,一个善于管理的企业家可能不懂融资技巧,一个技术精湛的专家型商人可能缺乏商业思维,一个能力出众的公务员可能不善于处理人际关系……这种局限能够在一定程度上突破,但不可能彻底突破。没有人能够成为一个无所不能的超人。所以,我们必须学会利用别人的能力,自己不足的地方要能够通过别人的能力来加以弥补。

随着高科技产业的快速发展,如果专事某一行业的工程师们永远不打开另一扇门,不听听别的声音,不但自己可能面临"技术落后,被时间淘汰"的风险,还无法晋身管理阶层,更无从探知将技术、市场与行销各领域整合的乐趣,发展格局也将受到限制。

哈佛大学为了解人际能力对一个人的成就所扮演的角色,曾经针对贝尔实验室(Bell Lab.)顶尖研究员做调查。他们发现,被大家认同的杰出人才,专业能力往往不是重点,关键在于"顶尖人才会采用不同的人际策略,这些人会多花时间与那些在关键时刻可能有帮助的人培养良好的关系,在面临问题或危机时便容易化险为夷"。

哈佛学者分析,当一位表现平平的实验人员遇到棘手的问题时,会努力去请教专家,之后却往往因苦候没有回音,而白白浪费时间。顶尖人才则很少碰到这种问题,这是因为他们在平时还用不到的时候,就已经建立了丰富的资源网,一旦有事请教便立刻能得到答案。人际交往能力强的人,可以在关系网络中穿梭自如,凭借自己的交往水平和能力,解决许多别人难以解决的问题,大大提高工作效率;反之,则举步维艰,处处碰壁。

沈湘编译的《走得快和走得远》中讲了这么一个故事:

托尼是美国一个登山队的优秀队员,每次登山因为经常返回帮助队友,影响了他自己的登山成绩。托尼的梦想是成为世界上最优秀的登山运动员,他想如果一直和队友们一起登山恐怕永远无法实现这个梦想。经过一次次准备,登山队员们终于向美国本土最高峰进发,就是海拔4417米的惠特尼峰,位于加州红杉国家公园,山峰西南260公里是太平洋,东120公里是美国最低点——海平面以下86米的死谷。这次托尼做好了独自登峰的准备,在他攀登的过程,他收到了要求返回的信号,他咬咬牙,没有回头,尽管随后要求返回的信号不断,托尼一次也没有回复,他想证明要想获得成功就得选择继续往上攀登。当他到达峰顶去体会从未有过的成功的豪情时,可怕的海啸带着雪崩接踵而至,托尼失去了一条腿,永远失去登山的机会。多亏了队友们的相救,他才保住了性命。而队友们见发出的海啸预警返回信号没有回复,也只好冒死登山,直到找到被雪崩抛在半山腰的托尼才从山上撤离。

有一句名言:一个人独自行走,会走得很快;但多人结伴而行,才能走得更远。

曾担任德勤咨询公司台湾区总裁的颜漏有指出,提升人脉竞争力是一辈子的功课,如果将一个人三十年的事业生涯分成三个阶段,第一个十年,重点应在于培养专业。年轻人在这个时间段,并不需要刻意把重心花在建立关系上,而是利用每一次把事做好的机会,附带建立人脉。第二个十年,是专业与人脉并重的阶段。这时,除了靠工作上的往来建立人脉之外,还可以发展出私人的社交圈,利用这个圈子与不同专长的人学习互动。在事业生涯的最后十年,人脉关系将优于专业,因为专业的部分会有你的下属帮你完成,而你的人脉关系却能为这些专业加值。"三十岁以前靠专业赚钱,三十岁以后拿人脉赚钱。"这句话说的就是这个道理。

两百年前,胡雪岩因为善于经营人脉,而得以从一个倒夜壶的小差,翻身成为清朝的红顶商人。两百年后的今天,检视政界、商界成功人物的成长轨迹,也都因为拥有一本丰厚的"人脉存折",才有之后的"成就存折"。

纵观科学发展史,不难发现,科学家间的彼此合作,很有可能出现科学的奇迹。控制论之父维纳,在建立控制论早期,曾组织过一个科学方法讨论班,参加的人有数学家、物理学家、工程师、医生等。他们分别从不同角度对新理论进行发难、质疑、补充、完善,结果使原来许多问题得以澄清。著名美籍华裔科学家、诺贝尔奖获得者李政道教授曾说过,他和杨振宁教授就是在一次午餐会的闲聊中产生灵感,打破了宇宙守恒定律,获得了诺贝尔物理学奖的。

在现代社会,各门学科间的相互渗透越来越强,单靠一门学科的知识很难有大的成就。人际交往获得的思想和信息,往往比从书本上获得的知识更直接、更广泛和更迅速。大量新信息的获取,可以使我们不至于因为孤陋寡闻而被时代淘汰。

当我们走上社会的时候,必然会与各种各样的人物打交道,在与人交往中,能否得到别人的支持、帮助,也涉及交往能力的问题。美国耶·彼底欧大学对该校工程专业的毕业生进行了长达五年的跟踪调查,调查结果表明,在学校学习成绩优秀、操作技术熟练的毕业生,和在学校成绩较差的毕业生相比,每年的薪水大概只有200美元的差别;然而,那些在校期间交际能力出色,人际关系良好的毕业生,平均年薪却比学习成绩优秀的毕业生多15%,比学习成绩差的毕业生多33%。由这些数据看出,交际能力,处理好人际关系,对于一个大学毕业生发挥聪明才智,提高工作效果有重要的影响。因此,在校学习期间,就要培养自己与同学、与老师、与领导、与职工打交道的能力。与同学交谈,可以论证不同的学术观点,可以谈对社会现象的不同认识,在论辩中提高自己的思辨能力;与老师交谈,可以交流读书心得,理清不同的思想认识,可以从中受到启迪;与领导交谈,可以充分交流自己对问题的不同见解,可以锻炼自己在领导面前不怯场;与职工打交道,可以了解到他的工作状况和不同的心态。积极主动地与人交往,掌握人际交往的方法和技巧,充分发挥人际交往的作用,了解自己,提高效率,增进身心健康,促进行为改变,不断完善自我,为今后在职场中的发展奠定良好的基础。

在社交活动中,人们相互帮助,以此来获得某种需要,这也是利人利己的行为。世上毫无目的的社交是不存在的。做到利人又利己才能获得别人更多的帮助,结识众多朋友,扩大社交圈子,为自己的需求提供更为广阔的场所,从而自由地选择。如果你想加快办事速度,提高办事效率,就要懂得巧妙地互用人际关系。深厚的感情、良好的人际环境,有助于引发人们积极的态度,遏制消极态度,以获取最广泛的支持和最积极的合作,从而克服通向成功路上的各种消极因素,顺利实现个人影响力,充分施展个人才华,共同完成任务,这样才有可能使你事业取得成功。

善用人脉,"一分耕耘,数倍收获"。每一次与人沟通,就为你的人际网络多织一条线。专门为企业提供人力资源顾问的美商惠悦(Watson Wyatt)企管顾问公司副总经理周淑媛分析:"过去,企业招募人才时,专业知识、学习能力都是首要条件,但渐渐的,在十倍速的知识经济时代,技术、知识迅速更新,光靠一个人的力量无法达成任务。如果一个人懂得培养人脉网络的支持体系,将强化他的个人竞争力。"

> "一个好汉三个帮",事业征途离不开伙伴,风和日丽时是分享,面对问题时是肩膀。事业的成功离不开人际交往。

## 五、幸福生活离不开人际交往

人生就是人们追求幸福和享受幸福的过程。从蹒跚学步到老态龙钟,每个人都处在行进的状态,不曾停歇,希望追求生命的质量,渴望拥有幸福的人生。什么是幸福的人生?如何让人生幸福?也许一千个人会有一千种回答,每个人心中都有自己的答案。但可以肯定的是,我们的生活与工作正是我们个人人生的完美演绎,而实现幸福人生的核心内容就是人际关系中充实着爱与被爱的氛围。

仔细分析一个人的生活状态,你会发现一个人生活的内容,就是与各种各样的人发生人际关系。每一个人生活的内容就是这个人的所有关系状态。比如说你在学校是学生,与老师同学有所联系;回到家是家庭成员的家庭关系,上有与父母的亲子关系,下有同弟妹兄姐的手足关系;对于朋友,存在友谊关系;去商店买东西时你是顾客,有买卖关系;到电影院看电影是观众,生病去医院是病人。人的种种社会角色的称呼,都是一种社会关系的表示,代表着这种称呼所发生的社会关系的类型,因此可以说一个人存在的内容,由这个人与社会所发生的各种关系来决定。同样对一个单位,一个社会群体来说也是如此,它也和社会发生方方面面的联系,它存在的内容也是由它的社会关系决定的。整个社会就是由各种各样的关系组成的大系统。一个人的一生就是生活在各种各样的关系之中:家人关系、朋友关系、同学关系、同事关系、亲戚关系、老乡关系、路人关系、业务关系等这些关系构成一个人一生活动的所有内容。因此，在一生中如何处理这些关系，拥有什么样的人际关系，对一个人的生活、工作有很重要的意义，关系着他是否幸福。假如一个人拥有融洽和谐的人际氛围，无疑他是幸福的。相反，一个人生活在紧张的人际关系中，那么伴随他的必然是孤独、寂寞、自卑和疑虑。可见，人际关系状况影响着人的生活质量。正常的人际交往和良好的人际关系是一个人获得幸福生活的保证，它能让人心情舒畅、家庭幸福、工作顺利。

走出家庭，我们与同事相处的时间最长，与同事关系如何，对待工作的感受如何，也是我们生活质量很重要的一个指标。上班族醒着的时间里，有75%用于与工作相关的事情——准备上班、为工作奔波、为工作而殚精竭虑、下班后想方设法减轻工作压力等。既然我们在一生中为工作花了这么多时间，我们就应该享受它带来的乐趣和活力。可事实上并不是这样，大多数人把时间投入在工作上只是为了满足需要。"谢天谢地，终于又到了周末"仍然是许多人的生活方式。实际上，在我们必须面对和参与的工作、生活、创业环境里，只要你愿意，你会体验到平凡与精彩、烦恼与快乐、腐朽与神奇是可以容易地转化的。

世界著名的西雅图派克街鱼市场就是一个再好不过的例子。一个普普通通的鱼市正向全球持续创造和诠释着她魔幻般的神奇，已经有千万人用自己的工作和生活，还有包括全球500强在内的无数企业用自己的管理和效率验证了她的魅力。派克街鱼市场，现在是愉快工作和高效率的代名词，用来说明当你把员工变得"同心协力"的时候，可以获得什么样的效果——每个员工都会干劲十足，进而更加热爱工作，表现更加出色。在那里你常常能看到：前台的鱼贩把顾客的需要吆喝着告诉后面的工作人员，后面的工作人员一起重复吆喝一遍"一条飞往明尼苏达州的鲑鱼"，把鱼像投篮球一样地投向前台，前台人员会单手接住，又快又精准。在那里，鱼贩和一个随家长来买鱼的小孩儿开玩笑。他把一条大鱼的嘴巴打开，一张一合地像是在与人说话。看着销售人员对着鱼讲话，两位年长的顾客乐不可支……派克街鱼市场已经不仅仅是在卖鱼，不仅仅为顾客提供了一种卖鱼的服务，还创造了一种愉快的购物体验，派克街鱼市因此而闻名全球。

在这之前，派克街鱼市场也曾经有一段黑色的历史。由于鱼市老板的苛刻和坏脾气，员工们每天都在遭受他的呵斥和指责，然后带着沮丧、不满和愤怒等各种负面情绪进入工作，派克街鱼市场成了一个又脏又乱、充满敌意的地方。后来老板意识到自己的错误，主动改变，开始对员工表示关心，大声赞扬他们的进步，授权给他们做一些事情……这才有了后来全新的派克街鱼市场。

有句话说得好："当我们死心塌地地热爱自己所做的工作时，我们才能享受每天有限的幸福，过得满足而又有意义。""派克街鱼市场"正是在讲爱的故事，只要付出爱，一个情绪低落，了无生气，人人避而远之的部门也会蜕变成一个充满激情，人人向往的地方，而一个充满激情、快乐的地方，即使平庸的员工也能做出不俗的业绩，让占用人生二分之一时间的职场生涯变得快乐。这样的故事，我们也可以去创造。

> 幸福人生虽没有固定的模式，但有迹可寻。人际交往构成了人生的主要内容，这个过程蕴藏着亲情、友情和爱情……需要我们用心去付出，去包容，去经营，从而铸就我们的幸福人生。

人们常说:"天资好不如学问好,学问好不如做事好,做事好不如做人好。"个人的成长离不开人际交往,事业的成功离不开人际交往,幸福的生活同样离不开人际交往。我们郁闷时需要向他人倾诉;难过时需要他人的安慰;困难时需要他人的帮助;快乐时需要与他人分享。如果在我们的人生中,织就了一张良好的人际关系网,那么将会形成一个良好的社会支持系统,他人的智慧将会成为我们的精神养分,他人的能力将会成为我们生命的能量。人情冷暖,世事无常,多个朋友多条路,多个敌人多堵墙。可以说,人正是依靠彼此的互助才得以生存的,无论是生活还是事业,我们都需要他人的理解和支持。为了我们的生活更加快乐、美好,为了我们的事业更加成功、出色,我们应当学会并善于人际交往。

【问题思考】

1. 通过本章学习,你如何理解人脉银行与成功银行的关系?
2. 有人说,走进一个充满陌生人的房间后,迅速而准确地与他们建立起联系是非常重要的——你认同这种说法吗?
3. 你如何理解与一个非常信任你的能力,甚至可以为你推荐新工作的朋友保持长久的伙伴关系是非常重要的?

人际交往与沟通

| 学习了本讲,你需要制订、实施自我能力促进计划 |||
|---|---|---|
| 第 一 阶 段 |||
| 目标 | 我的目标: ||
| 问题 | 我目前存在的主要问题是: ||
| 行动 | 为实现阶段目标,我马上要做的事情是: ||
| 评价 | 行动成效检查评价(　　年　　月　　日):<br>促进显著(　　)　　有所促进(　　)　　促进不明显(　　)<br>原因分析: ||
| 提升 | 鉴于已取得的收获,下一步我需要做的事情是: ||
| 第 二 阶 段 |||
| 目标 | 我的目标: ||
| 问题 | 我目前存在的主要问题是: ||
| 行动 | 为实现阶段目标,我马上要做的事情是: ||
| 评价 | 行动成效检查评价(　　年　　月　　日):<br>促进显著(　　)　　有所促进(　　)　　促进不明显(　　)<br>原因分析: ||
| 提升 | 鉴于已取得的收获,下一步我需要做的事情是: ||
| 第 三 阶 段 |||
| 目标 | 我的目标: ||
| 问题 | 我目前存在的主要问题是: ||
| 行动 | 为实现阶段目标,我马上要做的事情是: ||
| 评价 | 行动成效检查评价(　　年　　月　　日):<br>促进显著(　　)　　有所促进(　　)　　促进不明显(　　)<br>原因分析: ||
| 提升 | 鉴于已取得的收获,下一步我需要做的事情是: ||

一个人寄出许多履历表到一些公司应聘。其中有一家公司给他回复了一封信：

"虽然你自认为文采很好，但从你的来信中，我们发现你的文章写得很差，而且文法上也有许多错误……"

他非常生气，但转念想道："对方可能说得对，或许自己在文法及用词上犯了错误却一直不知道。"

于是，他写了一张感谢卡给这家公司。几天后，他再次收到这家公司的回信。信函通知他被录用了。

——你是否知道这位求职者为什么能够打动那家招聘的公司？

# 第二讲

# 你需要:具备人格的魅力

我们置身于复杂的社会关系中,人与人之间的交流和沟通自然无法避免。和谐、融洽、愉悦的人际交往已经成为事业与生活成功的重要标志。人际交往的"艺术"是我们在社会这所大学中的必修课程。我们在不断学习与完善这项"本领"的同时,常常会思考这样的问题:"究竟什么样的人才讨人喜欢,最受人欢迎?"解决了这个问题,我们在人际交往过程中遭遇的许多障碍与难题便能迎刃而解了。

这个关键问题虽然看似复杂,但如果我们置换角度,巧妙地利用我们在人际交往中"多变"的身份,我们就能找到答案。

为什么说我们的人际关系身份是"多变"的呢?

其实,人际交往中,我们既是发起与他人交往的"主动者",同时,也是回应他人交往需求的"被动者"。顺畅的人际交往便是在我们"发起者"或"回应者"的交际身份的不断切换中完成的。所以,我们在与人交往时会有意识或无意识地品评着别人留下的印象,而另一方面,我们自身的形象也在接受着他人的审视。我们要了解什么样的人受欢迎,只要问问我们自己就清楚明白了。

如果我们问问自己:"我们喜欢跟什么样的人交往?"大家肯定能轻易找到答案。

也许我们会说:我喜欢和关心别人的人交往。因为在我心情不好的时候,他会关注我的心情;当我成功的时候,他会为我高兴。

也许我们会说:我喜欢和懂得赞美别人的人交往。因为只有善于发现别人优点的人,才不会在我偶尔犯点儿小错误的时候得理不饶人。

也许我们会说:我喜欢和待人热情的人交往。因为他的热情源自对生活的积极态度和对他人的关爱。

也许我们会说:我喜欢和真诚正直的人交往。因为我们相互的信任是友情的牢固保障。

也许我们会说:我喜欢和开朗的人交往。因为他的快乐与阳光能驱散我生活中的阴霾。

也许我们会说,我喜欢和幽默的人交往。因为幽默的言谈是人生智慧的体现。

……

我们能得到的答案虽然很多,形式也各异,然而通过仔细分析,我们会发现无论诚信、仁爱或是正直、宽容,其实都属于人的性格、气质以及品格层面的优点,即人格魅力。

回到我们之前的推理,既然我们在与人交往中渴望对方拥有诚信、仁爱、宽容等人格魅力,那么对于"什么样的人讨人喜欢"的问题,答案已经呼之欲出了。也就是说,与我们交往的对象同样也喜欢具有人格魅力的人。

> 人格魅力有一种吸引他人的力量。一个人如果能被社会所容纳，受到他人的欢迎，那么他身上一定具备某种人格魅力。

## 一、认识人格魅力

谁都渴望自己与周围人的关系是和谐融洽的，既然人格魅力对于人际关系如此重要，那么为了改善人际关系，我们就应当学习如何培养人格魅力。和学习其他"本领"一样，我们必须从认识与了解学习对象开始。

何为人格魅力？心理学认为"人格"与"人格魅力"是两个密切关联的概念，要了解"人格魅力"，首先要弄清什么是"人格"。"人格"是指人的性格、气质、能力以及等特征的总和，也指个人的道德品质和人能作为权利、义务的主体的资格。而"人格魅力"则指一个人在性格、气质、能力以及道德品质等方面具有的能吸引人的力量。它有其具体的特征表现：

第一，在对待现实的态度或处理社会关系上，表现为对他人和对集体的真诚热情、友善、富于同情心，乐于助人和交往，关心和积极参加集体活动；严于律己，有进取精神，自励而不自大，自谦而不自卑；对待学习、工作和事业表现得勤奋认真。

第二，在理智上，表现为感知敏锐，具有丰富的想象能力，在思维上有较强的逻辑性，尤其是富有创新意识和创造能力。

第三，在情绪上，表现为善于控制和支配自己的情绪，保持乐观开朗、振奋豁达的心境，情绪稳定而平衡，与人相处时能给人带来欢乐的笑声，令人心情舒畅。

第四，在意志上，表现出目标明确，行为自觉、善于自制、勇敢果断、坚忍不拔、积极主动等一系列积极品质。

人格魅力能神奇地拉近我们与交往对象的距离，因为它能产生一种凝聚力，让身边的人逐渐地信赖我们。如此神奇的人格魅力却是无形的，因为它与人具有的一切有形因素无关。长相俊美的人不一定具备人格魅力，家财万贯的人不一定具备人格魅力，地位显赫的人也不一定具备人格魅力。庄子在《德充符》篇里讲述的丑人哀骀它的故事就说明了这一点。

鲁哀公曾经对孔子说：卫国有个面貌特别丑陋的人，名叫哀骀它。这个人虽然丑，但有一种神奇的魔力，男人如果跟他待上一段时间，就会留恋这个人的德行，不想离开他；女人一旦跟他见了面，就会回家去跟父母说"与为人妻，宁为夫子妾"，就算是给他做小妾，我都不嫁到别人家去做正妻。这样的女孩子有十几个，而且人数还在增长。

鲁哀公说：这个人怪了，他没有权位，也没有钱财，我也没见过他有多么过人的见解，倒是经常附和别人的一些意见。孔子想他一定有什么跟常人不同的地方，就把他给请来了。他果然丑陋得让人惊骇。但是，孔子跟他相处，孔子就发现很舒服，不到一个月孔子就特别信任他。最后鲁哀公就问孔子：你说说看，这个哀骀它到底是一个什么样的人呢？

哀骀它不仅长相丑陋，而且没有权位、钱财，但他却拥有一种神奇的"魔力"。与他相处时，人们的心情很舒畅，会特别信任他。其实，这种让鲁哀公好奇的"魔力"便是人格魅力。它可以不知不觉地把人吸引到他的身边，形成和谐融洽的人际关系。

奇妙的人格魅力，虽然我们看不见，也摸不着，但我们在人际交往中却能真实地感受到它。从上文中我们对自己喜欢的交往对象的描述可以看出,也许我们不能像心理学专家那样概括归纳人格魅力,但我们却能很清楚地体验和感受它。这足以说明,人格魅力能在具体行为或交往细节中给交际对象留下深刻的记忆和良好的印象。

> 人格魅力并非遥不可及,它不偏爱俊俏的外表、出众的才华或者显赫的地位,任何人只要用心地学习和培养,都能具备可贵的人格魅力。

## 二、什么样的人是具备人格魅力的人

我们在实际交往中感受到的人格魅力通常是单项的,比如,张三是个宽容的人、李四是个诚信的人、刘五是个仁爱的人……其实,人格魅力包括了丰富的内涵与外延。

### (一) 诚信之人

从古至今,诚信一直被视为一种人与人相处的基本品质。正如孔子说,一个人如果没有信誉,就好像车子有了横木也是虚架上去的,没有关键的木销,就无法行走。对一个人来讲,信誉是什么呢?是行走于世界上最基础的保障。

在人际交往中,诚信表现为一诺千金。人们常说,诚信是打开他人心灵的金钥匙。的确,当你面对一个时时信守诺言的朋友,你会逐渐信赖他。因此,不要轻言承诺,若是承诺了,就请履行诺言。古代"曾子杀猪"的故事便是信守承诺的楷模。

一天早上,曾子的妻子要去赶集,他们的儿子也非要跟着去,并为此哭闹不休。妻子为了安抚儿子的情绪,便哄着他说:"别哭了,你在家玩耍,等会儿我回到家里,杀猪给你吃。"

孩子听到有肉吃,便止住了哭声,乖乖地答应了。当曾子的妻子从集市上回来,一踏进家门,便听见猪的哀嚎声,没想到曾子正准备动手杀猪。

曾妻连忙制止他说:"相公,你为何要杀猪?"

曾子说:"你不是答应儿子要杀猪吗?"

曾妻连忙挥挥手说:"哎呀,我只不过是哄哄他而已。"

曾子听了妻子的话,满脸严肃地说:"你怎么可以如此?孩子是无知的,他们只会模仿父母的一举一动,听从父母的教导,这么欺骗他,不是教他学会说谎吗?一旦你欺骗了孩子,孩子以后便不会再相信我们,这样的教育方式,怎么能教出好孩子?"

于是,曾子毫不迟疑地动手,将那头猪杀了,让儿子开心地吃了一顿丰盛的大餐。

即使是对孩童的承诺,曾子都要求自己严格履行,足见其对严守承诺的重视。承诺是一种信誉,答应了别人而没有兑现,失去的不仅是朋友的信任,更是生存的空间。"他这个人,答应得挺好,可过后就不办事,上次我托他办的那件事,到现在连个音儿都没有。"这样的话在朋友中传开了,今后将如何处世?

在人际交往中,诚信表现为不说谎,不吹嘘,坦诚待人。人或多或少有好胜心或虚荣心,潜意识里希望自己比别人强。在某些情境下,有些人出于攀比或自卑的心理,会通过夸大其词、编造故事来出奇制胜。这也就是所谓的"吹牛"。

吹牛的实质是说谎。有的人为了在交际场合中赢得面子,往往忽略事实,捏造谎话,以掩盖自身的短处或劣势。一旦说谎达到目的,他的虚荣心便会无限膨胀,直至谎言的泡沫被事实最终击破。说谎的人,谎言被识破后,人们与其交往时总会存在"芥蒂"。失去人们的信任后,朋友将逐渐疏远他。

在职场中,诚信表现为对雇主的忠诚,脚踏实地。常有这样的现象:在职场中发展得好的、后劲儿最大的学生,往往不是当年在校园中的专业尖子。有些学生资质平平,但为人笃诚守信,他能守住信誉,把每一件事都做好,扎扎实实,一步一个脚印,领导就不断给他机会。这样一路走下来,两年三年,也许看不出来,但五年十年,你就会发现,他越干越好。这就是孔子所说的"信则人任焉",即谁有信用,谁就会得到更多的任用。

"诚实守信"既是一种道德品质和道德信念,也是一种人格魅力。在生活中,多一份信任、少一分猜疑,双方不存"戒心",敞开心扉说亮话,彼此和睦相处,人们的矛盾就会少许多。因此,我们需要经常用诚信的尺子丈量自己,坚持以诚信的言行对待别人。

> 一个讲诚信的人,在修炼自我诚实美德的同时,他还能给予他人以充分的信任。信任,是建立和谐的人际关系和社会空间的契约。

## (二) 仁爱之人

"仁"字四画,单立人加一个二,有种说法叫作"二人成仁"。就是说,仁爱从来不是一个单人的状态、一个自我的状态,孤独的、自我的、封闭的环境下是谈不到仁爱的,仁爱一定是你身边还有别人,只有在人和人的关系中才能看出是否有仁爱。

在人际交往中,仁爱表现为用一种发自内心的善意去关心别人,对别人好。

一个有仁爱之心的人,就算在他身边只有一个路人,他的脸色也是温和的,有一种暖意。如果他心中没有仁爱,就算是面对自己的父母和孩子,他也会经常跟亲人发生冲突,甚至开口就骂,举手就打。

有时候,仁爱是一种身体力行的行为,它不仅让别人受益,也会让自己有所收获。

有一个故事,说一个村子里面有一个盲人,只要是夜晚出来,他走到哪儿别人都知道,因为他有个习惯,夜晚出门一定要打一盏灯笼。村子里的人都习惯在黑暗中行走,看见有灯笼就知道这个盲人出来了。后来有外地来的人看到这件事,就唏嘘感慨:这个盲人的品德太好了,他自己没有光明与黑暗之分,但深更半夜出来,他总要操心别人看得见看不见,总要为别人打一盏灯笼,这个人多高尚啊。

这个盲人听后就淡淡地说:"因为我是瞎子,我不希望别人撞到我,我打灯笼也是为我自己。"

这就是"予人玫瑰,手有余香"的道理。打一盏灯笼,客观上是给别人照亮了路,主观上也为自己规避了很多风险。

在日常生活中,仁爱之心就是让我们拥有这样一种跟世界的关系:既不是对抗,也不是妥协,而是让自己跟世界融合在一起,带着欢乐的信念去面对世界,在世界和自我之间建立一种和谐的关系。

> 要想成就一个社交广泛的自己,就要乐于关爱别人。聪明的人总是乐于为别人点亮生命的灯,所以,他们在人生道路上也能平安和灿烂。

## (三)有责任心之人

有责任心的人在人际交往中表现为坦率地承认自己的错误,并承担后果。每个人在前进的路途中,难免会出现这样或那样的过错。对一个想拥有人格魅力的人而言,当自己做错事时,一定要坦率地承认自己的错误,并及时改过。

美国流传着这样一个小故事:

一个11岁的男孩在踢足球时踢碎了邻居家的玻璃窗,人家要求赔偿12.5美元。闯了祸的男孩向父亲认错后,父亲让他为自己的过失负责。可小男孩没钱,父亲说:"钱我可以先借给你,但一年后要还我。"在随后的半年时间里,这个男孩靠打工赚钱,终于还清了父亲的12.5美元。

这个男孩就是里根,后来当选为美国总统。我们不得不说是勇于承认错误并敢于承担后果的责任心,帮助里根最终获得了人生的成功。人们大多有一个弱点,那就是喜欢为自己辩护、为自己开脱。其实,这种过分掩饰的态度常会使自己在人生的航道上越偏越远。成大事的人需要一种坚强的纠错意识和宽广的胸襟,而有虚荣心作祟的人是无法做到这些的。一向认为自己各方面能力还不错,很少会有失误发生的人,会逐渐使自己养成一种"一贯正确"的错误意识,一旦真的出现了过错,便会在心理上无法承受,又出于对面子的维护,总是想方设法去找理由来为自己开脱。知过能改是一种积极向上、不断进取的人生态度。只有当你真正认识到它的积极作用时,你才会切实地去听取别人的善意劝解,从而改正自己的缺点和错误。知过能改是使一个人在激烈的竞争中从一个胜利走向另一个胜利的关键。"过而不改,是谓过矣!"有了过失并不可怕,可怕的是不思悔改,这样的人是很难成功的,更没有人格魅力可言。

当过错殃及身边的朋友时,我们还应当勇于道歉。道歉是一种勇气,也是有修养的表现。诚心道歉不但可以弥补破裂了的关系,而且可以增进感情。当别人用信件或当面向你诚挚地道歉时,谁能不感动呢?真正的道歉不只是认错,也是表示承认自己的言行破坏了彼此关系,而这关系对彼此都很重要,所以希望能重归于好。因此,道歉更多地体现了你对这段朋友关系的珍惜。道歉能使友人和好,仇人变友人;能使恋爱顺利,婚姻幸福;能使家庭和睦、邻里愉快;能使工作顺利,同事融洽相处……总之,它是提升人格魅力不可或缺的一种素质。

有责任心的人在职场中表现为工作认真、敬业爱岗。党的好干部牛玉儒以勤政为民、忘我工作来诠释"生命一分钟,敬业六十秒";桥吊工人许振超在普通岗位上创出世界一流的"振超效率";乡邮员王顺友二十年如一日,在大凉山中用脚步丈量工作的苦乐;公安卫士任长霞以炽热情怀书写执法为民的人生壮歌;导弹司令杨业功用赤胆忠心浇铸共和国的和平之盾;医学专家钟南山在抗击"非典"这场没有硝烟的战争中敢医敢言;科学家马祖光在实验室

人际交往与沟通

里以生命之火点燃科学之光;艺术家常香玉用德艺双馨八十人生唱响"戏比天大"……他们无一不是我们学习的楷模。他们认真的工作态度以及对工作的热忱,源自对社会与职业的强烈的责任心。

责任心一旦形成或被激发,就会成为人生价值观的重心,常常在不知不觉中左右着一个人行为的取舍,并通过面对某些人生选择时做出的取舍表现出这个人的道德品质。作为一名社会成员,我们无一例外地承担着各种形式的责任。面对这些"担子",有的人选择逃避放弃,有的人选择面对承担。取舍间,我们能清晰地看到人格光芒的闪现或消逝;取舍间,我们也能预见他们人生的丰硕或空白。

> 养成勇于负责的习惯是完善人格必备的素质。只有那些勇于承担责任的人,才有可能被赋予更多的使命,才有资格获得更高的荣誉。

## (四)宽容之人

宽容是人格魅力的要点,能为人格魅力加分。一个以敌视眼光看人、心胸狭窄、处处提防的人,必然会因孤独而陷入忧郁和痛苦之中;而宽宏大量、与人为善、宽容待人的人,则讨人喜欢、受人尊重。

宽容的关键是容人、容言、容事。

容人。人性各异,人格各异。心胸宽广的人善于发现别人的优点,并懂得赞美别人的长处。

有一个故事很有意思:

一个小镇,德高望重的智者坐在村口,来来往往的人都在跟他打听同样的目的地。什么目的地呢?就是寻找世界上最好的居住地。

先过来一个人说,我想问问你们小镇适不适合我居住。我原来那个小镇不好,镇上的人很自私、很狭隘,每一个人都蜚短流长,他们都不完美,人人都有缺点。我在那里有无数的磕磕碰碰,周围全都是仇人。我已经住得特别不耐烦了,所以我一定要找一个特别美好的地方,每一个人都是道德君子的地方。

老人听了,说,对不起,我们这镇上住的人跟你原来那地方的人一样,你接着往前找吧。这个人很失望,又急匆匆往前去找。

第二个人过来了,说,我在找一个最好的小镇。他说,我原来那个镇就特好,但我不得已要搬出来。我很怀念原来那个地方,那个镇上的人都温柔善良,大家都很朴实,互相来往。我在那儿,人缘一直都很好,但是现在不得已离开了,我心里面充满眷恋。我就想还找一个那样的地方。

这老人说,那你找对了,我们镇上的人跟你原来镇上的人一样,你就住这儿吧。

同一个镇子,老人的答案不一样,说明了什么呢?老人是针对寻找的人的不同来分别回答的。你心地善良,所见无不是善人;你心胸狭隘,那么所见也就无不是恶徒了。

容言。人与人交往,言为媒。容言即广开思路,集思广益。表扬、奉承人的好话谁都愿意听,但批评、讽刺的话就不一样了。这就要看一个人的气量。气量小的人,一遇到批评,没等别人把话说完,就吹胡子瞪眼睛,甩手走人,有的甚至打击报复,时时处处刁难对方,给人小鞋穿。气量大的人,既能听甜言蜜语,也能容直言不讳,即所谓"宰相肚里能撑船"。自古英才凡成大事者,无不具有超人的气量和风度。

容事。人与人之间的关系是通过一件件具体事情联系起来的。这之中,有易事,也有难事,有好事,也有坏事,有有利的事,也会有有害的事。容事,也就是能把凡事装心中,以平常心对待。

在人际交往中,不论是容人、容言还是容事,其实都表现为善于原谅别人。

康德有句名言:"生气是用别人的过错来惩罚自己。"

老是念念不忘得罪自己的人,实际上最受其害的就是自己的心灵,搞得自己痛苦不堪。设身处地地想想,当我们有对不起别人的地方时,是多么渴望得到对方的谅解。将心比心,那些对不起你、得罪过你的人,也很希望你原谅他们。我们何不大度一点儿、宽容一点儿,忘掉以前的不快,重新开始呢?也许那些你原谅的人,往后会对你的事业有很大帮助。

记恨与抱怨的后果是拉远人与人之间的距离,同时打击自己的信念,更玷污了原本朴素美好的心灵。只有宽容,才能缩短人与人的距离,成为人际交往的"耦合剂",为成就事业奠定人脉基础。

> 穿梭于茫茫人海中,面对一个小小的过失,一个淡淡的微笑,一句轻轻的歉语,包含着谅解,这是宽容;以律人之心律己,以恕己之心恕人,这也是宽容。

## (五)谦虚之人

"满招损,谦受益。"谦虚做人,是一种品德,是尊重别人的一种方式,是对自己一种更清楚的认识。有了谦虚的品德,我们便能离高尚的人格更近一步。

在人际交往中,谦虚表现为得意之事不示人。这段真实的经历可给人以启发:

小陈约请几个朋友到家里吃饭,这些朋友彼此熟悉。她把这些朋友聚拢到一起的目的是想借着热闹的气氛,让一位目前正陷入低潮的朋友心情好一些。这位朋友不久前因经营不善,结束了一家公司,妻子也因为不堪生活的压力,正与他谈离婚的事,内外交困,他实在痛苦极了。朋友们都知道这位朋友的遭遇,所以大家避免去谈与事业有关的事。可是,其中一位生意顺利的朋友,酒一下肚,忍不住就开始谈他赚钱的本领和花钱的功夫。那位失意的朋友一直低头不语,脸色非常难看,不断借故离座,最后他提前离开了。小陈送他出去,他愤愤地说:"老吴会赚钱也不必在我面前说嘛。"后来,他们再也没有往来。

当你有了得意事,不管是升官、发财,或是一切顺利,切忌在失意的人面前谈论,如果不知道某人失意也就算了,如果知道,绝对不要开口。就算在座没有正失意的人,但总也有境况不如你的人,你的得意可能让他们反感。人总是有嫉妒心的。所以,得意时就少说话,而且态度要更加谦卑。

在人际交往中,谦虚表现为乐于采纳他人的建议。最能体现谦虚品质的是当别人给你提出建议时,不管正确与否,都不要冲动地反击,而要谦虚地面对。建议表达得很直接的时候,就变成了批评。很多人对建议还能勉强接受,对批评却相当反感。但是,中肯的批评比虚假的奉承更有益,正如法国作家拉劳士福古所说:"敌人对我们的看法比我们自己的观点可能更加接近事实。"一个人一定要有虚怀若谷的胸襟,因为只有谦虚才能容纳真正的学问和真理。

在人际交往中,谦虚还表现为平等待人。平等待人是针对傲慢无理而言的,它要求人们在社会交往中,不管彼此之间的社会地位和生活条件有多大差别,都一视同仁。为人处世傲慢无礼,摆出让人仰视的姿态,会将自己陷入孤独,同时大大降低自己的人格魅力。中国的传统文化素来鄙视傲慢,崇尚平等待人。一般来说,知识越多、学问越广的人就越谦虚;文化越低、气量越小的人就会越傲慢。孔子曾说,知之为知之,不知为不知,是知也。莫忘三人行必有我师。如果你不愿意遭到别人的反感、疏远,那么切勿傲慢无礼和过分强调自我。

> 其实,人没有骄傲的理由,相较于世界,个人的力量总是如此渺小。山外有山,人外有人,我们应该用一颗智慧、谦虚的心看待人和人生。谦虚是金。

## (六)自控之人

在你想改掉火暴脾气时,你一定已经吃够了它的苦头。由于你不能忍耐,动不动就发火,破坏了你和朋友、恋人的关系,所以你一次次提醒自己不要发火。但是,一旦遇到不如意的事情时,理智就抛到九霄云外了,你又一次大发雷霆,然后又为此后悔。达尔文说:"人要是发脾气,就等于在人类进步的阶梯上倒退了一步。"

愤怒是一种情绪,不同的人会有不同的表现方式。有的人易激动,遇到不顺心的事一触即发;有的人即使很生气,也会把愤怒压在心底;也有的人此处受气,别处发泄;还有的人自己错了却冲别人发火。这些都不是处理愤怒的好方法。成熟的做法应该是制怒,控制自己的愤怒情绪。

自控在人际交往中表现为忍让。忍让是一种修养、一种德行、一种度量。如果我们人人都具有忍让的心态,那么就会大量地减少矛盾冲突,我们就会变得更加有修养。

麦金莱任美国总统时,在某次本来可以发怒的情况下,控制住了自己的愤怒。他有一种很聪明而极简单的方法,以制服那发怒的对手。有几位代表,因总统指派某人为收税的经纪人而一起抗议。其中领头的是一名议员,性情很粗暴。他用愤怒的口气骂着总统,差不多用上了所有侮辱的词汇。但是,总统默不作声,任他去宣泄精力,然后很平和地说:"现在你感觉好些了吗?"继而接着说:"照你所说的这种言辞,你实在是无权知道我何以指派某人,不过我还是告诉你。"那位议员的脸马上红了,急忙道歉。总统又笑着说:"无论什么人如果不了解事实,总是容易被弄得发狂的。"然后他解释了其中的原委。

麦金莱总统的做法说明,欲制服一个大发脾气的人,再也没有比"忍气吞声"更好的方法了。

情绪的爆发只会造成感情上的伤害,增加愤恨,让你与他人之间联接和沟通的桥梁崩塌。忍让是一种眼光和度量,能克己忍让的人,是深刻而有力量的,是雄才大略的表现。因此,我们应该学会做情绪的主人。善于管理自己情绪的人,无论在哪里,都会受到欢迎,在事业上亦较容易成功。而那些不善于管理自己情绪的人,很少有人愿意跟他做朋友。连朋友都交不上的人,想要有所作为,是难上加难的。

> 我们的一生会遇到很多问题,如果你能忍住小问题,你便学会了控制你的情绪和心志,即使以后你碰到大问题,也自然能忍到最好的时机再解决。

## (七) 开朗之人

开朗在人际交往中表现为快乐地生活。没有人愿意和一个苦着脸的"善人"打交道,因为在这种人身上没有生命的气息。快乐能感染人,我们都乐意与快乐的人交朋友。当你伤心时,快乐朋友脸上轻松愉悦的笑容,是你忧伤心境中的一抹阳光;当你沮丧时,快乐朋友爽朗清脆的笑声,是你沉重步伐的一股动力。快乐能带来众多朋友,使你的人际交往轻松愉悦。原因在于,快乐除了灿烂的笑容、爽朗的心情外,有更深一层的含义,那就是快乐是善。不仅自己快乐也让别人快乐,这就是善良。

为什么这么说呢?因为人的情绪是可以相互感染的。你快乐,别人看到你也就快乐。你让别人快乐,这难道不是一种善良吗?

相反,愁苦是罪恶。因为你愁苦,你就要惹得别人难过,这岂不是害人。你或许会说,有人幸运,有人不幸,难道不幸的人还不许愁苦吗?还要加上"罪恶"之名吗?

如果遇上不幸才愁苦当然不是罪恶,但我们常常看到的愁苦的人,他们的不幸不少是自找的。而且还有许多人,他们所遇到的挫折、不幸本来都很小,可是他们还是日日愁苦不堪,这些人就有"可恶"之处了。

电视剧《篱笆、女人和狗》里有一个女主角叫枣花,表面上看似乎很善良,为了让母亲高兴,她嫁给一个不爱的人。她对丈夫极为顺从,却饱受丈夫欺负。从这个角度看,其遭遇确实令人同情,但如果换一个角度来看,实际上这个人心理不健康。她本可以不嫁给那个不爱的人,但她嫁了,然后用她的愁苦来让母亲内疚:看你把我害的。这岂是善良!她顺从丈夫,却不给丈夫真爱。丈夫不满却又说不出她的不是,气得只好用欺负她来发泄自己的不满。于是,丈夫(铜锁)穷凶极恶的行为招来了人们的义愤;而她终日一副可怜兮兮的样子,虽也博得了人们的同情,但细究起来,于"可怜"之中着实还有几分可气,人们又自然会"怒其不争"。

以愁苦之态博取同情和关心,是人常有的无意识习惯。来源是,当人在婴儿时,一哭就会有人关心:饿了哭有人喂奶,热了哭有人换衣服,儿童愁苦时自有父母会来帮助。但是,人长大后,就只有自己才能为自己负责,不能依赖别人了。你的朋友也没有责任和义务一定要安慰你的愁苦。所以,放纵自己沉溺于不良情绪中是无益的。时刻提醒自己,我不要愁苦,也不要忧郁,我不以此博取别人的关心,我要为自己负责,这样就可以减少愁苦,增加快乐,而快乐的你就会有更多的朋友。

在人际交往中,开朗还表现为心态积极、乐观地面对生活的困难。祸兮福所倚,福兮祸所伏。在挫折、不幸、灾难或厄运降临的时候,我们务必要保持乐观精神,不能被悲观的心态俘房。我们常左右不了外部的世界，但我们可以把握住自己的心态。把握住了自己的心态，也就拥有了一个美丽而宁静的精神世界。

美国第 32 任总统富兰克林·罗斯福有一次家中失窃，丢了很多东西。他的朋友写信安慰他。罗斯福给朋友写了一封回信：

"亲爱的朋友，谢谢你来信安慰我，我现在很平安，感谢上帝。因为：第一，贼偷去的是我的东西，而没有伤害我的生命；第二，贼只偷去我部分的东西，而不是全部；第三，最值得庆幸的是，做贼的是他，而不是我。"

看来，伟人身上也有些"阿Q精神"，即使在不利中也要看到好的一面。每个人一生中都会遭遇困难。这时，我们应该学会乐观地思考问题，凡事往好处想。想法决定我们的生活，有什么样的想法，就有什么样的未来。一个乐观者，会尽量把烦恼和忧愁从自己的心中排除出去，这样就可以做到每一分钟都过得有意义、有价值。

> 当遇到不快乐的事情时，我们常常会认为自己是世界上最悲惨的人。而事实上，这个世界上还有许许多多和你一样正遭遇痛苦的人。他们依然活得很快乐，因为他们学会了笑对生活的磨难。

## （八）幽默之人

幽默的逗笑，只能在人与人之间发生。逗出的笑，是人看到、听到、感觉到的。人与人之间的交往，靠语言，而幽默是语言的调味品。有了幽默，什么话都可以让人觉得醇香扑鼻，隽永甜美；有了幽默，便可以把一颗颗散乱的心吸入它的磁场，让每个人的脸上绽开欢乐的笑容。它有助于促进人际关系的和谐。幽默的气质使我们散发出一种光彩夺目的亲和力，它缩短了人与人间的距离，使我们多获得一份信任，减少些许敌意；添了一份快乐，减少些许摩擦。所以，幽默可以淡化矛盾，消除误会，减少苦恼。

有这样一个人，他很希望让自己有幽默感，每天上班前他都会抄几个笑话，认真准备怎么样讲这几个笑话。中午休息时，当别人开玩笑、说笑话哈哈大笑时，他也连忙将自己的笑话绘声绘色地讲出来。但是，不幸的是，他一讲，别人就笑不起来，虽然他选的笑话很好笑。

原因何在呢？因为他讲笑话时，心里一直在想："我要让别人笑，我一定要让别人笑。"他急于要取得这样的效果，因而他心里并不轻松。他不是自己被笑话中的幽默所感染，他只是在表演，表演得好像他自己也很轻松、很快乐的样子，而实际上他内心中却充满了紧张。他紧张，听他笑话的人也就无法轻松，自然也就无法笑出来了；至多是看到他失败了，于心不忍，假装笑一笑而已。幽默，必须是自然的流露。刻意模仿，矫揉造作，只能引来别人的反感。

幽默是智慧的体现。从某种意义上说，幽默常运用机智、风趣的言行引人发笑，让人在微笑中进行联想和推断，从而领悟其中的意蕴。幽默和智慧是天然的孪生儿，是知识和灵感迸发的光辉。

幽默是豁达人生态度的反映。生活需要幽默，需要快乐，尤其是遭遇困境时。幽默能有效地调节我们面对压力时的焦虑，让我们以轻松的心情面对五彩缤纷、千变万化的生活。一个富有幽默感的人,必定是一个心态平和、乐观豁达的人。

> 幽默,是社交场合的"润滑剂",使人们的交往更顺利、更自然、更融洽。一个得体的小幽默常常能在剑拔弩张的时刻化"干戈"为"玉帛"。

## 三、如何培养人格魅力

知道什么样的人受欢迎容易,知道什么样的人具备人格魅力也不难,但要通过后天努力来学习和培养人格魅力,则是一个漫长且循序渐进的过程。以下是我们为大家探寻的若干条培养人格魅力的途径,供大家参考与评议。

### (一) 内审吾心,反省吾行

有一篇寓言故事很有意思:

有一只山羊,它早上起来想出去吃点东西。它本来想去菜园吃点白菜,这时早晨初升的太阳把它的影子投射得很长,山羊一看,天啊,我原来如此高大,我还吃什么白菜啊?我改去山上吃树叶得了。

它转身往山上跑,等跑到山上的大树旁边,天都到中午了,太阳照在头顶上,这时山羊的影子就特别小。山羊一看,我原来就这么渺小啊?我还是回去吃白菜吧。

等它跑到菜园的时候,已经到傍晚了。这时候夕阳西下,它的影子又拉长了。山羊一看说,好像我还真能吃树叶。它就再往大树那儿跑。

一天的时光,这只山羊就在太阳投影的迷惑下,一口东西没吃着。

这不就像我们的人生吗?有时候一种外在的投射,一种虚幻的假象,在某一个瞬间让你觉得比真实的自己要高大很多,又在某一个瞬间让你觉得比真实的自己要渺小不少。而产生这种错觉的症结在于,我们没有正确认识自我。而无法清晰认识自我,无法正确定位人生,是妨碍我们培养人格魅力的主要原因。当我们缺乏自信时,是因为我们没有客观全面地认识自己的能力;当我们不能自控时,是因为我们没有清楚地了解自己的性格,无法有效地调节并驾驭自我;当我们无法宽以待人、以仁爱人时,是因为我们没有充分地了解自己的内心,找不到世界上最基本的出发点,所以无法善待他人。

孟子说:一日三省吾身。这是圣贤的修身功夫,普通人不易做到,但时时审视一下自己,却是了解自己内心,认识自己个性的好方法。一般而言,善于自省的人都非常了解自己的优势和劣势,因为他们经常仔细地检视自己。这种检视也叫"自我关照",其实质也就是跳出自己的身体之外,从外面重新观看审察自己的所作所为是否为最佳选择。这样做就可以真切地了解自己。

如上文所言,内省的目的是发现自己的优势与劣势。对于优势,我们应当在与人交往时,善于表现出来,以吸引旁人的眼光;而对于个性的劣势,我们应尽力通过后天的学习来弥补,以达到在人际交往中扬长避短的目的。这就是所谓的"自知之明"。正确地认识自己,实在是一件不容易的事情。它不仅是一种高尚的品德,而且是一种高深的智慧。如果把自己估计得过高了,就会自大,看不到自己的短处;把自己估计得过低了,就会自卑,对自己缺乏信心。只有对自己有准确到位的估计,才算是有自知之明。很多人经常是处于一种既自大又自卑的矛盾状态。一方面,自我感觉良好,看不到自己的缺点;另一方面,却又在应该展现自己的时候畏缩不前。这实际是属于缺乏"自知之明"的表现。

能够时时审视自己的人,一般都很少犯错,因为他们会时时考虑:我到底有什么力量?我能干什么事?我该干什么?我的缺点在哪里?为什么失败了或成功了?这样做就能轻而易举找出自己的优点和缺点,使自己不断得到调整和提高,不断完善自己的人格。

庄子《养生主》里,有一篇大家很熟悉的庖丁解牛的故事。庖丁是怎么解牛的呢?他其实并不是用眼睛去看,而是用心神去体会。透过厚厚的牛皮和牛毛,他完全知道牛骨骼的结构、肌理的走向、经络的连接。他就可以用刀子准确地进入它骨骼的缝隙,顺着牛的自然结构去解牛,而不会硬来。这样的话,他就获得了一种效率,游刃有余。

如果把我们的内心世界比作一头牛,那我们又能否像庖丁一样游刃有余地剖析自身呢?我们每个人的眼睛都有向外发现和向内观看两种能力。向外可以发现一个无比辽阔的世界,向内可以发现一个无比深邃的内心。

所以,应该保持对自我清醒的审视。只有使用这双灵魂的眼睛始终审视自己,我们才可以做到宠辱不惊,把握住自己内心真正的愿望,不断完善自身人格。

除了应该内省自身,找到"真我"之外,还应当懂得适时地反省自己,打扫自己思想灵魂深处的污垢与尘埃,不断地完善自身的品格修养。如果内省是为了认识自身的天性,那么反省则是为了认识后天言行的偏误。

金无足赤,人无完人。人活在世上,谁都难免有这样或那样的错误,谁都难免有丑陋的一面。就连爱因斯坦都坦承,他的错误占90%,那么我们普通人身上的错误就更不用说了。人出生时,那清澈透明的眼睛所见到的天地间的任何事物,都是珍贵无比、难以得到的宝贝。但是日复一日、年复一年,我们的眼睛开始蒙尘,同时心灵也堆满了尘埃。因此,我们还需要时时反省自己。每天给自己安排一段"冥想"的时间,对自己的一言一行进行反省,我们就会扫除思想上的尘埃,减轻心灵的痛苦。

18世纪法国伟大的思想家、文学家卢梭在少年时,曾经将自己极不光彩的盗窃行为转嫁在一个女仆身上,致使这位无辜的少女蒙冤受屈,并被主人解雇。后来这件"卑鄙龌龊"的行为,使他深深地陷入痛苦的回忆中。他说:"在我苦恼得睡不着的时候,便看到这个可怜的姑娘前来谴责我的罪行,好像这个罪行是昨天才犯的。"后来卢梭在他的名著《忏悔录》中,对自己做了严肃而深刻的批判。

卢梭敢于把这件"难以启齿"而抱恨终生的丑事告诉世人,也显示出他勇于忏悔的坦荡胸怀和不同凡响的伟大人格。

反省是认识自我、发展自我、完善自我和实现自我价值的最佳方法。成功学专家罗宾认为,我们不妨在每天结束时好好问问自己下面几个问题:今天我到底学了些什么?我有什么样的改进?我是否对所做的一切感到满意?如果你每天都能改进自己的能力并且过得很快乐,必然能获得意想不到的丰富人生。真诚地面对这些问题便是反省,其目的就是要不断地突破自我的局限,省察自己,实现人生价值。

> 不论是内省,还是反省,不论是正确认识自己个性,还是纠正自己言行的偏差,都是为了能打开人生的智慧之门,进入人生的更高境界,拥有高尚的人格魅力。

## (二)外察世界,积累智慧

《礼记·大学》中写道:"物格而后知致,知致而后意诚,意诚而后心正,心正而后身修,身修而后家齐,家齐而后国治,国治而后天下平。"也就是说,事物的原理——推究明白,然后才会拥有渊博的知识,彻底了解事物。拥有渊博的知识,彻底了解事物,然后意念才会诚实。意念诚实,内心才会端正而无邪念。内心端正,然后才能提高自身的品德修养。自身的品德提高了,家庭才会整顿好。家庭整顿好了,然后国家才会治理好。国家治理好了,推而广之,然后才能使天下太平。可见,我们要培养交际的人格魅力,就需要智慧,而积累智慧的重要途径是学习。我们需要通过不断的学习去了解自己,跟世界建立有效的联系。

1. 学什么

向和我们打交道的对象——身边的世界学习,而身边的世界包括自然界、社会以及其他社会成员。人类的知识系统包括了三个组成部分:自然科学、社会科学以及人文科学。自然科学的认知对象是自然界中的万事万物,它是通过科学的观察和分类的方法来探索自然现象的各门学科的总称,它是研究存在的物质层面的系统知识。它包括了物理、化学、数学等基础学科和计算机、建筑等技术学科。社会科学是研究人类行为的科学,它关心的是人类的社会结构、过程和组织,带有明显的经验性和应用性。它包括人类学、政治学、经济学以及历史学等学科。人文科学较之于自然科学和社会科学,历史最悠久,是最古老的学科。人文科学指文学、语言学、哲学、艺术及其研究,它明显区别于自然科学和社会科学。

培根说过:"读史使人明智,读诗使人聪慧,演算使人精密,哲理使人深刻,伦理学使人有修养,逻辑修辞使人善辩。总之,'知识能塑造人的性格'。不仅如此,精神上的各种缺陷,都可以通过求知来改善——正如身体上的缺陷,可以通过运动改善一样。例如打球有利于腰肾,射箭可扩胸利肺,散步则有助于消化,骑术使人反应敏捷,等等。"对于我们而言,自然科学的知识能帮助我们认识自然界万事万物的规律及现象,使我们更客观地了解身边的事物。社会科学则为我们提供与人类社会相关的知识与基本规律,如历史学能让我们回顾中华民族的深厚历史传统,增强历史使命感,加深爱国情感。而人文科学则能帮助我们树立科学的人生观、价值观、世界观,为我们培养人际交往的人格魅力提供直接的指导。

2. 如何学

(1)培养阅读的习惯

古人说:"腹有诗书气自华。"也就是说,知识能够让生命进入更深刻的内层,使心灵放出奕奕神采,从而使人的气质与风度显现出来。在知识经济时代,所有的经济力量莫不依赖于知识,对此每个人都应该毫不怀疑。而要获取知识,最重要的一个途径就是读书。

书确实是一个好东西。一个没有书籍、杂志、报纸的世界,就等于一所没有窗户的房屋。书本凝聚了历代各个学科领域的学者们的智慧结晶,而阅读是我们间接获取信息与知识的主要途径。通过阅读,我们能在最短的时间内最大限度地吸取书本的知识精华,并把前人的知识精髓内化为我们的素质修养。因此,阅读实质是一种认识世界、认识自己的过程。在书本里,我们能体验丰富多彩的生活方式;在书本里,我们能学习前人的成功与失败的经验;在书本里,我们能学习他人正确的为人处世的方法;在书本里,我们能间接或直接地学习与人沟通的本领。

毋庸置疑,阅读能增长我们的知识,提高我们的内涵和修养,是最佳的自我学习方式,自然也是我们培养人格魅力的有效途径。尽管现代人越来越忙,压力越来越大,很少有人能静下心来读书,但是我们实在不应该把读书这个好习惯扔掉。

（2）敏感多思,不耻下问

首先,善于学习的人应敏感多思。他们对于周围世界的事物保持浓厚的兴趣,强烈的求知欲望使他们能抓住事物细微的变化,并为了找寻事物或现象的答案而积极进行思考及探索。敏感多思的人热衷于各个零星的知识点的学习,然后借助自身举一反三的联想能力,逐渐地扩充他们的知识框架,并有意识地填充对自己有用的知识空缺。经过日积月累的学习,他们的知识自然越来越丰富,对周遭世界的认知自然越来越全面、立体了。

美国曾经有一个穷困潦倒的画家,他最贫困的时候,已经连买油漆、画布、彩色颜料的钱都没有了,只能靠在街上给人画广告谋生。后来他流落到堪萨斯州,在一座教堂里面给人修补壁画。这个时候,他已经惨到晚上只能栖身于一个破败的车库里。那车库里面有一只小老鼠。这只小老鼠经常吱吱呀呀在他身边跑来跑去,他很孤独,所以觉得小老鼠也是挺好的朋友。

就在这个时候,有一个偶然的机遇落在他身上。恰好好莱坞要推一部动画片,寻找主创的设计师,找到了他。

他就画啊画啊,画了四五稿都推翻了。晚上,他坐在车库里面,咬着画笔,盯着画纸,觉得已经走到穷途末路的时候,那只小老鼠又蹲在他的画案上,两只小眼睛亮晶晶地看着他。他看着这只小老鼠,脑子里面突然跳出一个造型,落在笔下,这就是米老鼠。

这个画家,就是后来大名鼎鼎的迪斯尼先生。

车库里的一只小老鼠成就了这么一位大师,成就了米老鼠这个经典的卡通形象。

这是一个关于"敏"的故事。迪斯尼先生的敏感充分地体现在对自己生命的自省,以及对环境的观察上。

其次,有效的学习需要不耻下问。什么是不耻下问？一些比我们学历浅、地位低的人,也能成为我们的老师。"三人行必有我师",只要是某些方面比较出众或对于某些方面钻研比较深的人,都应该成为我们学习的对象。甚至,有时候孩子也可以是成人的老师。因为,孩子看世界会拥有他们独特的思维方式和视角,他们往往能发现成人难以发现的现象。

有一个测试很有意思。一个热气球上面有三个人,它在上升过程中出了故障,必须舍弃一个人才能够确保另外两个人的生命安全。但是,这三个人都是世界顶尖的科学家:第一个人是环保学家,他能够保障这个世界的生态平衡;第二个人是核专家,他能够去抑止战争;第三个人是农学家,他可以保障我们的粮食供给。这样三个人,你会舍弃谁呢？

按成人的逻辑,一直都在比较环保、和平和粮食哪个更重要。这时候一个孩子喊了一句:"把最胖的那个扔下去!"这个答案是最简单的,但它是最合理的。

不耻下问的目的在于取人之长、补己之短。每个人都有短处和长处。只要我们虚心地学习别人的优点来弥补自己身上的不足,就能不断地取得进步,也使自己日益完善。与此同时,不耻下问本身就是一种良好的心态与品质,是培养谦逊的人格魅力最直接的方式。

> 培养人格魅力需要智慧,智慧来源于对周围世界的学习与思考;而学习既需要阅读书本,也需要向他人取长补短。

## (三) 体验并寻找"美"

在我们看来,各项人格魅力都与"美"有关。当然,此处的"美"不是单纯的形式上的"美",而是包含了社会道德、伦理层面的"美"。诚信的"美"在于它对于人与人之间关系的单纯朴素的信任;仁爱的"美"在于它彰显了人与人之间的无私与大爱;责任心的"美"在于它强调了个人对他人、社会的义务;宽容的"美"在于它投射了人与人关系的平和融洽;开朗的"美"在于它反映了人们的乐观与豁达;谦虚的"美"在于它显示了人们自知无知的智慧;自控的"美"在于它透露了人们忍让的度量;幽默的"美"在于它体现了人们言语的机智……因此,要培养人格魅力,必须先体验高尚精神层次的"美"。

关于"美"的体验,心理学家马斯洛称之为"高峰体验"。有位心理学家说,他自己也曾经冥思苦想人活着是为了什么,可是得不到结果。后来有一天,他去看画展。在欣赏了许多画之后,他坐下休息,偶然间一抬眼,刚好看到一幅画。他感到他好像睁开了心里的另一只眼,看到了这幅画的生命,他感到这幅画无与伦比的美,仿佛在它上面有光。在那一瞬间,他知道了,人生有意义。人生在世上,大多数时间是像做梦一样活着的,看不到自己的真面目,也看不到世界的真面目。只是在一些瞬间,人能真正地活着。在这个瞬间,你就清清楚楚地感觉到人生的意义。这就是所谓的"高峰体验"。

那么,如何才能得到这种"美"的体验呢?心理学家们发现,这种瞬间虽然是可遇不可求的,不过,在何处容易遇到它还是有规律可循的。

一是在创造时。当人创造时,人的生命活力得到张扬,这时人会感到生命的意义。这里的创造是指真正的创造,而不是制造,有些所谓的创造实际上不过是制造。

爱因斯坦在探索物理学理论时,必定会感到十分快乐,感到人生很有意义。在那个时刻,得不得诺贝尔奖,对他来说不值得去想。一个孩子创造了一幅画时得到的快乐和意义感,是一个成年人连升三级官都比不上的。成年人为什么更愿意追求看得到的东西,如财富、地位,就是因为他们通过创造而得到人生意义感的能力不如儿童。

二是在体验时。在你真正体验到世界时,你会人生有意义。

比如你看日出,如果你完全放弃了主观意识和思想去看日出,你会忘了自己是谁,忘了自己是在什么地方,内心和眼前都只有一轮红日。比如你躺在草地上,听一只鸟叽叽喳喳地叫,嗅着刚割过的草的清香。只有这种体验是"忘我"的,是打破了人和物的界限的。只要你不是用研究者的眼光去看一朵花,不是用眼光去肢解花,而是让自己成为花,你的体验就是真实的,就是美,就是人生意义。

美国心理学家米尔纳用这样一段动人的描述来说明这一点:

一天,我漫不经心地望着一群鸥鸟从高空中飞过。我对它们毫无兴趣,因为我把它们只认作'鸥鸟',我只是呆呆地望着鸥鸟一只一只地飞过。突然,我的眼前似乎出现了一片光明。

对于那么司空见惯的东西的厌倦感骤然变成一种深深的宁静和快意,而我全部的注意力一下就被鸥鸟吸引住了,整齐的飞行队列、明快的节奏,还有它们悠然的翱翔,宛如优美的舞姿。

三是在坚守一个意义时。美国心理学家弗兰克住过集中营,他发现在集中营中谁会病死是可预见的,而且与身体强弱关系不大。人是否会病死的关键在于他有没有一个活下去的意义来支撑。

在获得"高峰体验"的三个途径中,我们多接触到的是体验。尽管"高峰体验"存在于生活的不同方面,但其较为一致的特征却带有明显的美学性质。因此,为了找寻"高峰体验"的快乐,我们可以多进行审美体验,正如我们常说的:"生活中从来不缺乏美,只是缺少发现美的眼睛。"

我们建议大家多进行审美活动,鉴赏一切呈现形式"美"的艺术品,如鉴赏优美的画作、聆听悦耳的音乐、欣赏优美的自然风景等。因为,审美可以提升我们的精神境界和趣味,丰富我们的人生体验,健全我们的人格。黑格尔断言:审美带有令人解放的性质!关于一切艺术形式的美的鉴赏、体验以及创造,都能帮助我们脱离对物质生活的直接需要,摆脱日常生活的功利限制和要求,进而超越它。这正是"美"对作为社会主体——人的精神提升的作用所在。

> 一个常常在生活中体验到"美"的人,才懂得在与人交往时释放"美"的能量。审美意识的形成是人格魅力培养的关键条件。

简而言之,培养人格魅力的过程即是追求真、善、美的过程。其中的"真",不仅包含了外在世界的真理与事物的规律,而且包含了我们对自己本真的认知与掌握。这是我们追求"美"的前提。只有认识了自我的需要,了解了自我的价值,并借助于外界万事万物的规律,我们才能体验生命中的"美"。试想一下,当我们迷茫于凌乱的物质万象,当我们混沌于模糊的是非真相,我们又怎能抽离世俗的眼光,发现纯真至善的美呢?而只有常常发现"美",并体验"美"的人,才能拥有开阔的胸怀和淡泊的心境,在面对生活选择时剥离世俗的纷扰,行之以"善"。

【问题思考】

1. 你是否了解自己的个性,其中有哪些个性在别人眼中会是优点或短处?你是否做过某些尝试,改善自己的个性?

2. 你在与人交往时,能否保持着一个真实的自己,敢于表露自己的感受、欲望,甚至缺点?如果不能,为什么?

3. 在人际交往中,你能否宽容别人的无心之过?例如,当别人不小心将汤泼洒后,你能否装作没看见?如果不能,为什么?

4. 你在生活中,是否善于总结自己对事物的见解与感悟?是否能觉察、区分他人的情绪和意图?如果不能,为什么?

5. 你在交际中,能否时不时用风趣幽默的话语带给朋友看似简单却意味深长的快乐?如果不能,为什么?

第二讲 你需要:具备人格的魅力

**学习了本讲,你需要制订、实施自我能力促进计划**

| 第 一 阶 段 ||
|---|---|
| 目标 | 我的目标: |
| 问题 | 我目前存在的主要问题是: |
| 行动 | 为实现阶段目标,我马上要做的事情是: |
| 评价 | 行动成效检查评价( 年 月 日):<br>促进显著( ) 有所促进( ) 促进不明显( )<br>原因分析: |
| 提升 | 鉴于已取得的收获,下一步我需要做的事情是: |
| 第 二 阶 段 ||
| 目标 | 我的目标: |
| 问题 | 我目前存在的主要问题是: |
| 行动 | 为实现阶段目标,我马上要做的事情是: |
| 评价 | 行动成效检查评价( 年 月 日):<br>促进显著( ) 有所促进( ) 促进不明显( )<br>原因分析: |
| 提升 | 鉴于已取得的收获,下一步我需要做的事情是: |
| 第 三 阶 段 ||
| 目标 | 我的目标: |
| 问题 | 我目前存在的主要问题是: |
| 行动 | 为实现阶段目标,我马上要做的事情是: |
| 评价 | 行动成效检查评价( 年 月 日):<br>促进显著( ) 有所促进( ) 促进不明显( )<br>原因分析: |
| 提升 | 鉴于已取得的收获,下一步我需要做的事情是: |

一位即将毕业的大学生,聪明好学,成绩突出,在读书期间就在核心期刊上发表了专业论文,其专业水平得到了全校师生的一致肯定。就要毕业了,其毕业论文的初评毫无意外被评为"优秀",却迟迟没能通过答辩,评委们在答辩会轮流给他讲为人处世的道理。原来,在答辩会上,该同学认为评委们的学术观点是错误的,并一一驳斥,直接与评委"大干起来了",把答辩会变成了辩论场。可以想象,这位同学在平时肯定有很多类似的举动。私下问他为什么如此自负,他回答说:"在职场上,最终比的是实力!我尊重真理,别人的面子要服从真理!那些人情世故都是相互利用,我才不屑于钻营呢!"

　　——请问,你怎么看待这位同学的观点?

# 第三讲

## 你需要：了解人际的关系

2004年2月13日至15日，云南大学发生了一起骇人听闻的凶杀案。该校生命科学学院生物技术系2000级学生马加爵用铁锤先后将4位同学残忍杀害，15日当晚畏罪潜逃，一个月后的3月15日晚被海南省三亚市公安机关抓获归案。4月24日，昆明市中级人民法院一审判处马加爵死刑，剥夺政治权利终身。6月17日，经复核裁定，马加爵被押赴刑场，执行死刑。

父母寄予最大期望的儿子，当年以697的高分被云南大学录取的"天之骄子"，竟然变成了一个杀人犯，为什么？

《中国青年报》记者对马加爵的一段专访，给我们揭开了这个谜底，也引发了我们深深的思考。

记者：媒体在分析你的案件成因时，说是因为你性格上的问题，与人交往封闭，你怎么看？

马加爵：这句话说对了。

……

记者：你是想通过杀人发泄什么？

马加爵：恨，反正那段时间是真的很恨他们。就是因为打牌，之前没有什么。

……

记者：你举起铁锤，就因为玩牌时拌了几句嘴？

马加爵：他们不光说我打牌作弊，而且说我平时为人怎么样怎么样。他们说的与我一直以来想象中的自己很不同，就恨他们。

……

记者：有没有过去和他们谈谈，交换一下看法呢？

马加爵：（摇头）没想过，不可能的，当时只想到恨。你刚才讲，人家分析我杀人的原因时说到我的性格，现在想，可能还是因为性格吧。

记者：你分析一下自己的性格特点，是封闭的，还是比较开放的？

马加爵：（沉思许久）我还觉得有点开放呢。要我总结还真不好总结。

……

记者：4个年轻同窗的生命在你的铁锤下消失了。你对生命有过敬畏感吗？

马加爵：（茫然）没有。没有特别感受。我对自己都不重视，所以对他人的生命也不重视。

……

记者：平时你和同学们遇到不开心的事，如何排遣不良的灰色情绪？

马加爵：就靠自己。

记者：这次为什么选用杀人的方式发泄？

马加爵:(长长吸了口气)当时我真的迷失方向了,觉得不知道该怎么生活下去了。因为我当时觉得自己做得蛮好,明明不错,别人却觉得我不好,往后不知该怎么做。于是,就有点想不开,自己不想活了。又想我之所以会这样,是他们三个人造成的,就恨他们。

记者:如果这时候有人帮你一把,听你说说话,倾诉倾诉,那天的事会避免吗?

马加爵:(点头)如果这样,我想后来的事是不会发生的。吵完架散伙后,我一个人躺在床上,没人发现我情绪不好,我找不到人去说话……

俗话说:"勺子没有不碰锅边的。"同学之间有些磕磕碰碰在所难免。马加爵仅仅因为与同学有些不和,就萌发怨恨情绪,甚至动了杀人念头,就像云南省高级人民法院复核时认为的那样:马加爵无视国家法律,因不能正确处理人际关系,因琐事与同学积怨,即产生报复杀人的恶念。

马加爵1981年5月4日出生在广西壮族自治区宾阳县宾州镇马二村。他自小聪明,学习成绩很好,始终是自己家庭的骄傲。初中时曾经获得全国物理竞赛二等奖,却不善交际;高中时成绩也很优秀,性格仍然很孤僻;上大学后,寡言少语的马加爵也试图改变自己孤僻的个性,融入大学生活,看到其他同学幽默地开玩笑,他有时也想幽默一下,可结果往往弄巧成拙,反而使同学们觉得他很可笑,人际关系越来越糟糕。他开始怀疑一切,变得有些神经兮兮,而且脾气越发暴躁乖戾。有时其他人在宿舍一起说笑,他就认为笑声中包含着对他的嘲弄,为此少不了动怒、吵架、摔门。逐渐地,他说话的声音越来越小,发脾气的叫声却越来越大。随着时间的推移,他同寝室室友之间的积怨越来越深,严重时他甚至动手打人。当他在篮球场打球时,如果别人没打好或不小心撞到他一下,他就会翻脸骂人,时间一长,也没人敢跟他一起打球了。久而久之,他找不到倾诉的对象,变成了孤家寡人,最终酿成了人生悲剧。

> 人际关系和谐,会使人感到充实、快乐、安全;人际关系紧张,会使人感到孤独、自闭、焦虑、恐惧,甚至会酿成灾祸。

所以,我们必须了解人际关系,正确处理人际关系,营造和谐的人际关系氛围。

## 一、人际关系的定义

人际关系的定义有广义和狭义之分。广义的人际关系包括社会中所有的人与人之间的关系以及这些关系的一切方面,包括经济关系、政治关系、法律关系、文化关系、心理关系等。狭义的人际关系指人们为了满足某种需要,通过交往形成的彼此之间比较稳定的直接的心理关系,它主要表现在人与人之间交往过程中关系的深度、亲密性、融洽性、协调性等方面。我们所说的人际关系一般指的是狭义的。

人际关系与人际交往密不可分,人际关系是对人与人之间心理关系的静态描述,而人际交往则是对这种心理关系的动态描述。人们只有通过人际交往才能建立各种不同的人际关系,而人际关系的好坏反映着人们心理差距的大小,它又是从人际交往过程中反映出来的。

## 二、影响人际关系的因素

在群体中,人与人之间总会建立各种各样的关系,然而,关系的密切程度却各不相同。人际关系的建立受各种因素的影响。社会心理学的研究成果证明,影响人际关系密切程度的因素主要有以下几点:

### (一)地理距离的远近

人与人之间在地理位置上越接近,越容易形成彼此之间的密切关系。在同一个院子居住的邻居,在同一个教室上课的同班同学,在同一个车间劳动的工人,在同一间办公室工作的人员,一般都比较容易形成人与人之间的密切关系。俗话说"远亲不如近邻",就是说远在他乡的亲人,不如近在眼前的邻居,这是老百姓从长期的生活实践中积累的切身体会,也是人际交往的真实情景。

当然,我们也应看到这样一个事实:地理距离并不是形成人际关系的主要因素,它只是影响人际关系的各种因素之一,在其他条件相同的情况下才会表现出地理距离的作用。所以,尽管马加爵与同寝室的室友地理距离很近,却由于其他因素的影响,他不但没有与同学建立起亲密关系,反而因为距离太近,室友才惨遭他的毒手。

### (二)人际交往的频率

交往的频率是指人们相互接触次数的多少。一般来说,彼此交往的频率越高就越容易形成密切的人际关系。因为交往次数越多,越容易有共同的经验、共同的话题和共同的感受。可见,人际关系是人们借助于交往,努力消除陌生感、缩短心理距离的结果。之所以如此,是因为交往是人们交流信息、消除生疏、加深了解、获得肯定或否定体验的途径。同时,交往的频率还是人际关系亲疏的调节器。一般来说,交往的频率越高,人际关系越密切;交往频率越低,人际关系越趋于淡化;当交往完全不存在的时候,原有的人际关系也会名存实亡。

但是,交往频率的高低对于人际关系的亲疏却不一定起到决定性作用。实际上,人们彼此之间交往的内容比交往的频率有着更重要的意义。例如,一个寝室里的两个同学,在一天之内有30次接触,但他们之间交谈的内容只不过是几句相互应酬的闲话;而另两位同学虽然一天只有10次接触,但谈话的内容却是研究如何完成学习任务,如何实施课外活动项目等大家都感兴趣的内容。前一种情况,尽管同学之间有更多的接触,并不表明彼此有密切的关系;而后一种情况,虽然两位同学接触不多,却表明他们之间有密切的协作关系。

### (三)情感态度的异同

人与人之间若对某种事物有相同或相似的情感态度,有共同的理想、信念和价值观,就容易产生共鸣,形成密切的关系。俗话说:"物以类聚,人以群分。"如果推究"人以群分"的原因,那就是由于群体成员对某些事物有相同的看法、相同的态度造成的。因此,情感态度的相似性是建立人际关系的一个重要因素。

我们就住在同一寝室里的大学生形成友谊的情形进行研究,就会发现,情感态度相似的同学之间容易建立友谊关系。同时还发现,彼此形成友谊关系的学生对于他们的情感态度相似性都有估计过高的倾向,而对他们之间在相似性基础上的差别,则有回避和掩盖的倾向。

这些研究证明了情感态度的相似性是形成友好关系的重要因素。

马加爵与室友的地理距离最近,与室友的碰面接触最多,为什么他却没有与室友建立起和谐的人际关系呢?关键就在于他与室友的情感态度始终是格格不入的。

## (四)需要和性格的互补

不仅具有情感态度相似性的人们之间会形成友好关系,而且需要、性格等完全相反的人之间也会形成友谊关系。因为人际关系是以人们的需要为基础的。需要是建立人际关系的动力,人际关系主要反映了人们在相互交往中物质需要或精神需要能否得到满足的心理状态。如果交往双方的需要能够得到一定程度的满足,就会产生喜欢、亲近的情绪反应,人们的心理距离就会缩短;反之,就会产生厌恶、憎恨等情绪反应,心理距离就会加大。因此,需要的互补而获得的满足也可以成为建立人际关系的心理基础。

在现实生活中,我们往往看到这样的情况,脾气暴躁的人和脾气随和的人会友好相处;独断专行的人和优柔寡断的人会成为好朋友;活泼健谈的人和沉默寡言的人会结成亲密伙伴。这是因为双方在气质、性格上都各有优劣,彼此之间可以取长补短,互相满足对方的需要。由此可见,需要的互补性也是形成人们之间良好关系的一个重要因素。

> 缩短地理距离,加大交往频率,寻求情感沟通,增强需求互补,以使人际关系更亲密。

## 三、大学生人际关系的特点

对当代大学生而言,人际关系的处理涉及社会的方方面面。大学校园可以说是进入社会前的一个有自己独立意识生活的全新环境。远离了父母,远离了昔日的师长、同学,来到一个完全陌生的生活环境,这使大学生既怀念昔日的亲情、友情,又渴望新的友谊。这种特殊的生活环境增加了大家对人际交往的需求。同时,随着身心的发育成熟,自我的独立意识得到了迅速发展,使自己逐步摆脱了对父母、老师的依赖,对同龄人的依赖却日益增强,需要在新的环境中获得同伴的友谊;并且由于我们毕业后就要走向社会,因此,既要学会怎样与社会上的人们交往,又要从他们那里获得生活的经验和知识。大学生的文化层次较高,生理和心理日趋成熟,比较重感情,因此,大学生的人际关系就具有与其他人际关系不同的特点。

## (一)自我意识强烈

当代大学生处在科学技术高度发达的社会,经过学校和简单的社交历练,素质已经比较全面,思维活跃敏捷,容易接受新鲜事物,但相对缺乏辨别真伪的能力。特别是在改革开放后,物质生活条件优越,对自身周围环境的变化、学业成绩的好坏、他人的鼓励与评价、社会要求与自身情况的差距等方面非常敏感,在人际关系的处理中往往自我意识非常强烈,对家长和老师的某些言传身教不容易接受,总喜欢按照自己的思想去设计自我,强调自我意识的主动性、积极性、实践性和建设性。大学生不再轻信,注重自我挑战、亲身经历,不服输,他们关注社会的发展和进步,但是目的是为了有所作为,在社会的发展中实现自我。但有时也会因为一些不良倾向的影响,言行怪异偏激,甚至会走上极端。前文所述的马加爵事件就是典型。马加爵从一个意气风发的大学生到杀人罪犯,经历了一个怎么样的过程,我们可以从他的遗书中找到一些答案:

……我本来习惯被人歧视、被人蔑视的,可是这次他们表现得实在是太淋漓尽致了。他们嘲讽时刻的无情,他们侮辱时刻的面孔可恶,让我下定了决心,终于我买了一把石锤,结束了他们几个人的生命……

不难看出马加爵的个性并不张扬,他的犯罪也不是一时的冲动,而是有计划地实施报复,马加爵的自我意识强烈正是在长期的情感压抑下表现出强烈的偏激,造成一幕本不该发生的惨烈悲剧!

> 自我意识过于强烈,往往导致偏激;既要增强自信又能包容别人,方显练达人情。

## （二）感情色彩浓厚

对友谊的珍惜与渴求,以及丰富的情感心理,使大学生在人际交往中十分注重情感的交流,讲究"意气相投"的心灵共鸣。但是由于大学生情感很不稳定,时而欢欣鼓舞,时而焦虑悲观,也经常容易用感情代替理智。一是大学生的身体素质好,喜欢运动,有活力,因此对生活有激情;二是随着社会化逐渐增强,对社会和生活产生更多的主观体验,因此情感情绪日益丰富。但由于思想和社会化的不成熟,一旦遇到困难或失意,意志便会消沉,容易产生不良后果。

2009年10月20日,曾经轰动一时的中国政法大学学生付成励杀害老师程春明一案由北京市第一中级法院作出一审宣判,被告人付成励犯故意杀人罪判处死刑,缓期两年执行,剥夺政治权利终身。本案的起因是,2008年10月,在中国政法大学就读的付成励因女友与自己分手,怀疑这与该校教授程春明有关,就产生了报复心理,在教室里当众用菜刀杀死了程春明。

2009年10月19日,年仅19岁的四川外语学院的大学生邹鸿成故意杀人和强奸一案由重庆市第一中级人民法院作出一审宣判,被告人邹鸿成犯故意杀人罪和强奸罪,数罪并罚,决定执行死刑,剥夺政治权利终身。2008年10月,邹鸿成认识被害人杨诗雅后,便对杨诗雅展开疯狂追求,但均遭到杨诗雅拒绝。当得知杨诗雅在与他人交往后,早已心生不满的邹鸿成产生了报复心理。2009年7月13日13时许,邹鸿成与杨诗雅见面后,向其提出去吃午餐,但遭拒绝,恼羞成怒的邹鸿成便手持随身携带的刀具朝杨诗雅的颈部、头部、腰部、手部等处猛砍、猛刺数十刀,致杨诗雅当场死亡。

这两起备受关注的案件有一个共同点,都是大学生因情感纠葛而导致的恶性犯罪,情绪失控和感情饥渴成为这类犯罪的主导因素。当这种不顾一切、孤注一掷的宣泄性情感和报复性心理爆发后,被冲动冲昏头脑的大学生就会选择走极端道路。在这个时候,所谓的为人处世、道德良知、成绩素质等各种一再被教育和自省所肯定的东西都被抛至脑后,情绪完全冲破了理性认知,而如果没有任何形式的疏导或者干预,后果就不堪设想。

> 理智要比心灵为高,思想要比感情可靠。在理智和感情的天平上,我们要适当加重理智的砝码。

## (三) 注重个性张扬

个性的张扬本质上并不是不好,在当前社会下,这既是主观要求,也是客观环境影响的结果。当代大学生接受能力强,理解能力高,对信息的接收快,一般不会盲从,大多数人对问题有自己的见解。在"传统—现代—后现代"文化的对流与碰撞中,他们具有强烈的批判意识与批判精神,注重自我个性的感受与认同,明确体现自己的独立性、利己性、竞争性、开拓创新精神,显示出独特的个性。这本来无可厚非,但如果个性过度张扬,也会对传统的道德观念形成冲击,在道德观念上更易突破传统,不拘一格甚至表现"叛逆",这就会造成思想和行动上的偏差,给自己带来一些不必要的负面影响。

20世纪80年代中期出生的林鸣是个典型的"新新"人类,大学毕业后他很顺利地到一家公司做市场销售的工作,第一天上班就令单位的老同事感到"眼前一亮":五颜六色的长发齐肩,满是破洞的牛仔裤,长长的小手指甲,特别是他高谈阔论的劲头、自以为是的狂妄,工作中遇到问题从不向老同事请教,总以为自己处理问题的方法是最正确的,好像世界上的事情没有他不懂的,也没有他解不开的难题。时间长了,同事们见到他犹恐避之不及。林鸣不是笨蛋,他能够看出同事看他的眼神,却百思不得其解。偶然有一天上班时,他正在意气风发,云山雾罩,讲到高兴处忍不住哈哈大笑,被下来检查工作的上司逮了个正着。看到他的样子,上司差点没当场气得晕过去,于是勒令他收拾好个性,并扬言如果保留他的个性,就请他另谋高就。这下林鸣彻底傻了,不得不按照要求忍痛割爱,向张扬的个性说拜拜。

不难看出,林鸣在批判"传统"、实现自我的过程中表现出追求行为方式的随意化,崇尚非理性,对各种道德规范与社会责任的漠视,造成了"怎么样都行"的思维模式与行为方式,这无疑与社会主流意识形态产生矛盾,其直接后果就是得不到社会和他人的认同。这无论是对个人还是对社会,都是没有任何好处的。

> 既要张扬个性,又要学会收敛;在张扬个性时注意维护公序良俗,在收敛性情时亦可彰显人格魅力。

## (四) 注重网络人际交往

随着互联网的普及,每一个大学生都会不同程度地与网络"结缘",而大学生网络人际交往的动机多是从众心理。而实际上,网络确实可以使大学生广泛接触到校园以外的世界,及时了解到更多更新的信息,而QQ、MSN等聊天工具能够使得他们不分地域、年龄、性别,甚至种族结交网友,在与网友的交往中,大学生们不仅增长了知识和见闻,也增强了适应社会生活的能力。通过网络人际关系,弥补现实生活中人际关系的缺陷,这不仅对其专业学习有很大的促进作用,也从某种程度上增强了他们对世界文化多样性的认识。同时,网络人际关系实现了一种现实社会不可能实现的"虚拟"平等,这种"虚拟"平等给那些自卑的、怯于在现实生活中表现自我的大学生提供了一个表达自我的平台,也打开了一个知识交流的新窗口和新平台,对于学生的心理健康培养、接受新知识、获得新信息都有极大的帮助和促进作用。但过度地沉迷网络,也很容易导致现实人际关系的缺失,沉迷于网络交往使得大学生减少了现实交往时间,现实的人际交往得不到保障,就会使部分学生逐渐疏远现实人际交往。而网上结交的朋友往往是虚拟的,人际关系缺乏根基,长此以往,会导致学生人际交往能力的下降。现实中就有许多沉迷于网络人际交往的大学生宁愿不分昼夜地上网,也不愿意回家,甚至发展到除了要学费、生活费外和父母毫无交流的地步。此外,一些不法分子,利用网络对大学生进行诈骗:2010年3月19日《文汇报》就刊登了上海某高校一名女生,在网上购买一件500元的商品,把钱汇过去以后,对方又说还要加税,此后借助"从二级会员升级为一级会员"的噱头,三番五次让她汇钱。面对如此明显的陷阱,这位女大学生却迷迷糊糊被骗去了4000多元钱。因此,长久沉迷于网络可能会给大学生现实的人际交往造成一定的障碍。

> 享受健康的网络交往,避免长久的网络沉迷,警惕骗人的网络陷阱。

## (五)人际交往理想化

大学生一般都处于幻想的年龄,由于心理尚未完全成熟,社会阅历有限,也由于家庭、社会、交际圈等客观环境对其人身的限制,因而不可能全面地接触社会的各个方面,全面地了解现实的人际关系,易于简单依据书本经验产生理想化的人际关系思维定势。在人际交往过程中,往往是先在自己的头脑中构建一个理想的人际关系发展模式,然后把这个模式复制到现实当中,这就使得大学生的人际交往具有浓厚的理想化色彩。大学生人际关系构建比较单纯,无论是对同学、朋友,还是对师长,都不希望掺杂其他任何复杂的行为或举动,并以理想化的人际关系标准要求对方对等遵守,一旦发现交际的对方有某些不符合理想中的状态,就会深感失望,甚至会对心灵造成打击。2008年11月14日晚清华大学一位20岁女生跳楼自杀身亡,其原因就是自己与同学、老师、辅导员的人际交往不顺畅,悲伤与孤独最终使这位风华正茂的大学生走向毁灭,而这样的悲剧还在今日的大学生当中不断的上演着。

从整体上说,与其他人群相比,大学生人际交往的挫折感较为突出,他们既渴求人际交往但又不知道如何面对交往挫折,从而产生自我怀疑的双重属性,也就是说大学生对人际关系的建立倾向于理想化。

> 既要追求理想的人际关系,也不应把人际交往过于理想化。

## 四、人际的基本关系

中国人际关系的基本模式是"血缘"、"情缘"、"人伦"构成的三位一体模式,这三者彼此包含并有各自的功能。其中"血缘"是核心部分,一切的人际关系都是由此为出发点,配合"情缘"和"人伦"为基本的心理和行为模式及其制度化,形成了中国人际的基本关系。

### (一) 血缘关系

"在家靠父母,出外靠朋友",这句民谚道出了中国人际关系的两个最基本方面,而在5000多年历史的发展变迁中,最能够体现中国人际关系传统的就是血缘关系,这是中国古代整个人际关系的基础,也是人际关系的开始。

父母不仅给了孩子生命,更是孩子的支柱,因此,家庭是教育的根本。如果从那些成功人士的经历来看,绝大部分人都会由衷地提到,事业的成功离不开父母给他们的支持,家庭给他们的良好教育。如果父母和家庭的环境有问题,那么孩子的发展在起跑线上就已经显得滞后。

家庭中的兄弟姐妹就是第一层血缘关系网,"打仗亲兄弟,上阵父子兵"讲的即是这个道理,血缘关系网是发展的前提,许多现代的知名企业,一般都是兄弟姐妹一起开始做,从而逐渐发展壮大。如果第一层的关系足够牢固,就像这个人在社会上有了立足之本,家和万事兴,做事心态好,事情自然就做得好。现代的许多"富二代"就是对血缘关系的最好解释,是中国传统人际关系的发展和继承。

而父母的血缘关系,即父母的兄弟姐妹,就构成了血缘关系的第二层,这是发展的基础,即所谓的家族势力。在家族中,可能有的家庭比较富裕,有的家庭相对贫困。如果处在贫困不好的状况,就可以请家族中过得好的帮忙;如果处在相对富裕的状况,也可以从家族中过得不好的那里获得人力资本,从而获得整个家族更大的成功。

家庭和家族,涉及了中国社会人际关系的一个中心方面,即血缘的关系。这个血缘关系,是中国人际关系的最基本问题。家族与家族的交集,就会形成宗族。一个家族不过数十人过百人,一个宗族却可达到数百人过千人。如三国时曹操、袁绍等人物的起兵谋事,均是获得了宗族数千人的帮助和支持。宗族就是地方势力的基础,也是中国古代人际关系的根本,宗族最大的特点不是以个人为核心,而是以血缘关系来确立核心,在一开始就是以组织的形式存在的,个人有力量虽然很好,但也是要在组织中发挥才能成功的。宗族的组织形式在现代社会边远落后的一些村庄还可能存在,经济发达地区已经很少见了。宗族在一个地方待久了,比如四五代的苦心经营,就会成为望族。一旦望族成立,就会把势力伸向所在区域的各个方面,甚至可以对地方事务翻云覆雨,成为某个区域的统治性力量。如曹雪芹《红楼梦》中的四大家族,就是这样的豪门望族,不过现在社会的望族,是指那种特别富有或根基深的家族。如果望族再向上推一级,就是所谓的世家了。司马迁在《史记》中提到的世家就是很好的例子:世家的孩子就叫世子,那些被封了爵位的望族,达到一定标准后,或做出了特别不一样的成就,就可以称为世家,如孔子世家、陈涉世家。成为了世家,就有了争霸天下的资格,比如李唐世家,争霸天下最后的结果,自然就是国家。国和家彻底融为一体,构成了中国帝国密不可分的结构体,反反复复几千年,一代代地延续着。就这样以血缘为基础,以家族为纽带,各大家族各自招募最优秀的人才到自己的家族里,为自己效命,在春秋时代的"四大君子"都有食客三千,主要就是为了扩大家族的影响,进一步攫取更大的势力。

家族的建立从低到高,通过血缘关系形成一层一层的纵向结构,而这还不够平衡,于是横向的结构也随之产生,这就是儒家思想的构建。孔子也是以血缘为基础而把人际关系分为五种:君臣之忠、父子之敬、夫妻之爱、兄弟之悌、朋友之信,强调一个人必须有教养、有礼仪。而事实上,中国人的确把良好的人情关系和礼貌看作最重要的。其中,家庭关系成为儒家宗旨的核心,因为如果一个人在家里做一个好儿子、好兄弟、好丈夫,他的其他社会活动自然会因循这种良好的家教。在这个问题上,孔子把握住了人的心理,即人类热爱家庭、回归亲情的事实。心理学上认为,家庭作为社会单位是可以胜任并让人感到愉快的,因为没有人能孤独地在世上生活,而建立在男女的基本关系之上的家庭无疑是最合乎生物天性的自然社会单位。成熟后的男人和女人虽然是拥有不同人格的独立个体,却通过意志的交换和思想的融合互相弥补,让自身变得更加完整和完美。这样,人可以在忧愁时得到安慰,快乐时有人分享,这是与生俱来的人类灵魂的孤独感所驱使和促成的。

家庭是一个人学习成长的第一课堂,并将持续运用到整个人生。家庭给人以安全感,让孩子有人抚养,让老人有人照顾,给男人和女人提供食物和住所。儒家不是使人成为抽象意义的好人,而是要人成为具体的好儿子、好兄弟、好叔伯、好祖父。如果一个人在童年时就养成关怀和敬爱别人的好习性,那他日后自然会成为好公民,服从秩序并有责任感。把良好的家教延伸到一般社会,就会拥有良好的人际关系。

> 血缘关系是我们进入社会的天然庇护所,无论我们做错了什么,血浓于水的关系永远都是值得我们信赖的第一关系。

## (二) 友情关系

"出外靠朋友"说的是"血缘关系"之外的另一种人际关系,但这种人际关系的建立往往也会依靠营造虚拟的血缘关系来维持,在古代,"朋友"一词更多的时候是以"兄弟"来替代,所谓"四海之内皆兄弟",历史上的"桃园三结义"、《水浒传》的梁山好汉等人际关系的建立就是最好的明证。关于朋友的定义,《周易·兑卦》一书中有"君子以朋友讲习"之说。汉朝的郑玄对朋友的解说更为明确:"同门曰朋,同志曰友"。古人对朋友概念的界定大都以同门、同志为前提,即同师学技、同志而行方可称为朋友。然而,在人类社会不断发展演变的历史过程中,朋友的涵义也变得丰富起来,有学友、战友、棋友、球友、牌友、烟友、舞友,还有酒肉朋友等等。明朝的苏峻将朋友分为四个类别:"道义相砥,过失相规,畏友也;缓急可共,生死可托,密友也;甘言如饴,游戏征逐,昵友也;利则相攘,患则相倾,贼友也。"交何类朋友不仅取决于一个人的情趣、喜好,更取决于一个人的志向与品德。志向宏远,品德高洁者,交友为的是增长知识、切磋技艺,砥砺人生,故所交之友多为"道义相砥,过失相规"的畏友,"缓急可共,生死可托"的密友。畏友难觅,密友难逢,"人生朋友千千万,知心朋友能几人",世人多有如此的慨叹。

南北朝的颜之推说得好："与善人居，如入芝兰之室，久而自芳也；与恶人居，如入鲍鱼之肆，久而自臭也。"交友不可不慎，择友须分类别，马克思、恩格斯的友谊堪称畏友的楷模、密友的典范。他俩自邂逅之后，因胸怀共同的志向——为全世界无产阶级解放事业而奋斗，一见如故，真诚合作了数十年。为了帮助马克思进行革命理论的研究与写作，恩格斯放弃自己的工作，甘当马克思的秘书和生活侍从，为马克思奉献了自己的时间、精力和资财。马克思逝世后，恩格斯又继承马克思的未竟事业，完成了《资本论》的写作。由于他们精诚合作，共同创立了马克思主义哲学、政治经济学和科学社会主义理论。他们的主义盖天下，他们的英名昭日月，他们的朋友情谊也将成为人类历史上永远的佳话。

而在社会生活中，交结的昵友、贼友者亦比比皆是，这些人无志向、品德可言，仅凭情趣喜好而聚合，以寻欢作乐为目的，以利禄货财为追求。"当其同利之时，暂相党引以为朋，伪也，及其见利而争先，或利尽而交疏，则反相害，虽其兄弟亲戚，不能相保。"（欧阳修《朋党论》）从近年来查处的各类大小贪官中发现，官员走上犯罪道路的一个重要原因就是交上了一些昵友、贼友。他们以"同利为朋"，或送予金钱，或献予美色，或提供玩乐，在黑幕中进行着权钱交易或权色交易的勾当。胡长清命归黄泉虽然是由多种原因所致，但是交上昵友、贼友也是其中一个重要因素。周雪华（原江西奥特集团总裁）为什么会把300多万的钱物毫不吝啬地送给胡长清，为什么不惜代价地用山珍海味金钱美女将胡长清侍候得服服帖帖！身为副省长的胡长清案发后，周雪华一语破的："游鱼贪食，钓者诱之；人皆钓鱼，我则钓人。"他钓胡长清，通过胡长清手中的权，捞到了2000多万元贷款，这些钱到案发时周雪华仅归还了10万元，给国家造成了重大损失。成克杰与李平一见钟情，他们的感情基础是什么？钱色而已。他们的共同志向是什么？互为所用。东窗事发之前，他俩"甘言如饴，游戏征逐"，立下了山盟海盟的婚约，一旦罪行败露，则"各自求生相害"，谁也不顾及谁了，一个走上断头台，一个终身陷囹圄，这就是昵友、贼友的最终结局。

老乡关系也是中国人际关系中比较特殊的一种，处于血缘关系和朋友关系之间，兼有二者的特点，但又倾向于朋友关系，对中国人的交往产生了非常重要的影响，自古便有"老乡见老乡，两眼泪汪汪"、"美不美故乡水，亲不亲故乡人"等说法，使老乡关系在中国的人际关系中一直占有非常重要的地位。因为自从你出生那天起，便注定有千千万万个陌生人成为你的老乡，是一种你无法选择的天然存在，从古到今绝大部分的成功者，或多或少地都存在着"老乡"和"地缘"因素的影响，像历史上著名的徽商、晋商，直到现在的浙商，清朝时期的"湘军"、"淮军"，等等，相互之间大多通过老乡的连带关系形成了基本统一的"创业团队"，彼此之间是"你中有我，我中有你"，大致相同或相似的语言特征、文化认同、社会习惯等天然性格，为老乡的共同奋斗提供了必要的生活基础，有利于发挥团队中每个创业者的特长和优势，能够广泛调动各方面的人脉资源，成功的概率非常高。

当然，社会的进步和人际关系的繁复密切往往结伴而来，社会的浮躁和功利就会使人与人之间有着太多分不清的是非真伪，以至于我们对人际关系的复杂产生了畏惧。《美国社会学评论》最近刊发的一项调查报告结果显示，现代人真正的朋友越来越少了，1/4接受调查的人甚至认为没有任何人值得信任。美国作家帕尔指出："不要指望一位密友带给你所需要的一切。"这些虽然说明现代人际关系的冷漠，但是现实生活中，我们每个人都必须依靠朋友的支撑才能够更好地实现自己的人生价值。因此，供职于美国权威调查机构盖洛普的汤姆拉思在《死党朋友，你生命中不能没有的人》一书中认为，以下8种朋友是必不可少的：1，成就你的朋友；2，支持你的朋友；3，志同道合的朋友；4，牵线搭桥的朋友；5，给你打气的朋友；6，开阔眼界的朋友;7,给你引路的朋友;8,陪伴你的朋友。这些朋友关系的建立涉及社会交往的各个方面,同时也给现代社会中的人际关系增加了更多的变数。

> 真正的朋友,在你有难的时候,他会默默地关怀与帮助;在你优秀的时候,他会及时地提醒和鼓励,可以陪你度过一生,直到永远。

## （三）婚恋关系

婚恋关系是我们以后都要面对的,而现实中的婚姻却给我们展现了太多的"意想不到",我们该如何面对这样的世界呢?

31岁的王宾与妻子许萍因家庭琐事经常发生争吵,后妻子长期居住在娘家。2005年10月14日,王宾的母亲刘敏(化名)为解决夫妻俩之间的矛盾找到许萍娘家,不料双方因言语不和发生争执,导致刘敏胳膊骨折,王宾对此怀恨在心,产生杀害许萍及其家人以泄愤的罪恶念头。4天后,王宾驾驶摩托车,携带斧子、水果刀等作案工具窜至天津市东丽区其妻子下班必经之处,等候许萍。当晚19时许,许萍上夜班途经此处,王宾驾驶摩托车将许萍撞倒,后又持斧子朝其头部猛砍数下,并将许萍扔于路边的水沟内。行凶后,王宾又窜至许萍家中,用斧子朝被害人许萍弟弟头部猛砍一斧,许弟受伤后跑开,王宾又持凶器砍向许萍的另一弟弟,被害人躲避中被斧子砍中右腿。后王宾被许萍的家人合力制服。民警接报后赶到现场将王宾抓获。经法医鉴定:被害人许萍系被他人用斧头砍击头部致重型颅脑损伤死亡;许萍的两个弟弟一个重伤,一个轻伤。

我们不禁要问,如同一体的夫妻为什么会到了兵戎相见的地步,造成这种悲剧的原因在哪里呢?

我们都知道,现代婚恋关系的确立早已脱离了传统的"父母之命,媒妁之言",自由恋爱和结婚是组成家庭的基础。可以说,现在的夫妻都是经过双方的情感磨合,并且得到法律认可才走到一起,更有传说夫妻是命中注定的前世姻缘,夫妻的感情最能令人感动。

我们从现代社会的实际情况来看,夫妻间感情关系的变化如果按照夫妻双方感情的程度、心灵的倾向性、活动的目的、交往的亲近与作用等方面可以分为这样的几个主要阶段(当然很难在所有夫妻所经历的两个相邻阶段之间划一条明确的分界线,更不能将不同的人在某一阶段的表现、状态、自我感觉和言行划一起来,这里只是大致的区分):

第一阶段——从情感的发轫期到缠绵炽热的钟情期。这一时期是爱情的培养和升华,经过了双方不断的接触和了解,最终双方在心目中都认定对方是自己今生完美无缺的最佳人选,占据了彼此所有的精神注意力,并把对现实的感受加入种种美丽的幻想,甚至可以为对方献出自己年轻的生命。

第二阶段——从情感的炽热期到冷却期。经过了爱情的浪漫和热烈,步入了婚姻,当日常生活的繁琐取代了曾经的蜜语甜言,夫妻双方的情感逐渐回归理性,更多的是出于家庭的责任感,夫妻之间的交流也停留在柴米油盐的讨论之中,爱情逐渐倾向至亲情。

第三阶段——"七年之痒"。这是婚姻最容易出现问题的时期,双方经过几年形影不离的生活,彼此对双方都已经非常熟悉,逐渐失去了爱情的种种浪漫,很难再做出某种令人愉快的、表达爱情的行动,不再体贴入微、周到服务。甚至对方的某些特点都会被看成是一种缺陷而成为摩擦的缘由,心理上开始受到否定定势的影响,以不友善甚至敌意的态度去理解配偶的言行举止并且开始从配偶目前和以往的言行中寻找和发现破绽,希望能够重新找到一些新的心灵慰藉。

第四阶段——情感的公开厌恶甚至完全的否定期。这个时期在情感长期得不到满足的情况下,对方在自己的心目中已不是当初的最佳选择,而是在"日久见人心"的情感关照下终于暴露出"卑鄙无耻和诡计多端的真面目",曾经所有的美好回忆都成了过眼云烟,而缺点却在一天天的增加,婚姻成了一条束缚双方的无穷无尽的锁链,共同生活对双方都好像已经失去了任何意义,这是个可能造成最危险、最严重后果的阶段,一般都会伴有相应的危险信号,上述的案例就充分说明了这一点。

第五阶段——情感的平稳期。经过了双方的不断磨合、沟通、理解和对家庭生活的再认识,这时的夫妻不再是希望找寻一些额外的情感需求,两人之间的鸿沟不断被更多的包容所取代,情感逐渐回归现实,也就是我们常说的平平淡淡才是真。

家庭的和睦需要夫妻能够从危机中走出,化腐朽为神奇,时刻保持家庭的温馨。保持永久浪漫的两人世界,是人人向往的。然而现代的社会是个竞争的社会,当老板的觉得钱难赚、生意难做;当官的觉得上级要求高、任务多;当工人的觉得活儿累、钱太少;当爸爸的觉得儿女学习懒、不听话;当妈妈的觉得儿女成绩老是比人家孩子差,天天带着孩子去补课;老公觉得老婆爱唠叨,不会打扮;老婆觉得老公不会赚钱还天天在外不顾家。夫妻双方的任何一方都不能以自己的要求来要求对方,应多站在对方的立场上去考虑问题,少抱怨对方,多为对方做点什么,不断调整夫妻关系,用宽恕代替责备。很多时候老婆别忘了每天给老公倒杯清茶,老公别忘了多说几句赞美老婆的话,也许以前的误会从此烟消云散,家庭的和睦也就随之可以长久。

所以青年男女在结婚时从理性上就应该有充分的准备,迎接相互关系中那必然的、不可避免的"额外因素",以及随之而来的各种"连带问题",通过双方的共同努力,在相互理解和包容的基础上才能真正地实现家庭的和谐和稳定。

> 营造"举案齐眉"的悠闲,追寻"相敬如宾"的感觉。

## (四) 职场关系

在亲情和友情之外,对于当今的大学生来说,更主要的是进入职场后的人际关系,良好的职场人际关系是大学生进入社会舒心工作、安心生活、实现自我价值的必要条件。但如今的毕业生,很大一部分是独生子女,自我意识强烈,来到全新的职场环境里,应该在人际关系方面及时调整好自己去适应职场人际关系的发展和变化。而正确认识职场人际关系的类型就是适应职场人际关系发展的基础。一般来说,职场的人际关系基本上可以分为四种:上下级关系、同事关系、客户关系和竞争对手关系。这四种关系处理的好坏就直接关系到大学生职场的成功与否,对大学生成长为一名合格的职场人至关重要。

第三讲 你需要：了解人际的关系

作为职场新人，非常有必要充分认识个人和组织的关系，并将二者清楚地区分开来，意识到只有协调好职场中的各种人际关系才能够得到领导、同事、客户等的认可和帮助，才有可能让自己不断的进步，逐渐让自己成熟起来，这是新人处理职场人际关系的基础所在。

首先是上下级关系。上下级关系也就是领导与被领导的关系。一名新员工首先应圆满完成职责之内的任务，将工作能力与业绩永远放在第一位，这样才有机会在短时间内得到上司的青睐和欣赏。此外，作为新人还要敢想、敢做，不要怕犯错误，放开手脚去干，但前提是你要善于思考和沟通，不是简单地蛮干。领导在安排任务时，是给新人留有犯错误的余地的，但这个余地的前提是你及时反馈工作进度，自己认真对待工作。作为下属，应当尊敬上级，这不仅是由于受中国传统文化的影响，也是任何一个团体、单位和组织纪律所要求的。因此，无论上司的做法是正确的还是错误的，我们都要从态度上保持对他的尊重，如果他的做法有不妥之处，我们应该以一种巧妙的方式来提醒他，使他能够接受，而不是一味的顺从。下级作为被领导者，要维护领导的威信，遵守组织原则，服从分配，积极工作。要体谅领导的难处，设身处地为领导分忧，满腔热情地帮助领导，补台而不拆台。这样有利于团结稳定，提高工作效率，促进事业的发展。

其次是同事关系。同事关系是职场上最密切的人际关系之一，在同一个单位、部门工作，为了同一个目标，为了共同的利益而共同奋斗，同事关系的好坏与否，几乎可以决定一个人的前程和命运。

小李在大学毕业后，被分配到一家广告公司做设计工作。刚走出校门不久的小李年轻气盛，高傲自大，总认为自己是最棒的，不把任何人放在眼里。公司有一些有资历的员工，经验很丰富，但年龄大一些，小李就总拿自己是年轻人在他们面前炫耀。经常说一些时尚的事物，如果同事表示不懂，她就会将其嘲笑一番。慢慢地，公司里的人几乎都不喜欢小李，她没话找话地和同事说话，别人也对她爱理不理；老总交代的任务，有很多是需要经验才能完成的，小李请教有经验的同事时，同事也不愿意帮助她。小李的工作做得没有任何起色，还经常出错。不久，在和老总的一次谈话后，小李被辞退了。

因此，在职场中一定要记住，与我们面对面的是同事而不是冤家。一个人在其所处的单位中人缘怎样、表现如何，往往可以通过同事们对其的态度和评价折射出来。每一个与我们一起工作的人都无时无刻不对我们形成看法、作出评价，并影响到我们的前途和命运。

其三是与客户的关系。新员工刚上岗，企业一般不会将重要的工作和重要客户交付给新员工，但总会有独自面对客户的那一天。在有机会与客户接触时，拿什么来吸引与留住客户，是摆在所有职场新人面前的共同难题。客户关系绝不是"请客吃饭"，当交易不能轻松促成的时候，客户关系的重要性开始突显。

一位有五年保险经验的保险代理人长年保持极佳业绩，拥有好几百位客户，而且客户还在比以往更快的速度递增，当被问及为什么客户会对她信任时，她说："我与我的客户经常交流，她们有困难时，我会主动积极地提供尽我所能的帮助。一次，一位保户（保了意外险）出了交通事故，给我打电话，请求帮助。当时已是晚上10点多了，而且是在一个寒冷的冬天，我还是以最快的速度赶到现场，迅速将这位保户送进合作的医院，为其办理相关住院手续……这件事让这位保户非常感动，后来我们成为了好朋友，她还介绍了几位朋友给我。现在我与许多保户建立了很好的私人友情，我经常与他们一起去郊游、爬山、打保龄球等，我们的关系非常融洽。"

从这则故事可以看出，让"米饭班主"倾心于你，实际上很简单，只要你能从客户的角度考虑问题，付出一片真诚，感动客户，客户将会回报给你更多，良好的客户关系就是与客户的"共情"和"共赢"。

其四是与竞争对手的关系。竞争是市场经济的必然产物，并且竞争的对手会越来越多，因为有了竞争，才会更好地提升自己。在职场上，很多时候"对手就是帮手"。本杰明·富兰克林曾说："不要说别人不好，而要说别人的好话。大多数情况下，不失时机地夸赞竞争对手可以令人们取得意想不到的效果。"

李炎明是一家品牌化妆品专卖店的销售明星，邓琳琳则是对面一家品牌化妆品专卖店的销售高手。她们两个人的销售业绩分别在自己的企业内部名列前茅，因为他们除了善于捕捉相关信息、利用各种技巧打动客户之外，还勇于把不适合本企业化妆品的客户介绍到竞争对手那里。李炎明所销售的化妆品主要是针对中干性肤质的客户，而邓琳琳推销的产品则适合于油性和敏感性肤质的客户。所以，每当客户来到她们任何一位面前时，她们都会针对客户的肤质和产品特点给予最中肯的建议，如果发现客户的肤质更适合对面竞争对手的产品，她们都会毫不犹豫地告诉客户："那个品牌的化妆品更适合您的皮肤……"

把那些需求特点更符合竞争对手产品的客户大大方方地"出让"，这绝对不是给自己拆台，更不是"长别人志气，灭自己威风"，是因为你的大度而不再吝惜那些不适合你却非常适合竞争对手的客户资源。这才是与竞争对手关系的高尚境界，也才能实现最好的多赢结局。

> 谨慎做人，善于做事，适时作秀，这是维护职场良好关系的法宝。

## 五、当代人际关系的发展趋势

随着时代的发展，人际关系也会出现一些新的趋势。党的十四届六中全会通过的《中共中央关于加强社会主义精神文明建设若干重要问题的决议》明确提出，要建立一种平等互助、团结友爱的社会主义新型人际关系，并将社会主义新型人际关系的建立提高到稳定社会、发展社会的高度上来。然而，中国历史文化的长期积淀，使得中华文化表现出鲜明的个性特征，即以群体为本位，以家庭为中心，人际关系重伦理，心理风习重情谊。与这一文化特征相适合的社会结构，则是以家庭为中心，由小及大、由近及远、由亲及疏，延伸拓展成整个社会的人际关系网络。这个人际关系网络的形成背景以血缘（宗族亲戚关系）、地缘（邻里乡党关系）、神缘（宗教信仰关系）、业缘（同业同学关系）、物缘（以物为媒介）、情缘（情人夫妻关系）的"六缘"为基础，配合"三纲五常"一套关系准则，在中国社会的发展进程中，能够起到协调家族内部和整合社会的功能。但是，当中国社会在介入西方文明的信息渗透后，以"六缘"为基础的人际关系受到了前所未有的冲击，当代社会人际关系的发展也就呈现出许多新的趋势。

### （一）人际关系单一性逐渐弱化，复杂性快速增强

改革开放以后，现代社会生活中的人们逐渐接受来自西方的一些生活方式和思维方法，在面对纷繁芜杂的社会而希望有所作为时，都渴望自己能拥有良好的人际关系。然而社会的现实告诉人们，这样的愿望实现起来会非常困难。社会层面的复杂关系以及人们心理的微

妙,使现代社会中人际关系的建立因地域、经济、文化、工作性质等不同而出现许多不稳定因素。一方面,人们渴望实现自己的人生价值,追求左右逢源的人际关系网络;另一方面,"逢人且说三分话,未可全抛一片心"的古训又使人产生了怀疑心理,惧怕深交,对出现的陌生环境心存戒备,甚至产生程度不同的心理障碍。这种交往需求与心理焦虑构成了不可调和的矛盾,使相当一部分人对人际关系的复杂战战兢兢,面对挫折时自然就会感慨万千:"生活像爬大山、趟大河。""生活是一团麻,那也是麻绳拧成的花;生活是一根线,也有那解不开的小疙瘩呀;生活是一条路,怎能没有坑坑洼洼;生活是一杯酒,饱含着人生酸甜苦辣。"究其原因,这是由于现代人受人际交往中的传统观念——古训的"防人"经验的影响。有学者认为,国人交往的一个传统基本原则是注重韬光养晦,一定要低调,其实质是对"信"的曲解,防人即防"人说",防"人心",如"害人之心不可有,防人之心不可无";"人心隔肚皮";"天可度,地可量,唯有人心难度量";等等。从这种封闭的设防观点出发,人际关系由防"人"论逐渐发展到防"言"论,"言多必失"、"祸从口出",这就要求在人际交往时,自己则尽量"不言"、"少言",勿"直言"、"传言"、"大言"、"谎言",并努力做到"会言"。这虽然与受现代社会所倡导的坦诚、自若、轻松的人际交往风格相违背,却成了中国人在进行人际交往时的一条潜规则,低调行事仍然是人际关系处理中的主流。难怪越来越多的现代人认为,现代社会中的人际关系愈加复杂,轻了不行,重了不行,深了不行,浅了不行,说了不一定做,做了不一定说,善于察言观色、八面玲珑方能显示出"交际本色"。再加上每个人的苦乐不均,秉性不同,修养不一,地位不等,特别是感情的起伏跌宕,外部环境的多变,每人都是"君",瞬间又会是"臣",人与人的交往更加复杂。人际关系的建立不是万无一失的,一不小心交往就会变成障碍,甚至是前进中的暗坑。社会生活的多样化,直接导致人际关系的复杂化,人们在人际交往中常常感受到如履薄冰,很难处理得当。

> 低调做人——永立不败之地。

## (二) 人际关系的客观性减弱,主观性增强

在传统的中国社会中,自给自足的小农经济一直占据着整个社会的主导地位,生产规模较小,社会分工不细,造成人们交往空间范围的缩小,所谓"鸡犬之声相闻,老死不相往来",闭塞的环境在落后的自然经济中倒也相安无事,新中国建立后这样的人际关系也持续了一段时间。当改革开放进入20世纪90年代后,社会化大生产迅速发展,行业分工日趋精细,交通通讯突飞猛进,特别是互联网的介入,为拓宽人际交往的时间和空间范围提供了非常便利的条件。在这种情况下,以往的人际关系架构发生了颠覆性的变化,人们交往的方式发生了变化,交往的需要大大增强。过去那种基于血缘关系的家族亲友、邻里之间,出于感情、心理需要的人际交往日益淡化。现代人在自己发展定位中已不满足"人生得一知己足矣",而是除了注重感情的需求外,更加注重在交往中构建适应自己实现自我价值的人际关系网络,不断扩大人际交往的范围,寻找新的关系网络,给自己提供更多发展的机会。因此,现代社会的人际关系在人们的交往中客观性不断减弱,主观性继续增强。交际时间的缩短,交际需求的加大,交际面的拓宽,导致了交往的深度趋于浅显,大大不如以往那么牢固、稳定,而体现出流动性较大

的特征。当然不可否认,在频繁变换交友对象、扩大人际交往面的同时,也确实让人感受到人与人之间的深入了解趋于困难,甚至感到人与人交往是建立在经济利益分配的基础上,有一种商品化的感觉。有时还会因人际关系的变化和疏远而出现不良的心理障碍,如浮躁心态、焦虑心态、迷茫心态、失落心态、逆反心态、怀旧心态、自虐心态等。正是由于一部分现代人不能正确处理因为利益矛盾冲突引发的人际关系,结果或是怨天尤人,哀伤不已,或是封闭自我,拒绝交往。

> 心正情亦真,微笑百事达。

### (三)人际关系的功利性增强,情感性减弱

改革开放以后,当代社会的生产从计划经济走向市场经济。市场经济条件下,追求经济利益成为人们从事各种工作的重要出发点,这是符合市场经济效益原则的。但是,本应在经济领域发生作用的原则一旦渗透到人际关系的处理中,则会使人际交往带有明显的功利性和商品化倾向,脱离了以前的同志、朋友的人际关系。一部分人为了达到自己的一定目的,极力结交对自己有用的人物,奉行"只交有用的朋友,不交没用的朋友"的交友原则,这就使得当代人在人际关系的处理中也将较多的目光专注于经济学中的等价交换原则。作为交换双方,都强调互惠互利,而且利益大小均等才能成交。这种经济利益上的等价交换的功利主义因素,逐渐渗透到人际交往之中。倘若某种人际关系和人际交往对甲来说只吃亏,不受益,那么,他一定会退出交往或放弃这种人际关系。某种人际交往或人际关系能够维持,那一定是双方都有所获利,而且获利的大小基本均衡。这种功利主义因素导致人际关系中的情感因素逐渐削弱,在人际交往中对自己的利益无用的人包括自己的朋友、同事,甚至自己的亲人都会很少交往,更有一些人为了谋取私利,不惜拿自己的尊严和地位同别人进行交换,为了达到某种经济利益可以使用任何手段,难怪有人常常感叹:世风日下,世态炎凉。不过要指出的是,虽然当代中国的人际关系呈现功利化趋势,但由于传统文化对人们和社会的影响,传统人际关系中情感因素占很大成分,在人们的交际中仍起着潜移默化的作用。从一定意义上说,情感可以加深正在继续的人际关系,也可挽救即将破裂或已经破裂的人际关系。

> 君子爱财,取之有道;人不可被金钱所奴役。

### (四)人际关系的个性化增强,群体性减弱

自古以来,在传统文化中就非常重视整体或集体的作用,"人心齐,泰山移",人际关系中也是如此,不希望个人脱离集体而单独行事。新中国成立后,更是大力提倡集体主义,强调个人应服从于集体,少数服从多数,这对人们各方面的交际行为有很大影响。而在市场经济条件下,个人的才能得以全面展示,整个社会都开始重视个人价值的实现和个人利益的满足,注重个性特征的充分发展。许多人特别是一些青年人往往不拘小节,只凭自己的主观意愿选择

交往的对象和范围,对集体活动往往不屑一顾,更多沉浸于自己的私人空间,对与自己无关的事不闻不问,人际关系很窄。更有一部分人在激烈的市场竞争压力下,感受到世事的艰难和无奈,从内心深处总想摆脱来自集体和社会的约束,对他人和社会存在抵触心理,采取冷漠和排斥的态度,放弃自己应尽的责任与义务,希望过"无拘无束"的自由生活。这些都是一种消极的生活方式,非常不利于人际关系的开展和个人理想的顺利实现,同时也是对传统人际关系中强调集体主义原则的背离。不可否认,在市场经济条件下,由于经济主体的相对独立,强化了当代人的主体意识,在人与人之间的交往中,个人的正当要求希望得到满足,个人的正当权益希望受到保护,个人的性格爱好希望得到展示。因此,人格平等及人格尊重就成为人际交往中的又一重要原则,进而形成人际交往的个性化特点。这个特点与以往社会交友的原则有所差异。传统的人际交往信奉互谦互让、互谅互解,强调一个"忍"字。由于对于"忍"的理解不同,体会迥异,使得相当一部分当代人逐渐厌恶了忍耐而更加推崇个性意识。从实际来看,在诸多新的人际关系的构建中,人们可以自由地选择交往的对象,这本是无可非议的。现代人注重关系平等,相互之间大都不存在谁限制谁的问题。相处投缘就经常往来,双方感觉较差就中断走动。人们交往不愿长期压抑自己的感情,不愿受到较多的限制、听从别人的命令。相反,交往个性意识增强,希望对方给予自己较多的自由度,希望个性发展能受到对方尊重,这确实体现了社会的进步与文明的提高。但如果一味强调个性自由、只凭个人主观意愿行事、交往,久而久之,很可能削弱统一和纪律,结果使人际关系松散冷漠,导致人际关系的紧张,甚至恶化,危及社会健康、文明、公正、安全发展,也就影响了正常的生活和工作。

> 一个人的悲剧,往往是个性造成;一个家庭的悲剧,更往往是个性的产物。
>
> ——柏杨

## (五)平等性增强,等级性减弱

在传统文化特别是儒家文化中,特别强调人际关系的等级,在家庭和社会组织中尊崇家长、族长和君主的权威,严格压制家庭和社会成员的不同意见。在人际关系中还奉行一整套严格规范的交往礼仪和等级秩序,这与我们今天所倡导的人人平等确实格格不入,因为等级制度不仅压抑了人的个性自由,阻碍了人际关系的健康发展,而且也不利于整个社会经济文化的交流和沟通。现代社会接受了许多新的思想,客观上提倡和要求建立平等的人际关系,人们的交往的确要自由得多、平等得多,这就使得传统人际关系中的等级原则受到了剧烈的冲击。但由于传统文化中等级观念的根深蒂固,再加上政治上的原因,在实际生活中,人际关系仍然带有等级性。总的来看,人际平等原则毕竟弱化了传统人际关系的等级性,这是一大进步。改革开放后,随着社会主义市场经济的建立和发展,它的平等性特征更需要人与人之间交往特别是经济交往的平等,而且人们的现代独立意识日益强烈,人们之间交往的层面越来越宽,交往的对象和关系也越来越广。人们可以自由地选择职业,在一定程度上可以自由追求自己理想的生活,能够自由选择自己的人际关系,在社会上可以任意选择自己的生活方式。这一切都显示出社会的平等性在日益增强。

> 没有绝对的平等。如果无法感化别人，就只有改变自己。

## (六) 网络化人际关系日趋流行

从20世纪后期开始，信息革命逐渐席卷全球，由计算机和通信技术连接起来的全球网络系统逐渐形成了新的人际关系——网络化人际关系。它不同于以血缘、地缘、业缘为纽带的传统交际方式，利用网络媒介，形成了所谓的"网络社会"——一种与现实社会相伴的虚拟社会状态。在这里，人们可以不受性别、职业、相貌、家庭、组织甚至道德等因素的影响，在虚拟世界里自由地交流思想，人们的心理需要和潜在的自由个性能得到更充分的尊重，所以许多人愿意在工作学习之余建立虚拟的人际关系。

基于互联网、综合其他信息沟通技术和手段、采用网络技术建立和发展的人际关系网络信息化，彻底突破了传统文化中人际关系的"对面"交际模式，形成了包容性极强的庞大的"虚拟"人际关系网络。互联网从最初的只能收发邮件，到后来的文字即时聊天，再到语音视频……它为人际关系的发展提供了一条崭新的渠道。

由于网络的跨时空性特点，许多人对交往的对象往往可以轻易敞开心扉，诉说着在现实生活中难以放松的话题，而不用担心会有现实世界可能出现的各种后果。它使人们更容易讲出心里话，从而起到放松心理、缓解压力的作用。时至今日，网络也不再是人们观念中那个单纯的虚拟世界，很多网友已经从虚拟的交往发展到现实的交往，"虚拟+现实"的人际交往模式已经成为当代中国人际交往的最新形式。而且随着经济水平的不断提高，交通、通信工具的不断发展，这种交往模式将越来越被人们所接受。不可否认，在网络化下发展起来的这种新的人际交往模式拓宽了人们的交往空间，虚拟实现了人们在现实中不能实现的一些愿望，但由此所引发的网络犯罪、青少年网络成瘾等问题又不能不引发我们的思考。

> 有你，我们的世界更加精彩；没有你，我们的生活一样快乐。

人际关系在一个人的成就里扮演着极其重要的角色，甚至可以决定一个人的命运和未来。因此，我们必须充分认识到人际关系对我们成长的重要意义，正确利用人际关系提供的种种优势，从而使自己在变化复杂的社会环境中如鱼得水，更好地实现自己的人生理想。

第三讲 你需要:了解人际的关系

【问题思考】

1. 你认为最能影响同学之间友谊的因素是什么?
2. 你认为怎样才能维持与同学的友谊?
3. 市场经济体制的转变,从哪些方面改变了我国传统的建立在血缘关系基础上的人际关系?
4. 你认为当代大学生应该如何对待和处理日益复杂的网络人际关系?
5. 东西方文化的碰撞,从哪些方面影响了当前我国的人际关系?

学习了本讲,你需要制订、实施自我能力促进计划

| | 第 一 阶 段 | |
|---|---|---|
| 目标 | 我的目标: | |
| 问题 | 我目前存在的主要问题是: | |
| 行动 | 为实现阶段目标,我马上要做的事情是: | |
| 评价 | 行动成效检查评价( 年 月 日):<br>促进显著( ) 有所促进( ) 促进不明显( )<br>原因分析: | |
| 提升 | 鉴于已取得的收获,下一步我需要做的事情是: | |
| | 第 二 阶 段 | |
| 目标 | 我的目标: | |
| 问题 | 我目前存在的主要问题是: | |
| 行动 | 为实现阶段目标,我马上要做的事情是: | |
| 评价 | 行动成效检查评价( 年 月 日):<br>促进显著( ) 有所促进( ) 促进不明显( )<br>原因分析: | |
| 提升 | 鉴于已取得的收获,下一步我需要做的事情是: | |
| | 第 三 阶 段 | |
| 目标 | 我的目标: | |
| 问题 | 我目前存在的主要问题是: | |
| 行动 | 为实现阶段目标,我马上要做的事情是: | |
| 评价 | 行动成效检查评价( 年 月 日):<br>促进显著( ) 有所促进( ) 促进不明显( )<br>原因分析: | |
| 提升 | 鉴于已取得的收获,下一步我需要做的事情是: | |

《三国演义》中诸葛亮舌战群儒的一段，大家都印象深刻。诸葛亮对江东一班文武可谓了如指掌。面对诘难，诸葛亮均能有针对性地应对。如对张昭，诸葛亮知其是"孙权手下第一谋士"，故十分重视，说理娓娓道来，滴水不漏，面对其故意刁难也仅是"哑然而笑"。如对陆绩，诸葛亮则是轻蔑有加，先揭其老底——"袁术座间怀橘"，后嘲笑其言为"小儿之见，不足与高士共语"！其间，诸葛亮先后辩驳七人的发问，为刘备与孙权联合抗曹打下了基础。

　　——面对东吴谋士一个接一个的发难，除了过人的智慧和宽广的胸怀，是什么让诸葛亮做到如此挥洒自如、胸有成竹？

# 第四讲

# 你需要：获取对象的信息

现代生活,人们交往范围日益广泛,每天都在认识新的面孔,结交新的朋友。可以说,没有交往就没有人的社会生活。关于什么是人际交往,因侧重点不同,其定义也有所不同,但都无一例外地提到了信息沟通。人与人之间信息的传递与交流是人际交往的本质属性,如何传递、获取信息成为影响交际质量的关键性因素之一。兵法上说,知己知彼,百战不殆。人际交往也是一样,单单"知己"——认识自己的性格、爱好、能力、地位和人缘等还不够,还要做到"知彼"——了解对方的个性特征、兴趣爱好、行为习惯、成长环境、学术修养、社会关系等。唯有"知己",才能扬己之长,掩己之短;唯有"知彼",才能投其所好,避其所忌。如果你对交往的对象一无所知,那就只好"以己之心,度人之腹"了。但是,每个人都有与别人不一样的个性特征、兴趣爱好、行为习惯、成长环境、学术修养、社会关系等,把自己的"猜想"强加到别人的身上,结果往往可能"损人不利己",或者闹出"拍马屁拍到了疖疮上"的笑话。

张经理今年四十岁,但看起来比较老相。一天,来了一名新员工,在办公室聊天,新员工说张经理显得年轻。张经理就让他猜猜自己的年龄,新员工说:"您也就刚五十。"张经理很失望地摇摇头,新员工连忙问:"那我猜的与您的年龄差几岁?"旁边的一个同事说:"十岁。"新员工兴奋地说:"您真显年轻,说您六十,我还真不信。"

不了解对方,那处境就像一只无头苍蝇在黑箱里乱撞,对这位新员工把赞美变成了讽刺的经历,我们应引以为戒。

我们应该认识到正确获取对象信息的重要性,清楚自己应该获取对方的哪些信息,灵活运用获取信息的途径与方式,并正确地对待和处理获取的对象信息,这些是建立良好人际关系的必要因素。

## 一、获取对象的信息是人际交往的敲门砖

曾经有人做过一个叫"无信息房间"的试验,让自愿试验者在一个封闭的房间生活。在房间里,一方面隔绝书籍、报刊、电视、电脑、无线电、娱乐品等一切外界的信息供给,另一方面尽力满足一切物质营养供给。结果试验者都无法长时间忍受被割断信息的折磨。在某种意义上说,信息是人的第二生命,在没有信息的世界里,人类无法生活。生活中,处在信息的真空,人会感到压抑和恐慌;交际中,若对方的信息处在真空状态,人也会感到恐惧和不安。

据郑州大学心理健康教育中心的估计,约有一半的大学生存在不同程度的人际交往障碍,比如害怕在陌生的场合说话、逃避与不熟悉的人接触等。但是,我们也看到很多有人际交往障碍的人,在熟悉的环境中面对熟悉的人,可以表现得很自如,障碍完全消失了。为什么在熟人和陌生人面前表现得判若两人呢?如何从逃避和恐惧中解脱出来呢?其中的关键就是

把陌生人变为熟人,所谓熟人就是让对方在了解自己的同时也了解对方的信息。彼此了解后,就成了熟人,恐惧感与不安感就会随之减轻或消失,也就能更有效地进行人际交往。

## (一) 获取对象的信息,才能实现沟通和合作

交往是一种心灵的碰撞。面对交往的对象,要打开对方的心扉,需要了解对方。大家都呼唤"理解万岁",可见人是渴望被理解的。每一个人都是独特的,要实现沟通和合作,首先要找到打开对方心锁的钥匙。有一位采购员业务能力很出色,别人想学习他,问他有什么诀窍,采购员回答:"我嘛,是见人说人话,见鬼说鬼话。"

这个回答在幽默中包含着夸张,但是确实道出了人际交往中的最重要原则:交往以尊重对方为本。但是要尊重对方,首先要了解对方,了解交往对象的性格特征、兴趣爱好以及其他背景等。采购员在工作中要与各式各样的人接触交往,他工作出色、与人合作的基础就是了解对方,即是要知道对方到底是"人"还是"鬼",然后才能决定到底是"说人话"还是"说鬼话"。如果不了解对方,见鬼说人话,或者见人说鬼话,结果肯定是对牛弹琴,跟用林黛玉的语言与梁山好汉交流差不多,得到的也许是李逵的两把斧头,还谈何合作?

安利培训师王馨禾在做产品推销员的时候,很佩服她的辅导老师的推销技巧。她为了提高自己的能力,在与老师一起做推销的时候,她暗暗记住了老师在推销过程中说过的话,甚至把老师说的话录下来,过后反复听,直至能一字不落地背下来。到自己去推销的时候,她把老师说过的话原封不动地向自己的顾客说,但是效果很不好。她很疑惑,就问老师:"你讲的我都背下来了,我讲得可明白了,为什么还是没有效果呢?"老师问她:"他为什么要买你的东西?"回答:"不知道!"老师又问:"他为什么不买你的东西?"回答:"不知道!"老师再问:"你知道对方什么呢?"王馨禾的回答还是"不知道"三个字。

老师的三个"为什么"和她自己的三个"不知道"已经说明了她没有达到预期效果的原因。后来她在向其他学员介绍经验时总结了与人交往重要的四条:留意别人的爱好,寻找别人的需求,尊重别人的情感与差异,记住别人的名字和生日。这四条中,都包含一个最重要的词——"别人的"。

观念决定思路,思路决定出路。与人交往,观念正确与否非常重要,与人交往就要时刻记住,交往以对方为中心,只有充分了解对方,才能使沟通顺利进行下去,才能实现合作双赢。

> 了解是交际的敲门砖,交际往往始于彼此的了解。了解他人,才能打开对方的心锁,让陌生变熟悉,由熟悉而合作。

## (二) 获取对象的信息,才能彼此宽容与欣赏

在人与人交往过程中,特别是在与自己不同或者自己不熟悉的人交往的时候,容易出现苛求对方的情况,看不惯对方的所思所想、所作所为,对他人的否定性评价多于肯定性评价,无法用宽容之心接纳对方,无法用欣赏之情赞赏对方。

熊向辉是我国著名的外交官员,发生在他身上的一段外交经历可以给人启示:

第四讲 你需要:获取对象的信息

1960年5月,熊向辉奉命陪同来访的英国元帅蒙哥马利到洛阳参观。在观看豫剧《穆桂英挂帅》时,蒙哥马利认为这出戏不好,怎么能让女人当元帅呢?熊向辉解释说:这是中国的传奇,观众很爱看的。蒙哥马利不以为然地说:"爱看女人当元帅的男人不是真正的男人,爱看女人当元帅的女人不是真正的女人。"熊向辉听了很不服气,当场反驳蒙哥马利元帅:"英国的女王也是女的,按照你们的体制,女王是英国国家元首和全国的武装部队总司令。"蒙哥马利元帅被驳得不吱声了,十分窘迫。事后,周恩来总理知道了这件事,狠狠地批评了熊向辉:"你讲得太过分了,告诉客人这是民间传奇就够了,他有看法何必要驳他,讽刺和挖苦绝不是我们的外交手段!"

有很多时候当你认为对方错时,恰恰是因为你自己不对,因为你没有了解对方,你在拿自己的标准去要求别人。当你不能欣赏对方时,往往是因为你缺少了对对方的了解。蒙哥马利因为不了解中国的历史、文化与传统,因此在熊向辉面前对豫剧《穆桂英挂帅》作出了不恰当的评价,使得熊向辉"很不服气"。熊向辉因为不了解蒙哥马利个人的个性与经历,因此不能求同存异,针锋相对地回应了蒙哥马利,使得蒙哥马利"十分窘迫"。可以想象,蒙哥马利与熊向辉的这次会面,表面上是熊向辉"赢了",但彼此都不会给对方留下美好的印象。世界具有多样性,世界正是因为多样才美丽。当我们真正深刻地相互了解、相互尊重时,差异将不再是交流的阻碍,相反有差异才有合作,有差异才能互补,有差异才更美丽。面对两种不同观点,应先心存宽容、求同存异,而不应是想方设法要消除异己。在宽容的基础上,不断加深了解,逐渐由旁观转变为欣赏与融合,达到"美人之美、美美与共"的境界。

> 了解一切即能宽容一切,欣赏对方源自了解对方。与其"批评对方,消灭对方",不如"美人之美,美美与共"。

## (三)获取对方的信息,才能发现最有价值的内容

怀着空杯的心态,才能虚心、耐心地获取对方信息,才能发现最有价值的东西。我们在获取对方信息的过程中,常犯"提前得结论"的错误,看见了一鳞半爪就以为知道了全部,殊不知这样会导致错过最有价值的信息和往深层交往合作的机会。你听别人说话时,你真的了解对方的意思了吗?你若想不错过最有价值的信息,就请把自己的经验"清空"吧,多一点耐心,少一点成见,少一点"跳跃式的推论"。

在一个炎热的午后,有位穿着汗衫,满身汗味的老农,伸手推开厚重的汽车展示中心玻璃门。他一进入,立刻迎面走来一位笑容可掬的柜台小姐,很客气地询问老农:"大爷,我能为您做什么吗?"老农有点腼腆地说:"不用,只是外面天气热,我刚好路过这里,想进来吹吹冷气,马上就走了。"小姐听完后亲切地说:"就是啊,今天实在很热,气象局说有35度呢,您一定热坏了,让我帮您倒杯水吧。"接着便请老农坐在沙发上休息。"可是,我们种田人衣服不太干净,怕会弄脏你们的沙发。"小姐边倒水边笑着说:"有什么关系,沙发就是给客人坐的,否则,公司买它干什么?"

喝完冰凉的茶水,老农便走向展示中心内的新货车东瞧瞧、西看看。这时,那位柜台小姐又走了过来:"大爷,这款车很有力哦,要不要我给您介绍一下?""不要!不要!"老农连忙说,

"你不要误会了,我可没有钱买,种田人也用不到这种车。""不买没关系,以后有机会您还是可以帮我们介绍啊。"然后小姐便详细耐心地将货车的性能逐一解说给老农听。

听完解说,老农突然从口袋中拿出一张皱巴巴的纸,交给这位柜台小姐,说:"这些是我要订的车型和数量,请您帮我处理一下。"小姐有点诧异,接过来一看,这位老农一次要订8台货车,连忙紧张地说:"大爷,您一下订这么多车,我们经理不在,我必须找他回来和您谈,同时也要安排您先试车……"老农这时语气平稳地说:"小姐,你不用找你们经理了。我本来是种田的,由于和人投资了货运生意,需要买一批货车,但我对车子外行,买车简单,最担心的是车子的售后服务及维修,因此我儿子教我用这个笨方法来试探每一家汽车公司。这几天我走了好几家,每次我穿着这样的旧汗衫,进到汽车销售店,说到我没有钱买车的时候,常常会受到冷落,这让我有点难过。只有你们这么热心地接待我。知道不买车你们还能这样接待我,那么我想成为你们的客户之后一定会……"

先入为主,以貌取人,以经验去判断人,往往会失去最有价值的信息,即使经验也有对的时候,甚至大多数情况下是对的。其他的汽车销售店员从"旧汗衫"、"满身汗味"、"老农"这几个一见面就得到的信息,就想当然地以为面对的是一个没有能力购车的人,仅从刻板印象来判断对方,没有真正地去了解对方的信息,因此冷落对方,失去了良好的机会。而案例中的柜台小姐,没有像其他店员一样认为一眼就可以看透对方,而是热心地为对方服务,诚恳地与老农交流,得到了对方的信任,获取了对方故意隐藏的、最有价值的信息——"投资了货运生意,需要买一批货车"。

> 轻慢的态度堵住了所有通往对方心灵的道路,原来的朋友可能变成你的对手。你对人对事的态度,将最终决定你在人际交往中的状态。

## (四)了解并记住对方,才能建立良好而持久的关系

人与人之间,没有什么比得上了解和记住对方更能产生积极的效果了。

在电视剧《亮剑》中,独立团的团长是不认字的李云龙,政委是大学生赵刚,由于性格习惯的不同、文化水平的差异,两人一开始矛盾不断,经常引起冲突。经过一段时间的共事,特别是经过共同指挥几次重大的战斗,他们彼此加深了了解,发现了对方身上的闪光点,从此建立了深厚的革命友谊,令人感动不已。

作为军事首领,拿破仑能叫出手下全部军官的名字。他喜欢在军营中走动,遇见某个军官时,大声喊出对方的名字,跟手下军官打招呼,谈论这名军官参加过的某场战斗或军事调动。他不失时机地询问士兵的家乡、妻子和家庭情况。这样做使下属大为吃惊,他们的首领竟然对他们的个人情况知道得一清二楚。每个军官都从拿破仑的话和所提的问题中感到拿破仑对自己感兴趣,这就不难理解为什么这些军官对拿破仑那么忠心耿耿了。

记住对方的信息,是你关心别人的表现,对方会深深地为你的关注而备受鼓舞,而一旦你忘记了对方的信息,对方也会在你的遗忘中感受到你的冷落。在一个毕业十年后的同学聚会上,有这样两位同学,其中一位每见到一个老同学,都能马上亲热地叫出对方的名字,并说出

对方的性格和爱好等,能如数家珍地与对方共叙往日同窗趣事。而另一位同学则相反,对方高喊他的名字了,他却忘记了对方,期间还出现了认错人的尴尬,而且他发现与同学不知道聊什么,找不到共同的话题,整个聚会就像游离在外一样。

天堂与地狱的差别,很大程度上取决于你是否了解并记住对方的信息。

我们知道给对方留下深刻记忆的交往需要"个性化",比如个性化的赞美、个性化的礼物、个性化的安慰。例如赞美,如果是缺乏个性化的泛泛之词,哪怕语言再美丽,也打动不了对方的心灵,其命运将像大量群发短信一样,都逃不掉被"删除"的命运。相反,如果是针对性的赞美,哪怕是最简单的话,也能让人铭记很久。但是怎样才能个性化呢? 唯有获取对方"个性化"的信息,个性化建立在获取对方个人独特信息的基础上。唯有了解对方才能谈"个性化",没有了解对方只能人云亦云地进行"群发"了。

> 真心了解对方,让对方感受到你的关心与尊重。只有发自内心的关心与尊重,才能让人感到交往的美好与温暖。

## 二、需要获取对象的哪些信息

老子曾说:"知人者智。"了解别人是一种智慧,是对人际关系深切体悟的自然流露。在交往中,有一个基本原则——"三A规则",即接受对方(Accept)、重视对方(Appreciate)、赞美对方(Admire),这"三A"中的核心点是"对方",即交往应以对方为中心。由此可见,了解对方在交往中是多么重要,卡耐基甚至提出,在交往中要"忘记自己,变成对方"。但是,很多人往往以自我为中心,漠视对方,自以为是。把自己的经验当作标准,拿自己的标准去要求别人,会限制自己的视野,蒙盖自己所面对的真实世界。这样的人在与人交往中往往显得比较"鲁莽",做事情往往劳而无益。例如,请客人吃饭,我们往往注重酒店是否高档,菜肴是否丰富,但就是忘了问对方的喜好。结果点的菜是自己爱吃的而不是对方爱吃的,选的地方是自己喜欢的而不是对方喜欢的。因为没有了解对方,只是一厢情愿地认为自己觉得好的别人一定也觉得好。

交往的目的、时间、程度、内容不同,需要获取交往对象的信息是不同的。根据交往时间的长短与交往程度的深浅来划分,可以把交往分为一面之交、一事之交、一时之交、一生之交。这四种交往形式在交往时间上逐渐加长,在交往深度上不断加深,因而需要了解的信息也应随之增多与深入。有些信息是一见面即可根据对方的容貌、举止、穿着等大约判断出来的,如对方的性别、年龄、文化水平等。有些信息则没有那么容易得到,如对方的姓名、性格、爱好、社会关系等,需要你用心、费时间、投入热情才能获取。下面选择六个方面(这六个方面并不是需要了解的信息的全部),谈一谈人际交往时需要了解的对方的基本信息。

### (一)你需要知道对方的姓名

名字是一个人的代称,当两人刚认识时,姓名对对方而言则代表一切。姓名是人际交往中一个比较特殊的信息,有着特殊的价值。记住对方的名字,而且很容易地叫出来,等于给对方一个巧妙而有效的赞美,将为你赢得交际的第一回合。你如果把应该记住的名字忘记了,或者把对方的姓名写错或念错了,将是一件十分失礼的事,甚至会招致意想不到的麻烦。戴尔·卡耐基告诫我们:一个人的名字,对他来说,是任何语言中最甜蜜、最重要的词语。美国前总统罗斯福也说过:交际中,最明显、最简单、最重要、最能得到好感的方法,就是记住人家的名字。

许多人在缅怀周恩来的伟大人格时,常常会情不自禁地回忆起这样一些细节:周总理总是能在大庭广众之中准确地叫出一些人的名字,哪怕对方并不是一个知名人士,被叫出名字的人往往倍感亲切,终生难忘。国营西联农场劳模叶娣1958年到北京参加全国妇女大会,曾受到周总理的亲切接见。三年以后,周总理到农场视察,叶娣迎了上去,她没想到周总理一眼就认出了她,并大声地叫出她的名字。像周总理这样日理万机的领导人,还能记住一些普通人的姓名,除了他的博闻强记外,还因为他始终把别人放在心上,真正地尊重和关心别人。记住对方的名字,看似小事,其实体现了你是否把别人放在心上,是否尊重和关心对方。

张晓明是一位刚刚工作不久的大学毕业生。他说,每当完成一次主管交给的任务,如果主管拍着他的肩膀说:"伙计,干得不错!"他会很高兴,这是对他"这次工作"的肯定;如果主管说:"张晓明,干得不错!"他会觉得这是世界上最甜美的声音。因为主管不仅夸了他,还记住了他的名字,这是对他以往"许多工作"的肯定。

毫无疑问,人们对自己的姓名总是最关心,比全世界其他姓名的总和还要关心。每个人的耳朵总是在听见自己的名字的时候,显得最为灵敏。我们都有这样的体验:几个人一起在大街上走路,同伴们可能还懵然不觉,但你总是最先在嘈杂的人声中,分辨出有人在呼唤自己的名字。

> 在每一个人的心目中,世界上最动听的语言莫过于自己的名字。在交往中,要有记住对方信息的意识,要有记住对方重要信息的努力。

## (二)你需要了解对方的兴趣爱好

每个人都有自己的兴趣爱好,兴趣爱好是人的第二张脸。了解对方的兴趣爱好,就是了解对方的"兴奋点"。没有人会对自己不感兴趣的话题投入过多的热情,而如果遇到自己感兴趣的话题,他们常常会情绪激昂地参与进来,即使沉默寡言的人,与人谈起自己的兴趣爱好也常常会口若悬河。如果能用心了解与响应对方的兴趣爱好,就能缩短与对方的距离,在短时间内给对方留下深刻印象,并加深给对方的好感。例如,和中老年人谈健康长寿,和少妇谈孩子和减肥等。俗话说:言逢知己千句少,话不投机半句多。要谈得有味,谈得投机,谈得其乐融融,双方就必须确立共同感兴趣的话题。要想打开交际的大门,就要学会面对对方的第二张脸——兴趣爱好说话,让美好动听的语言走进对方的心田。

有人认为,素昧平生,初次见面,何来共同感兴趣的话题?初次见面要做到这点,需要有洞幽烛微、由细微处见差异的能力。生活在同一时代,在同一个地点遇上,只要善于寻找,何愁没有共同点?一位小学教师和一名泥瓦匠,两者似乎没有交叉点。但是,如果这个泥瓦匠是一位小学生的家长,那么,两人可以就如何教育孩子各抒己见,交流看法;如果这个小学教师正要盖房或修房，那么，两人可以就如何购买建筑材料、如何选择修造方案切磋探讨。只要双方留意试探，就不难发现彼此有对某一问题相同的观点、某一方面共同的兴趣爱好、某一类共同关心的事情等。一次，刘小姐在拜访陌生人时，见其墙上挂有"制怒"二字，便知对方有克服易怒缺点的要求。便问道："您平时很爱发脾气吗？"对方答："我很容易冲动，但明知自己有这个毛病，却控制不了，为了提醒自己，就写下来挂在墙上，时刻告诫自己。"刘小姐由此话题谈开，先是表示非常理解，继而谈自己的看法，对方也就同一问题谈感想，很快就缩短了彼此的距离，两个人谈得非常投缘，颇有"相见恨晚"之感。有些人在初识者面前感到拘谨难堪，只是因为没有能敏锐地发觉对方的兴趣点，没有发掘出共同感兴趣的话题而已。

据说每一个拜访过美国总统西奥多·罗斯福的人，都会对他渊博的知识感到惊讶。哥马利尔·布雷佛写道："无论是一名牛仔或骑兵、纽约政客或外交官，罗斯福都知道该对他说什么话。"他是怎么办到的呢？很简单，每当有人来访的前一天晚上，罗斯福都去查清客人的兴趣爱好，然后翻读对方特别感兴趣的话题的资料。因为罗斯福知道，打动人心的最佳方式是：找准对方感兴趣的话题，与对方心灵产生共鸣。如果我们只想让别人注意自己，让别人对我们感兴趣，我们就很难有真挚而诚恳的朋友。对别人漠不关心的人，他的一生困难最多，对别人的损害也最大。接触对方内心思想的妙方，就是了解对方的兴趣爱好，并和对方谈论他最感兴趣的事情。

小林是保险推销员。一次，他去拜访一位大客户，某公司的经理王先生。见面之后，小吴先对自己公司的险种做了大体说明，使王先生有所了解。但是，王先生在听的过程中哈欠连连。就在这时，小林发现王先生背后的书橱里放着许多关于《论语》方面的书，并且办公桌的案头也有一本《论语》。于是小林眼前一亮，找到了突破口。小林说："王先生是不是对中国的古典文化非常感兴趣，尤其是《论语》，您应该有高妙的见解吧？"本来昏昏欲睡的王先生听到小林谈到《论语》，一下子来了精神，说："嗯，我对《论语》非常感兴趣，对于丹讲的《论语》有的地方是赞同的，有的地方也是有保留意见的。"小林顺势说："我也看过'百家讲坛'上的《论语》，但是我研究不多，听不出还有不妥的地方！如果有时间还希望王先生您能不吝赐教。"王经理马上被吸引，和小林讨论开来，两个人简直就像是老朋友。

在了解对方兴趣的同时，培养与丰富自己的兴趣对人际交往有着不可忽视的作用。古人云："人无癖，不可与交。"没有多种兴趣的人，往往也没有兴趣去了解对方的兴趣，更不能去与对方的兴趣产生共鸣。一个拥有多种兴趣爱好的人，其生活往往是充满激情与感染力的，他们有着比一般人更多可供交流的经历和感受，也有更多类型的休闲活动和朋友。兴趣可以带来交谈的话题，如果兴趣广泛，那么和大多数人交往都会比较投缘，容易找到契合的主题，在人际交往中比较容易因共同的爱好而结缘。

> 了解对方的兴趣爱好，与对方谈论大家感兴趣的事物，是与人愉快相处的交往方式。双方兴趣的交流如同相互碰撞的火花，会相互激发。

## (三) 你需要了解对方的需求

有些交往是因为双方需要合作(如交易、谈判等)而发生的,交往因事而起,事成则毕,有明确的目的。这种交往的关键是要了解对方的需求,因为需求是彼此合作的出发点。双方各有不同的需求,找到了双方需求的交合点,才有进一步合作的可能。

美国有一个名叫布鲁金斯的学会,是专门教人如何做商品推销工作的。某届美国总统刚上任,布鲁金斯学会便给即将毕业的学员出了一道题:请把一把斧子推销给这位总统。对此,大多数学员觉得不可思议:堂堂一个总统,吃喝住行等都不用过问,哪会买一把斧子?然而,一个名叫乔治·赫伯特的学员却做到了。他写信给总统说:尊敬的总统,祝贺您成为美国的新一任总统。我非常热爱您,也很热爱您的家乡。我曾经到过您的家乡,参观过您的庄园,那里美丽的风景给我留下了难忘的印象。但是,我发现庄园里的一些树上有很多粗大的枯树枝,我建议您把这些枯树枝砍掉,不要让它们影响庄园里美丽的风景。现在市场上所卖的那些斧子都是轻便型的,不太适合您,正好我有一把祖传的比较大的斧子,非常适合您使用,而我只收您15美金,希望它能够帮助您……

为什么这个学员能把"不可思议"变为现实,那是基于乔治·赫伯特对总统细致而具体的了解。在给总统的信中,让人感到处处以总统为中心,每一句话都是针对总统的需求,都说到了总统的心坎上。故事里,家乡、庄园、树枝与斧子联系上了,需求与斧子联系上了,看似不可能的事情实现了。乔治·赫伯特首先是了解对方的需求,然后迎合对方的需求,最后达成自己的需求,实现了彼此的双赢。

有一次,美国大思想家爱默生与儿子欲将牛牵回牛棚,两人一前一后使尽所有力气,牛就是不进去。家中女佣见两个大男人满头大汗,徒劳无功,于是便上前帮忙。她仅拿了一些草让牛悠闲地嚼食,并一路喂它,很顺利地就将牛引进了栏里,留下两个大男人在那里目瞪口呆。

女佣了解了牛的需求,通过满足对方的需求来实现自己的目的,举重若轻。爱默生父子没有了解牛的需求,用自己的力气来蛮推,举轻若重。我们应明白:"你想的永远是你的,他想的永远是他的。"要与"鱼"合作,要利用鱼儿的需求——"鱼饵",千万不要把自己认为很好的"山珍海味"给鱼儿。

不同的人有不同的需求,但人的需求也具有一定的共性。这些共性一些是与地域相关,一些则是人的本性。多了解具有共性的需求,对了解个体的需求有很大的帮助。如中国人用"福、禄、寿、喜"来概括人的需求。美国心理学家马斯洛按照层次的高低把人的需求排列为五个层次,即生理需要、安全需要、社交需要、尊重需要、自我实现需要。在交往中,要注意了解对方的需求是什么,属于哪个类型、哪个层次,然后有针对性地满足对方的需求。当然,了解对方的需求,满足对方的需求,都要建立在合法的基础上。

> 交往对象需要什么,我们就要在合法的条件下满足对方的需求。这需要你站在对方的立场,关注对方,洞悉对方的需求。

## （四）你需要了解对方的社会关系

马克思说："人是社会关系的总和。"作为一个现实的人，他不能脱离环境、脱离社会，必然在与自然环境发生关系的同时，也与他人存在社会关系。一般地，社会关系主要包括：夫妇、父子、兄弟、同事、朋友等关系。在学校，还有同学关系、师生关系等。每一个人都是生活在由各种社会关系结成的网中，每个人都通过这个网络与其他人产生联系。

"六度人脉"理论指出：地球上所有的人都可以通过五层以内的熟人链和任何其他人联系起来。通俗地讲，就是最多通过六个人你就能够认识任何一个陌生人。"六度人脉"理论告诉我们，了解对方的社会关系，两个陌生人一定能找到一个社会关系的共同点，这会成为两人进一步交往的突破口。了解对方的社会关系，就是了解了对方的社会属性，在中国这样一个有着重视社会关系传统的国度，了解对方的社会关系对建立良好人际关系显得尤为关键。

中国是一个宗族结构的社会，血缘关系曾是人的第一身份特征，决定着人的社会地位，这才有了阿Q那句"咱祖上也阔过"，以及阿Q还要和赵太爷"攀本家"的故事。所以，在过去要了解一个人的社会关系，首先要知道对方"宗族源流"或"族姓渊源"。现代社会，对方的单位与职务（工作关系）成为越来越需要我们去了解的要素。现在的社会已经从过去的"家族型"社会变为了"员工型"社会，大部分的人都属于某个组织。从一个人的"单位与职务"可以折射出对方大量的信息，如文化水平、经济状况、个人阅历、社会地位等。面对一个陌生人，我们不能冒失地问对方"你每个月收入多少"、"你是大学生吗"这样的问题，但是，这些信息可以通过对方的"单位与职务"做一个基本的判断。当然，如果对方他只报了名字而没说"单位与职务"，也没有给你名片，千万别"穷追猛打"。别人没有告诉你他的社会关系，实际上是在用另一种方式告诉你，他跟你还有点"见外"，仅是泛泛之交，距离还没有拉近，需要进一步的交流和沟通。

> 了解与利用人际关系网，嘉惠别人，成就事业，改变人生。

## （五）你需要了解对方的个性特征

各人个性不同，可谓千姿百态，但个性对人际关系的影响很大已为人们所共识。人们在互相交往中，可能都有这样的体验：你如果对一个人的个性不了解，你和他在感情上就必然有距离。有的人喜欢听到赞美话，别人的夸奖会使得他做事时感到浑身有用不完的力气；有的人不喜欢听恭维话，对他的赞美，反而引起了他敏感性的警惕，以为你是不怀好意；有的人刚愎自用，你用激将法才能促他把事办好；有的人脾气暴躁，跟他说话办事不宜拐弯抹角。所以，与人交往，一定要弄清这个人的个性。一个人个性的形成，往往跟他生活的时代、家庭的环境、所受的教育、经历遭遇有关，因此，我们在考察一个人的个性的时候，最好也要了解他个性形成的原因。这样，你可以更加准确地了解对方的个性。

在《列子·仲尼》中记录有这样一个故事：

人际交往与沟通

有一天,孔子的学生子夏问孔子:"你认为颜回怎样?"孔子回答说:"颜回的仁义比我强。"子夏又问:"子贡怎样?"孔子说:"子贡的口才是我所不能比的。"子夏接着又问:"子路怎样?"孔子说:"子路的能力是我所不如的。"子夏再问:"子张的为人怎样?"孔子说:"子张的庄重胜过了我。"子夏听得有些糊涂,站起来问道:"既然他们都比你强,为什么一个个都愿意拜你为师呢?"孔子说:"你坐下来,我告诉你。颜回讲仁义但不懂得变通;子贡口才好但不够谦虚;子路很勇敢但不懂得礼让;子张虽然庄重但与人不能和谐相处。他们四人各有所长,也各有所短,所以都愿意拜我为师,跟我学习。"

从孔子师徒的对话中可以看出,孔子对他的学生个性上的优点和不足都很了解,因此才能因材施教,才能得到学生的尊重与追随。在与弟子相处交往中,孔子针对他们的不同个性,采用了不同的方式方法。

有一次子路就问孔子:"老师,听到该做的事是否立刻就做?"孔子说:"不行,有父兄在,听到该做的事不能立刻做,要考虑家庭的情况,父亲跟哥哥是不是同意。"后来冉有又问:"老师,听到该做的事是不是立刻就做?"孔子说:"立刻就做。"

子路冲动鲁莽,冉有优柔寡断。从上文记述中可见孔子善于根据子路和冉有的个性上的差异,给出不同的劝告,很有针对性。

小李和小郑,都是20世纪80年代出生的年轻人,两人是通过网络走到一起的。"在网上聊天的时候,感觉对方什么都好,又体贴,又善解人意,还特别会说好听话。"小郑对办理离婚手续的工作人员说起两人的相识经过,"没在一起生活过,光在网上聊聊,觉得他好像真的就是我一直想要找的人,特别想和他天天相守,不过,当时我父母坚决不同意我们的事。"小郑说到这里,没再继续,在离婚登记表格上的"离婚原因"一栏里写下"性格不合"。小李瞥了一眼小郑,在原因栏里也写下了"性格不合",然后叹了口气:"唉!我们常为一些小事吵架,我在外面做生意很忙,想让她每天烧顿饭,她不愿意,两人就吵架。吵得多了,感觉婚姻就是让双方失去自由的东西。"

据长期从事婚姻家庭研究的徐安琪研究员对数据的分析,"性格不合仍然是夫妻分道扬镳的最主要原因",随着人口流动和职业流动不断增加,"婚姻的异质性不断增加,由于生活观念和生活习惯不尽相同,会加大离婚的风险,尤其是对年少气盛的年轻人而言。"小李和小郑,并没有能在网络上认识对方的性格,了解的仅仅是一些表象,最终导致了因"性格不合"而分开。

人有不同的个性。根据人的行为活动方式的不同,可把个性分为A型和B型。A型个性的特征是:争强好胜,处事果断,总感到时间紧迫,心中有做不完的事,往往事必躬亲,对别人要求较高,易冲动。与这种类型的人交往时,应避免硬碰硬,有冲突时宜采取冷处理。B型个性的特征是:易于满足现状,喜欢生活的自由舒适,没有时间的紧迫感,做事有点慢条斯理,待人随和,不易冲动。与这类型人交往时,要有耐心,要多关心,要多激励,做事情要留够时间,以多关怀体贴为宜。

> 个性没有对错好坏之分,每一种个性都有其优缺点。个性虽然不一定影响交往的质量,但会深刻影响交往的方式与方法。

## （六）你需要了解对方的风俗与礼仪

无论是长时间的交往还是短时间的交往，都必须了解对方所在地区、民族或信仰的风俗与礼仪，以避免触碰"尴尬处"。了解对方的风俗与礼仪，就是了解对方的传统风俗、礼节、习性，就是要有"不失敬人之意"。风俗，由自然条件的不同而造成的行为规范差异，称之为"风"，由社会文化的差异所造成的行为规则之不同，称之为"俗"。古人讲："十里不同风，百里不同俗。"这反映了风俗因地而异的特点。礼仪，就是以最恰当的方式来表达对他人的尊重。"礼"就是对人的尊重，礼者敬人，"仪"就是表示尊重的形式。礼仪以一定的、约定俗成的程序方式来律己敬人，涉及穿着、交往、沟通等内容。风俗与礼仪的中心内容是敬人，敬人的前提是了解对方。没有了解，就没有尊敬！

一个国家、一个民族、一个地方，他的风俗与礼仪就是他的选择，礼出于俗，俗化为礼。风俗与礼仪实际上是文化的一种沉淀、一种历史的延续。"入国而问禁，入乡而随俗"是交往中必须做到的。发生过这样一件事：一个艺术学院的学生到少数民族地区采风，因不了解当地的婚俗，错把少数民族的招亲仪式当成了欢庆活动，自己成为了新郎还蒙在鼓里，等到自己醒悟，为时已晚。当想逃离时，被当地人扣押下来，后经学校领导出面协调赔礼道歉才避免了更大的冲突。为了做到不失敬于人、不冒犯对方，到风俗和礼仪不同的地区时，必须做到尊重和遵循当地的风俗与礼仪。

中国是一个多民族的国家，地域辽阔，各地的风俗与礼仪有很大的差别，了解交往对象的风俗与礼仪显得尤为必要。中国古代有"五礼"之说，祭祀之事为吉礼，冠婚之事为嘉礼，宾客之事为宾礼，军旅之事为军礼，丧葬之事为凶礼。五礼的内容相当广泛，可以说是无所不包，充分反映了古代中华民族的尚礼精神。在现代日常交际中，主要涉及仪表、服饰、礼品、节庆礼、电话、介绍、握手、座次、宴会、餐饮等礼仪，在继承传统的同时，不断发展变化。

在国际交往日益频繁的背景下，在与外国朋友交往时，也要了解并遵循不同国家的风俗与礼仪。有这么一个真实的故事：国内一位年轻电影导演在国外访问期间，偶遇一位残疾人艰难地推着轮椅上坡，便走上前去助他一臂之力，而受惠者非但没有表达感谢，反而怒目相向，视其友好相助为一种人格上的侮辱和蔑视。这个故事说明，在跨文化交际过程中，要清楚世界上的任何一种文化都具有一套与众不同的风俗与礼仪，我们要与不同的文化交流，必须了解对方的风俗与礼仪。例如，中国人在与人交际时，讲究"卑己尊人"，更注重委婉、含蓄。在受到赞扬时，我们往往会自贬一番，会谦虚地说"哪里哪里"、"过奖过奖"等。尽管内心极度高兴，但也尽量做到不喜形于色。西方国家却没有这样的文化习惯，当他们受到赞扬时，总会很高兴地说一声"谢谢"表示接受。因为西方人注重直来直去，"坦率"就能体现他的价值观和交流方式。对别人送来的礼物，中国人往往要推辞一番，接受后等客人走后才打开；而在西方文化中，人们对别人所送礼品一般都要当面打开，并称赞一番，然后欣然道谢。因此，若不了解对方的风俗与礼仪，用西方人的方式来与中国人交往，或者用中国人的方式来与西方人交往，那肯定会引起很多的误解，甚至灾难。

> 风俗与礼仪没有对错好坏之分，了解并遵循对方的风俗与礼仪，就是尊重对方的选择。

## 三、获取对象信息的途径

在交往中，对人不要过早"妄下断论"，不要只依赖于"道听途说"或根据某种成见来先入为主地判断对方。而应该灵活运用提问、介绍、观察、查询文献和网络、甚至走进对方的生活等途径，从多个侧面来了解对方。

### （一）巧妙提问，获取对方的信息

提问对方，是人际交往中最直接最常用的了解对方的途径。言谈是交际的钥匙，没有任何别的方式可以像良好的交谈那样能让我们迅速了解对方。交际中，不要盲从"病从口入，祸从口出"的说法，当问则问，当说则说。但是询问对方时，要讲究方法技巧，不能像记者采访一样追问，也不能像查户口一样盘问。

交往是一个互动的、相互了解的过程，你把什么给予别人，就会从别人那里获得什么。《鹿鼎记》中的韦小宝就明白这个道理：要让对方掏心，首先自己要亮出底牌，甚至要告诉别人自己的"丑事"。暴露自己一些脆弱的地方，会让对方把你当作一个和他一样的人，正所谓"智者示弱，愚者逞强"。例如在舞场或宴会上，想认识一个异性或者想认识一个长辈，如果你一上去就愣头愣脑地问别人："你是谁啊？你在哪里工作？"这显然不礼貌或者比较唐突。所谓"将欲取之，必先予之"，你上去先抛出自己，"很高兴跟您认识，我是某某，在某公司上班，不知道您在哪儿高就？"先把自己的情况说了，然后再问别人。大多数情况下，对方也明白"来而不往非礼也"的道理，也会告诉你想知道的。你把自己的情况向对方介绍了，他总不至于告诉你："知道了。"如果真是这样，失礼的是对方。

想了解对方的情况时，作为一种交换，你就首先要让对方了解自己的情况。一般情况下，你作了自我介绍，就等于告诉对方，你想了解对方的情况。互换名片也是一种直接的了解对方的途径，当你双手递上自己的名片时，等于告诉对方，我想要你的名片。

> 入境而问禁，入国而问俗，入门而问讳。想了解对方，请张开你的嘴巴，不懂就问。

### （二）经由他人介绍，获取对方的信息

通过介绍来了解对方，在多人交往的情况下常用。我们可以说，人际交往始自介绍。"介绍是交际之桥"，你跟陌生人打交道，把介绍这个程序去掉了，交往会遇到很多困难。人和人打交道，介绍是一座沟通两个陌生人的桥梁。有句话说："介绍意在说明情况。"既然是说明情

况,自我介绍也好,为别人介绍也好,介绍在人际交往中都是不能缺少的。美国总统罗斯福是一个交际能手,早年还没有当选总统时,在一次宴会上,他看见席间坐着许多不认识的人。如何使得这些陌生人成为自己的朋友呢?罗斯福找到自己熟悉的记者,让记者做介绍人,主动去认识别人,与对方谈一些大家感兴趣的事。此举大获成功,这些人后来成为了罗斯福事业上的有力支持者。

下面是一个典型的介绍过程:

在公司的办公室里,管秘书和顾总经理起身迎接一位贵客。客人进门,管秘书伸手示意:"顾总!给你介绍一下,这位是市建材公司的张经理。"顾总经理马上握手道:"张经理,你好!"管秘书伸手示意:"张经理!这位是市房地产总公司的顾总,别看顾总比我小一岁,可是年轻有为啊。"张经理边握手边说:"是吗!你好,没想到顾总才31岁,真可谓年轻有为啊!"顾总经理连连摆手:"哪里,哪里!听说张经理也是本市的建筑学院毕业的,对吗?"

这样,管秘书就相互介绍了张经理与顾总经理,往下就由他们自己"发挥"了。

> 介绍是交际之桥,善用介绍是了解对方的捷径。

## (三)细心观察,获取对方的信息

听其言,观其行。交往对象的一些信息可以通过简单的观察来获取,比如性别、年龄、民族等,但是有些信息则需要细心的观察,比如个性特征、兴趣爱好等。

古人云:内心外于行。一个人的言谈与举止行为是一个人心灵的镜子,人的内心世界,个性特征、心理状况都可以从人的言谈与举止中反映出来。言谈的内容属于"显性"的信息,它是常规的信息源,而言谈的速度、音调、节奏等属于"隐性"的信息,它更加深刻地影响交往的效果。我们往往在无意中,会通过这些非语言信息,表现出一个人的态度、感受和意见。例如"我没有说你偷我的钱"这一句话,可以有多种解读:"我"没说他偷了我的钱(可是有人这么说);我"没"说他偷了我的钱(我确实没这么说);我没"说"他偷了我的钱(可是我是这么暗示的);我没说"他"偷了我的钱(可是有人偷);我没说他"偷了"我的钱(可是他对这钱做了某些事);我没说他偷了"我"的钱(他偷了别人的钱);我没说他偷了我的"钱"(他偷了别的东西)。简短的九个字,不同的语气神态有七种不同的含义,不能领悟言外音,则不可能明白对方真正想表达的是什么。

明朝末年,明朝将领洪承畴,兵败被清军俘虏后,不吃不喝不言不动,好像真的要宁死不屈。旧友范文程领命去看他,回来后对多尔衮说:"他肯定不是一个死节之臣。我和他闲聊时,房梁上掉下一点灰絮落在衣服上,他赶忙弹掉了。一件衣服都舍不得,他怎舍得性命?"果不其然,经过几个回合,洪承畴也就顺坡下驴,当了大清朝的"开国元勋"。

人的行为动作,总是与其相应的(潜)意识、情感和个性等相联系的。通过观察一个人的行为,可以帮助我们更好地了解、把握别人。

有一次,年轻的苏维埃人民委员会一个工作人员的上衣口袋掉了一颗纽扣,列宁看了,没出声。第二天,列宁又遇见他,那颗纽扣还是没有缝上。到第三天,还是没有。只是到了第四天,才看到纽扣缝上了。"总算缝上了",列宁很高兴。那时苏维埃国内粮食奇缺,农村有粮食,但富农把粮食藏了起来。为了保证城市的粮食供应,人民委员会往各地派出了粮食征集队。那位掉了纽扣拖延几天才缝上的工作人员,正好担任一个粮食征集队的队长。过了一段时间,列宁接到报告说,那位工作人员不胜任工作,没有弄到多少粮食,而且已经收集到的粮食也被富农烧了。人们向列宁报告说:"他没有预先提防,漫不经心。"也有一些人说:"这是偶然事故。"列宁听着,随手在一张纸上画着什么东西。人们往纸上一看,只见纸上画着一颗纽扣。

有人发现,人说梦话时和临死呓语时,都是用乡音,因为这时人们的伪装最少。一个人在无意识、不经意中表现出来的细节往往是"不戴面具"的、伪装最少的,因此,从细节上去了解往往是最真实的。范文程通过"一点灰絮",列宁通过"一颗纽扣",看到了一个人更深的层面。以小见大,或许失之偏颇,但通过细心观察,体察"言外之意",辨明是"指桑"还是"骂槐",对正确认识人,是很有帮助的。当然,也要提防交往中不必要的隐晦虚伪,毕竟彼此的坦荡率真比揣摩猜测更好。

> 细节见人心,细节见本真,在细节中能透过假象看到真实的对方。

## (四)查询文献或网络,获取对方的信息

交往对方的一些群体性信息,如风俗与礼仪、地域性的特征等,不要等到双方见面了才去了解,而应该提前准备。对这类信息,做到提前心中有数,注意积累,而不是像《刘三姐》里莫老爷请来的秀才,刘三姐的山歌已经响过,要他们对山歌了,他才匆匆忙忙地满船找书。在与目标明确的人交往时,如果对方来自外地异族,通过查询文献或网络来提前了解对方的信息非常有必要。

作为中国第三代领导集体核心,江泽民共出访了70多个国家,行程60多万公里,在空中和外国的土地上的时间达360多天。我们发现江泽民为每次成功的访问都做了精心的准备。为了在拉美国家用自己几乎没学过的西班牙语演讲,他连续七八个周末向外交部一位年轻译员学西班牙语,有时为了一个词的发音会练上十来遍。第一次与美国前总统克林顿会晤中,他送给克林顿一支中国造的萨克斯管(克林顿是吹奏萨克斯管的好手),还告诉克林顿,自己年轻时学过二胡,还喜欢唱歌。在法国,他谈起茶花女确有其人,而且就和小仲马同葬在巴黎的一处公墓里。当时任法国总理的巴拉迪尔大为吃惊,连他自己也是第一次听说此事。在德国,他在致辞中脱离讲稿,即席朗诵歌德的诗歌。在挪威,他即兴吟唱京剧,弹奏钢琴。在朝鲜,他与金正日热情拥抱,亲吻双颊。江泽民都是针对交往的对象来选择交往的方式与内容,提前做足了"功课",通过文献等各种途径,了解和学习对方的语言(如学习西班牙语),了解对方的爱好(如送克林顿萨克斯管),了解对方的文化(如朗诵歌德的诗歌),了解对方的礼仪(如与金正日的拥抱与亲吻礼)。

一所学校要接待来自外国的专家,校领导请刚出国留学回校的周老师做翻译,因为她的留学地正好是专家的所在国。到了接待日,校长忽然发现周老师手中拿着一张纸,上面写着来访专家的基本信息,就问:"你留学时认识这位专家了?""不认识。"校长很疑惑:"那你怎么

有他的资料?"周老师笑了:"这是我在网上搜索来的!"原来为了能做好翻译和接待工作,周老师提前做了准备。果然,这些资料发挥了作用。

有句调皮话——"内事不决问老板,外事不决问百度",这还真从一个侧面体现出当前的网络时代特征。网络的信息越来越丰富(有时候甚至于侵犯到个人的隐私权),很多过去要费力费时才能获取的信息,现在通过网络就可以很便捷经济地得到。通过网络获取信息,速度之快、信息之多、成本之低、效率之高,令人难以置信。估计不少人都有过通过网络找到失散多时的同学、战友、朋友的经历,也都有过通过网络省钱省力地搜索到自己想要的信息的经历。对于人际交往中一些一般性、常识性、通用性的信息,我们也应该"与时俱进",求助于网络,让我们的人际交往进入"信息时代"。当然,对从网络获取的信息,要注意辨别真假,否则得不偿失。

> 机会永远是给有准备的人提供的。提前通过多种途径了解对方,你的交往已经成功了一半。

## (五) 走进交往对象的生活,获取对方的信息

由他人转告的"二手"信息,往往加入了转告者的个人看法;由对方自述的"广告"信息,往往经过裁剪修饰。这两种渠道获取的信息难免有一定的失真。要获取真实的信息,有时候(如选择配偶、进行重要决策时)需要走进交往对象的生活,获取一手的信息,虽然这种途径比较费时费力。

钱钟书在《围城》中说,结婚以后的蜜月旅行是次序颠倒的,应该先旅行一个月。一个月舟车劳顿以后,双方还没有彼此看破、彼此厌恶,还没有吵嘴翻脸,还要维持原来的婚约,这种夫妇保证不会离婚。这里说的就是情侣之间要想真正了解彼此的品性,需要走进彼此的生活,在最劳顿、最麻烦的旅行中试验彼此的品性,看看是否会"彼此看破,彼此厌恶,吵嘴翻脸"。仅仅依靠几次花前月下的约会,没有经过困苦生活的检验,无法完全看清彼此的品性。

一位叫培洛的推销员,曾创造出用17天完成全年销售任务的奇迹!后来他创建了属于自己的EDS公司。当公司发展到几万员工后,他把公司以30亿美金的价格,卖给美国通用汽车公司。卖之前,美国通用汽车公司的总裁来到EDS总部。到了午餐时间,他问培洛:"贵公司有没有高级主管用餐区?"培洛说:"对不起,我们公司没有。"总裁问:"那我们今天中午怎么吃饭啊?"培洛说:"就排队跟员工一起吃自助餐好了。"总裁觉得不可思议。排队取餐之后,他问培洛:"我们坐在哪里?"培洛说:"就跟员工一起坐呀!"于是两人一边吃一边与员工聊天。吃到一半的时候,培洛说:"我们换一张桌子吧。"又跟另外一些员工聊天。吃完之后,通用汽车的总裁说:"培洛呀,虽然你这个公司没有什么高级主管餐厅,但你公司的菜是我吃过的自助餐里最好的。"

原来培洛在企业里天天排队吃自助餐,一方面是在监督厨房,另一方面是通过与基层的员工聊天,及时了解公司的营业状况。培洛没有坐在办公室等下属来汇报所有的信息,而是走进员工的生活,与员工共餐,在日常生活中获取最真实的信息。

> 走进交往对象的生活，从真实自然、不加修饰遮盖的状态下获取对方的信息。

## 四、获取对方信息时，你应注意的地方

有人慨叹人与人之间的隔膜太厚，这隔膜其实很脆弱，问题是敢于先打破它的人太少。只要每人都迈出一小步，你就会发现，一个微笑，一句问候，就会化解这层隔膜。人与人的交往需积极的行动，同时需要注意一些细节，需要一些技巧。在获取对方信息时，不要戴着"有色眼镜"，要注意方式方法，要把握好分寸。

### （一）获取对方信息时，不要戴着"有色眼镜"

我们如何看待事物，是受到深植于心中的"心智模式"（即心中对事物的基本印象和假设）影响的。《列子》一书中记载了这样一个故事：

一个人遗失了一把斧头，他怀疑是邻居小孩偷的，便暗中观察小孩的行动，怎么看都觉得小孩的一举一动像是偷了斧头的人，绝对错不了。后来他在自己家里找到了遗失的斧头，他再碰到邻居的孩子，便怎么看也不像是会偷他斧头的人。

同样的对象，同样的行为，在不同的假设下，可能得到截然不同的判断结果。人如果不能反思审视自己的"心智模式"，不能检验自己的基本假设，那么如同戴着有色眼镜看事物，看不到事物原来的颜色，因为事物附加上了一层本身没有的颜色。

有个太太多年来不断抱怨对面的太太很懒惰，见人就唠叨："那个女人的衣服总是洗不干净、永远洗不干净，看，她晾在院子的衣服，每次都是斑斑点点，我真的不知道，作为一个女人，她怎么连洗衣服都洗成那个样子呢……"直到有一天，有个细心的朋友到她家，才发现不是对面的太太衣服洗不干净。这位朋友拿了一块抹布，蘸了点清洁剂，把窗户上的灰渍抹掉，说："你看，对面太太晾的衣服，这不就干干净净了吗？"原来，这一切全是自己家的窗户玻璃脏了造成的。

要想真正看清窗外的事物，首先要保证自家的窗户是透明的；要想客观了解对方，首先要摘下自己的"有色眼镜"，经常反思自己、审视自己，把眼睛从窗外转向自身。

小梁在一家企业工作，企业因产品更新换代的需要调整了部分生产车间的工人，小梁也换了岗位。这天是小梁在新岗位上班的第一天，小梁一见到未来的班长就问："这个车间的工友怎么样，好相处吗？"新班长没有直接回答，而是反问："那你认为原来车间的工友怎么样？""别提了！他们都很懒，而且斤斤计较，没文化，我早就盼着换岗位了。"班长认真而又意味深长地对小梁说："我估计，在你眼中，我们车间跟你原来车间一样！"

外界变了，如果心中没变，我们看到的世界还是一样的。一旦戴上了有色眼镜，我们看到的所有事物都会"染"上眼镜片的颜色。

> 你看见的东西，往往带有你的影子。只有把有色眼镜摘下，多用镜子反照自己，才能看清外部世界。

## （二）获取对方信息时，要注意方法与技巧

在与人交往的过程中，我们往往很难直截了当地获取对方很多信息。我们有时需要等待，有时需要妥协，有时需要技巧，懂得观察聆听，懂得感同身受，懂得婉转表达，才能拉近彼此的心。心理学家认为，当一个人直接把手伸进"热水"时，会因为突然的灼热而感到不舒服，这时不妨先端给他一盆"温水"，最后他将能适应"热水"。一般来说，人们对一个新人、一件新事的接纳需要一个缓冲的过程，需要一个慢慢"升温"的渐进过渡。因此，在人际交往中，人们要善于运用这种冷热水效应。不要一见面就唐突地询问或讨论"深入"的事情。

原中央电视台播音员赵忠祥，有一次到北京一家精神病医院采访，他同一位女患者交谈，原定有一句问话是："你什么时候得的精神病啊？"赵忠祥觉得这话太刺激患者，便委婉、和蔼地改问："您在医院住了多久了？""住院前觉得怎么不好呢？"一下子，这位原小学教师的患者感到赵忠祥可亲可信，便很坦率地回答了一系列的提问，最后说："我快出院了，我非常想念我的学生们，我真想快点治好病，能为教育孩子贡献我一份力量。"言语之感人，大出赵忠祥的意料。赵忠祥马上说："你很快就要出院了，真为你高兴。今天咱们这段话已经录了像，过几天在电视里一放，我想你的学生看到您身体恢复了健康也会很高兴的……"

很多时候，直截了当会使对方尴尬、难过或者受到伤害，进而激起对方的防卫性反应，这时就应该采用间接的方法来获取对方的信息。赵忠祥采用了委婉的提问方式，收到了意想不到的效果，节目播出后，反应很好，赵忠祥也为此次采访成功感到欣慰。

一家老式旅馆里，餐厅很窄小，里面只有一张餐桌，所有就餐的客人都坐在一起，彼此陌生，都觉得不知所措。突然，一位先生拿起放在面前的盐罐，微笑着递给右边的女士："我觉得青豆有点淡，您或者右边的客人需要盐吗？"女士愣了一下，但马上露出笑容，向他轻声道谢。她给自己的青豆加完盐后，便把盐罐传给了下一位客人。不知什么时候，胡椒罐和糖罐也加入了"公关"行列，餐厅里的气氛渐渐活跃起来，饭还没吃完，全桌人已经像朋友一样谈笑风生了，他们之间的冰块被一只"盐罐"轻而易举地打破了。第二天分手的时候，他们热情地互相道别，这时，有人说："其实昨天的青豆一点也不淡。"大家会心地笑了。

在这里，"盐罐"充当了交往的缓冲带。

两个陌生人的交谈，不宜采用单刀直入的方式，这个时候光有勇气是不行的。一些受过激励训练的人，勇气可嘉，"明知山有虎，偏向虎山行"，然而如果方法不当，欲速则不达。

> 在数学世界里，两点间距离直线最短。但在人际交往中，两颗心最短的距离不一定是直线。

## （三）获取对方信息时，要把握好分寸

获取对方的信息，不是越多越好，刨根问底在很多时候不但是失礼的，而且是不必要的。人际交往中，两个人之间必然是有一定的距离，哪怕是夫妻双方，也不可能获取对方全部的信息。每个人都有一个属于自己的空间，这个空间虽然看不见、摸不着，但却会在人际交往的过程中通过与不同关系的人保持不同的距离体现出来。人类学家霍尔把人际交往的距离依次

分为亲密距离、个人距离、社交距离和公众距离。这告诉我们一个道理,即人与人之间保持一定的距离既是保护对方也是保护自己。在获取对方的信息时,也应把握好这个距离,否则非但得不到想获取的信息,还有被对方把你"踢出门外"的危险。

要把握好分寸,除了注意保持彼此距离外,还要注意哪些话题该说,哪些话题不要轻易触碰。在各种交往之中,有几类话题要忌谈:①捉弄对方的话题。在交谈中,切不可对交谈对象尖酸刻薄、乱开玩笑、口出无忌。挖苦对方所短,调侃取笑对方,成心要让对方出丑,都是交往的大忌,表面上"赢"了,实际上自己"输"尽了。俗话说:"伤人之言,重于刀枪剑戟。"把快乐建立在对方的出丑上,定将损害双方的关系。②非议旁人的话题。有人喜欢在交谈中传播闲言碎语,制造是非,无中生有,非议其他不在场的人士。谈论这类话题常常没有理智心和正直感,会严重损害自身的形象。③倾向错误的话题。如违背社会伦理道德、思想反动、违法乱纪之类的话题,亦应避免。④个人隐私的话题。个人隐私,即个人不希望他人了解之事。在交谈中,若双方是初交,则有关对方年龄、收入、婚恋、家庭、健康、经历一类涉及个人隐私的话题,切勿加以谈论。除非是很熟悉的亲友,或有特殊的工作需要,才可问对方一些隐私,但也要注意委婉、礼貌。

把握分寸感,其实就是找准自己在双方交往中的定位,扮演好自己的角色,做到不失位、不越位。

> 距离,是一种物理现象,也是一种美,更是一种人际学问。

## 四、对获取的信息,你应有的态度

### (一)对所获取的信息,切勿随意传播

"告诉你一个秘密!"凑到他耳旁,目光充满狡黠;

"什么秘密?"神经立刻兴奋,双耳竖起,身体也不由地凑近过去。

——多么熟悉的情景,秘密就是这样不胫而走!

或许在偶然间,有人把你当作真心的朋友对你倾诉衷肠,你获得了一些其他人不了解的信息(甚至是隐私,如家庭、疾病、收入、往事等),此时千万不可得意,因为在无形之中你已经增加了一份担子,承担了一份责任,甚至暗藏了一丝祸端。无论是有意的还是无心的,这些信息一旦从你这儿外传,不仅会使当事人难堪,给他人带来负面影响,而且会使你的信誉大打折扣,有时甚至是违背道德和违法的。

有个长舌的老妇人向牧师承认说过许多人的闲话,她不知道还有没有办法可以弥补。牧师并没有对她说教,只是给她一个枕头,要她到教堂的钟楼上,把枕头里的羽毛散到空中去。她照着做了。牧师说:"好吧,现在你把每一根羽毛再收集起来,放回枕头里去。"这位老妇人为难地说:"牧师,那是办不到的!"牧师很严肃地说:"同样的道理,要追回所说的每一句闲话,那就更难办到了。"

须记住,说出去的话犹如"覆水",犹如放飞的"羽毛",收不回来,而且非常可能越传

越远。

罗斯福当海军助理部长时,有一天一位好友来访。谈话间朋友问及海军在加勒比海某岛建立基地的事。"我只要你告诉我,"他的朋友说,"我所听到的有关基地的传闻是否确有其事。"这位朋友要打听的事在当时是不便公开的,但既是好朋友相求,那如何拒绝是好呢?只见罗斯福望了望四周,然后压低嗓子向朋友问道:"你能对不便外传的事情保密吗?""能。"好友急切地回答。"那么,"罗斯福微笑着说,"我也能。"

交往中,不要因自己的好奇心而随意"挖秘密",一旦他人将秘密告诉你,就应该马上成了你的秘密。

保守秘密不仅能提升你的信誉,还有益于你的心理健康,美国的一项研究表明,保守秘密的人比透露秘密的人心理更健康。

有一次,苏格拉底的一位门生匆匆忙忙地跑来找苏格拉底,边喘气边兴奋地说:"告诉你一件事,你绝对想象不到的……""等一下!"苏格拉底毫不留情地制止他,"你告诉我的话,用三个筛子过滤过了吗?"他的学生察觉情况不妙,不解地摇了摇头。苏格拉底继续说:"当你要告诉别人一件事时,至少应该用三个筛子过滤一遍!第一个筛子叫作真实,你要告诉我的事是真实的吗?""我是从街上听来的,大家都这么说,我也不知道是不是真的。""那就应该用你的第二个筛子去检查,如果不是真的,至少也应该是善意的,你要告诉我的事是善意的吗?""不,正好相反。"他的学生羞愧地低下头来。苏格拉底继续问:"那么我们再用第三个筛子检查看看,你这么急着要告诉我的事,是重要的吗?""并不是很重要……"苏格拉底打断了他的话:"既然这个消息并不重要,又不是出自善意,更不知道它是真是假,你又何必说呢?说了也只会造成我们两个人的困扰罢了。"苏格拉底曾说:"不要听信搬弄是非的人或诽谤者的话。因为他不会是出自善意告诉你的,他既然会揭发别人的隐私,当然会同样地对待你。"

不做是非的始作俑者,也不受人利用成为是非的传播者,因为,道听途说是把自己的快乐加在别人的痛苦之上。

> 来传是非者,必是是非人,除非是真实善意的信息,否则了解之后勿传播。这既是保护对方,也是保护自己。

## (二)对他人的观念与行为,不做价值判断

偏见是人际交往的大敌,没有人喜欢被别人逼自己认错。一个人不可能完全了解或体会另一个人经历的事情,存在的都是有理由的。当你不能立即接受某种观念或者行为时,请相信它的存在是有充分的理由的。如果你处在同样环境,经历同样的事情,很可能你也会跟他们一样。试着去接受别人原来的样子,不要勉强他们扮演你心目中完美的角色,不要以"只有我对"的态度去要求对方,你才有可能真正了解别人。欣赏并接受对方不同的生活方式、态度、文化、种族、年龄和长相,是现代人应有的风度和修养,不要让差异和分歧成为困扰和争执的原因。

潜能学家罗杰说:"我从来没有碰到过一个我不喜欢的人!"他并没有刻意去忍受他人,因为他以包容的心待人,他只发现别人个性中令他喜欢的部分。

令人惊讶的是,有些人似乎特别喜欢强调和注意别人个性上的缺陷,他们似乎以找出别人的错误为乐趣,并以此达到自我满足的目的。然而这种寻找乐趣的方式代价太高,因为这会渐渐抹杀一个人的包容心,会隔绝与对方交流的路径。培养容忍之心,你就能够享受丰富而美好的人际关系,从而让你更好地发挥潜能;相反的,缺乏容忍会使你感到痛苦,周遭的世界将是一片黑暗。应该明白,看到别人的优点,你非但不需要处处拘泥于容忍别人,还能在交往中体验因欣赏对方而带来的愉悦。

请看这个古老的故事:

一位神秘的长者,他有非常丰富的知识和洞悉事物的观察能力。你问他任何问题,他从来不会答错。有一天,学校里有一个调皮的男孩,聚集了其他的男孩子一起,大言不惭地说:"我想到了一个问题,这一定可以难倒那个'智者'。我抓一只小鸟藏在手中,然后跑去找这个智者,我要问他,我手上的小鸟是死的还是活的?如果他回答是活的,我就即刻将手里的小鸟捏死,丢到他脚边。如果他说小鸟是死的,我就放开我的手,让小鸟飞走。"打定主意之后,这一群男孩子跑去找这位智者。一见到智者,这个调皮的男孩子立刻问:"聪明人啊,你告诉我,我手上的小鸟是死的,还是活的?"这位聪明的长者沉思了一下,回答说:"小男孩,这个问题的答案就掌握在你手中!"

心灵世界自有其理,非理智所能企及,人与人之间,不是用理性与逻辑能解释的。没有绝对的是与非,只有相对的情与理,"清官难断家务事",就是因为家事无法用理性和逻辑来解释。人与人之间,不应非要分出个谁对谁错才罢休,其实你与他的观点往往是对与对的关系,而不是对与错的关系,哪怕两种观点是矛盾的、对立的。你可以选择仇恨、批判或责难,你也可以包容他们的错误和缺点。你选择什么,"掌握在你手中"。同样地,在人际交往中,如何对待交往对象也是"掌握在你手中",一旦自己想追根究底、价值判断、好为人师时,请想想"小孩手中的小鸟"。

> "规则有对错,俗事无是非",喜欢别人的人最受人喜欢。苛求完美,对自己和他人要求过高,必然导致人际交往出现障碍。

### (三)对所获取的信息,尽量避免以偏概全

有这么一个场景:

一间屋子,一横房梁,一个人,一根绳,一只小板凳……

请问:由此你想到了什么?你是不是跟我一样想到了一出人间悲剧?但我们错了。要不是亲眼看到照片,我也不会想到。

其实,真实的场景是:

房梁上垂下来绳子,绳子上挂着一个小板凳,凳子上坐着一个小孩儿,在荡秋千!

请问:此时你又想到了什么?是不是又和我一样想到了快乐、温馨和无忧无虑的童年?我们又错了。

事实是:

只有房子,只有绳子,只有凳子,没有父亲,没有母亲,这是一个孤儿!

第四讲 你需要：获取对象的信息

我们获取的信息，永远仅仅是一些片段，仅仅是"一间屋子、一横房梁、一个人、一根绳、一只小板凳"而已，不可能是完整的。获取的信息相对于没有获取的信息，可谓是沧海一粟。为了了解对方，我们常常用通行的"常识"去填补信息的空白区，由局部去判断全部，由片段推测整体。这样做是不可避免的，而且是必要的，因为没有人有能力穷尽对方的信息，但是我们应该多一个心眼，我们的推断逻辑不一定是对的，要清醒地认识到我们获取信息的局限性，对事实的判断不是一件简单的事情。

苏东坡有诗："泥上偶然留指爪，鸿飞那复计东西。"仅仅依靠雪地上的一鳞半爪，我们无法知道鸿雁是向东还是向西飞去。避免以偏概全是我们对待获取信息应有的态度。

同一个信息，可以有多种解读方式，但是每一种方式都不会百分之百是正确的。《列子·说符》有这样一个故事：

杨子的邻居丢失了羊，于是带着他的亲属，还请杨子的童仆一起追赶它。杨子说："咦？丢失了一只羊，为什么要这么多人去追赶呢？"邻居说："因为岔路很多。"杨子的邻居回来了，杨子问："找到羊了吗？"邻居回答说："羊没有找到。"杨子问："羊怎么会找不到呢？"邻居说："岔路里面还有岔路，我们不知道羊在哪条路上，所以就回来了。"杨子听了邻人说的这番话，有些闷闷不乐。他眉头紧锁、脸色灰暗、一言不发。

在这个故事中，杨子由歧路亡羊想到了人生的歧路，因此"眉头紧锁、脸色灰暗"。人际交往过程中人们对信息的解读很多时候也充满了"歧路"。对于信息，我们永远面对着多种解释方式，犹如杨子面对多条"岔路"。

在交往中我们经常听到这样的不耐烦地打断别人的话："你不要说下去了，我知道你的意思了。"其实你真的懂了吗？你真的能从片段推测出全部吗？不妨增加一点对信息的敬畏之心，不要以为自己掌握了全部。我们说的不应该是"我知道你的意思了"，而应该是"你说的是这个意思吗"。

> 面对无限的信息，面对信息的多种可能性，应多一份敬畏心，少一点自以为是。

## 五、如何处理获取的信息

### （一）分辨获取信息的真伪

信息的价值在于它的真实性，假信息不但没有价值，反而会干扰到正常的交往。但是人际交往中，由于人认识的局限性、信息的不对称性等，人获取的不可能都是确凿无误的信息，真假信息、意义含糊的信息往往混杂在一起，需要我们认真分辨。比大海更宽广的是天空，比天空更宽广的是人的心灵。面相斯斯文文的，也许是一个暴君；说话慢悠悠的，说不定还是一个急性子；在单位彬彬有礼，在家也许是一个粗暴的人。一些结婚没多久就匆匆离婚的人，多是没有了解对方真实的一面（而这一面恰恰就是自己不能容忍的），没有分清真伪，把表面的一些假象当真了。

这是一个大家熟知的故事：

一个媒婆,凭着张巧嘴给青年男女做媒。一次,她遇到了难题。一位姑娘缺了一块嘴唇,一直嫁不出去;一个小伙子没有鼻子娶不上媳妇。他们虽然容貌各有缺陷,但找对象却都要求对方五官端正。媒婆对小伙子说:"这姑娘没有别的毛病,就是嘴不好!"小伙子想,准是心直口快,爱唠叨,于是说:"嘴不好不算毛病慢慢她会改嘛!"媒婆对姑娘说:"小伙子什么都好,就是眼下缺少点东西。"姑娘听了以为是结婚礼品准备不全,就说:"眼下缺少点东西怕啥,我多陪嫁点就是了。"就这样,双方定下了婚姻大事。到了新婚之夜,才真相大白。

在这里,信息发出者媒婆故意传递模棱两可的信息,把"缺了一块嘴唇"说成"嘴不好",把"没有鼻子"说成"眼下缺少点东西"。信息接收者姑娘和小伙子都出现了解读信息的错误,把"嘴不好"理解为"心直口快,爱唠叨",把"眼下缺少点东西"理解为"结婚礼品准备不全"。抱朴子曾说过:"白石似玉,奸佞似贤。"一方白色的石头,看起来好像一块美玉,但它的质地够不上美玉。人也是如此,大奸大恶的人,语言凑对,奔走周旋,巧于迎合,工于显勤,看起来就像一个贤人。古往今来,上至高官显贵,下至平民百姓,不少人都看"走眼"了,把白石当作美玉,把奸佞之人当作贤人。

三国时期,赤壁大战前夕,周瑜用反间计杀了精通水战的叛将蔡瑁、张允,令曹操痛心疾首。用计时,周瑜给同窗好友蒋干提供的信息,充满了假信息,几乎就没有真的信息。周瑜说"相约只叙旧情",那是为了封住蒋干的劝降辞,一假;周瑜"酒后大醉",那是为了麻痹蒋干的警惕性,二假;周瑜"案头搁信",那是为了引诱蒋干偷看,三假;周瑜"夜半与人密谈",那是为了让蒋干偷听,四假。可谓一假套一假,假假相接,令人真假难分。在信息爆炸的时代,真假信息混杂在一起,我们不能把八卦消息当作时事新闻。我们需要练就一双慧眼,透过表象,看清真相。尽量避免顺序效应(优先和新近效应)、晕轮效应、归因偏差等对自己判断的影响,当不能确定信息的可靠性时,应向对方重复确认一次。减少仅听"一家言"的情况,多用几个"筛子"来过滤和检验信息,从而减少假信息的发生率。

> 交往中,需要一双能从纷纷扰扰的信息中识别真假的慧眼。去伪存真,既需要能力,也需要态度。

## (二)分清获取信息的重要性

在人际交往中,每时每刻都产生和传播信息,我们每时每刻都在接受和处理信息,可以说交往的过程就是信息交流的过程。面对众多的信息,我们不能都"一视同仁",要分清哪些是重要信息、哪些是不重要的信息,哪些是必须获取或记住的信息、哪些是不需要获取或记住的信息,然后区别对待。人获取和记录信息的能力总是有限的,不可能也没有必要事无巨细地包揽所有信息,所以要对信息分层分类,区别对待。对象信息的重要性首先取决于信息的"对象",即使是同一内容的信息,在不同对象身上其重要性是不同的。其次,对象信息的重要性还取决于信息的"内容",即使是同一对象,不同的信息内容的重要性也是不一样的。

20世纪末,武汉市中心六层的景明大楼收到一封英国信函,写信的是1917年该楼的设计单位,这家英国建筑事务所信中表示:此楼当年设计安全年限为80年,现已到期,敬请注意该楼安全。此设计单位远在万里之外,又是针对远在80年前设计的楼房,设计者都已去世,可是该建筑事务所还记挂着80年前交工大楼的安危。这个信息可谓重要,因此记住了80年,估计还会继续记下去。与人交往,也有一些信息需要永远记得。

阿拉伯作家阿里,有一次和吉伯、马沙两位朋友一起旅行。三人行至一处山谷时,马沙失足滑落,幸而吉伯拼命拉他,才将他救起。马沙于是在附近的大石头上刻下:"某年某月某日,吉伯救了马沙一命。"三人继续走了几天,来到一处河边,吉伯和马沙为了一件小事吵起来,吉伯一气之下打了马沙一耳光。马沙跑到沙滩写下了:"某年某月某日,吉伯打了马沙一耳光。"当他们旅行回来之后,阿里好奇地问马沙为什么要把吉伯救他的事刻在石头上,把吉伯打他的事写在沙滩上?马沙回答:"我永远都感激吉伯救我,至于他打我的事,我会随着沙滩上字迹的消失,而忘得一干二净。"

在人际交往中,要分清信息的重要性,不要胡子眉毛一把抓,有些信息是要"刻在石头上",有些信息不妨"写在沙滩"。我们要分清哪些信息应该长久记住,哪些应该左耳进右耳出。

> 重要的永远是少数,次要的永远是多数。不重要的信息无论怎么累积还是不重要的信息。

## (三)对获取的信息采取不同的记录方式

从记录对方信息的态度(是否用心,是否努力),可以看出一个人对人际关系的态度,也体现了一个人的人际交往意识。一个有心人,不但用"脑"去记录对象的信息,也用"笔"去记录对象的信息。

一般而言,记录个人常用信息的方式有通讯录、名片簿、备忘录等,个人可以根据信息的特征和自己的习惯来选择适当方式。在数字化时代,人们除了用纸张载体来记录信息外,还可以合理利用电子载体来记录信息。把个人的信息(文字和图片)定期放到自己的手机、网络博客、个人网络空间、电子邮箱等电子媒介上,已经成为年轻一代记录个人信息的重要方式。电子媒体确实给信息的储存带来革命性的变化,为我们提供了很多便利,特别是图片和视频的数字记录,大大提高效率并降低成本。但是要提醒的是,一些重要的信息,应做好保密和安全工作,需要的时候要加密和备份。

在中国餐饮业百强之一的净雅餐饮集团,有一份非常特殊的表格——困难家庭登记表。在这张表格上,分列着员工家里是否有人生重病、是否有孤寡老人无人照顾、是否单亲家庭、是否家庭负担过重等,对员工生活存在的困难都有详细的记录。2005年冬天,净雅员工林晓丽的父亲因脑部中风,造成身体行动不便,别说干活儿了,就连生活都不能自理,每天只能在炕上坐着。林晓丽家里本不富裕,父亲患病无疑是雪上加霜。为了给父亲治病,晓丽不仅拿出所有的积蓄,还向朋友、同事借钱,寄回老家。正当晓丽一家人一筹莫展时,净雅集团的领导将一笔数额不菲的钱送到了晓丽家中,并带去了集团全体员工对晓丽家人的问候。

每到新年,净雅集团都会把一笔专项资金发放到这些有困难的家庭中,让有困难的员工感受到温情,不再孤独,过一个祥和幸福的新年。

人际交往中,我们也应该有一份这样"特殊的表格",记录下重要的、易于忘记的信息,并随时翻看。

> 好记性不如烂笔头，针对不同类型的信息，采用不同的记录方式，做一个对交往信息"有心的人"。

### （四）让获取的信息成为交往的催化剂

获取的信息要利用起来，让它成为你交往中的催化剂，给交往的双方带来更多的愉悦和融洽。

在某年的春节，自称"从来不接受在校生礼物"的著名礼仪专家金正昆教授，既"高兴"又"感动"地收下了一个学生送给他的一份特殊的礼物——金教授出生当日多份报纸的复印件。收到礼物的当晚，金教授就"躲在书房把这些报纸认真地看了两个小时"，看完以后还激动地给父母打电话，述说自己来到这个世界的时候世界是一番什么模样，害得"爹妈晚上都不睡觉，夜不能寐，畅谈往事"。

人际交往中，赠送礼品总是避免不了的。但许多人也在为送什么礼物伤透脑筋，送出的不一定对方喜欢，一不小心还可能闹出乱子。就有人曾把一只可爱的猫送给了对宠物过敏的朋友。这个学生为什么能把不贵重的礼物送出并收到这样的效果呢？关键在于了解老师，这个学生获取了以下信息并在准备礼物时综合利用：老师的生日是哪天、老师喜欢读报、老师不喜欢接受贵重物品、老师有怀旧的情怀等。由此可见交往中信息的恰当利用会产生点石成金的效果。

一个去过泰国的游客记录他的经历：

在泰国曼谷酒店，清晨一开门，一位漂亮的泰国小姐微笑着和我打招呼："早，余先生。""你怎么知道我姓余？""余先生，我们每一层的当班小姐要记住每一个房间客人的名字。"我心中很高兴，乘电梯到了一楼，一开门，有一名泰国小姐站在那儿："早，余先生。""啊，你也知道我姓余，你也背了上面的名字，怎么可能呢？""余先生，上面打电话说你下来了。"原来她们腰上挂着对讲机。三年过去了，我再没去过泰国。有一天我收到一张卡片，发现是泰国曼谷酒店寄来的："亲爱的余先生，三年前的4月16号你离开以后，我们就没有再看到您，公司全体上下都想念得很，下次经过泰国一定要来看看我们。"下面写的是："祝您生日快乐！……"原来写信的那天是我的生日！

由酒店与顾客的关系推及到人与人之间的关系，要想在交往中给对方一些"意外"、一些"惊喜"，我们需要把获取的"独家"信息利用起来，让信息变为交往的"催化剂"，而不要让来之不易的信息成为埋在箱底的"收藏品"。

> 利用获取的信息，犹如拨亮一盏灯，照亮一大片空间；漠视获取的信息，就像熄灭一盏灯，会带来一片黑暗。

第四讲 你需要:获取对象的信息

总之,信息是人类的需要,也是交往的基础。虽然,没有一个途径能提供交往对象所有的信息,也没有人能毫无缺漏地获取交往对象的所有信息,但是我们应该掌握一些最基本的、通行的、惯例性的信息,有针对性地获取对方尽可能多的、尽可能真实的信息。当你尽可能地了解对方,明白对方所思所想、所爱所忌等信息时,你在人际交往中才可能变得收放自如,得心应手。

【问题思考】

1. 两个陌生人在火车上第一次见面,你觉得一般聊什么话题比较合适?

2. 你觉得同班同学之间,彼此应该了解和记住哪些个人信息?

3. 如果你想与对方成为异性朋友,你希望了解对方什么信息,通过什么途径和方式获取这些信息?

4. 有人把职场上与客户交流的内容总结为"FORM"(即为家庭、单位、休闲、收入的第一个英文字母),你觉得如何才能恰当地获取这些信息?

5. 你一般让关系亲密的朋友了解你的哪些个人信息,你又了解对方什么个人信息,你认为目前彼此了解的程度适度吗?

人际交往与沟通

学习了本讲,你需要制订、实施自我能力促进计划

| 第 一 阶 段 | |
|---|---|
| 目 标 | 我的目标: |
| 问 题 | 我目前存在的主要问题是: |
| 行 动 | 为实现阶段目标,我马上要做的事情是: |
| 评 价 | 行动成效检查评价(　　年　　月　　日):<br>促进显著(　　)　　有所促进(　　)　　促进不明显(　　)<br>原因分析: |
| 提 升 | 鉴于已取得的收获,下一步我需要做的事情是: |
| 第 二 阶 段 | |
| 目 标 | 我的目标: |
| 问 题 | 我目前存在的主要问题是: |
| 行 动 | 为实现阶段目标,我马上要做的事情是: |
| 评 价 | 行动成效检查评价(　　年　　月　　日):<br>促进显著(　　)　　有所促进(　　)　　促进不明显(　　)<br>原因分析: |
| 提 升 | 鉴于已取得的收获,下一步我需要做的事情是: |
| 第 三 阶 段 | |
| 目 标 | 我的目标: |
| 问 题 | 我目前存在的主要问题是: |
| 行 动 | 为实现阶段目标,我马上要做的事情是: |
| 评 价 | 行动成效检查评价(　　年　　月　　日):<br>促进显著(　　)　　有所促进(　　)　　促进不明显(　　)<br>原因分析: |
| 提 升 | 鉴于已取得的收获,下一步我需要做的事情是: |

张晓观察力很强,毕业后,他到了一家私企工作,便开始处处揣摩领导和同事的心思。开始时大家夸他"善解人意",于是他变本加厉,预测老板下一个行动,并提前做好准备;揣摩同事是否有言外之意,经常刨根问底。结果他逐渐发现领导和同事对自己越来越冷淡。过了没多久,他被领导随便找了个理由,就给打发到了一个"空闲"的职位上去了,而同事也对他爱理不理。他很困惑,在职场里懂得揣摩上司和同事的意图,提前做好准备,不是可以得到上司的欢心和同事的欢迎吗?

张晓的根本问题在于他没有把握好在人际交往中的适当得体等原则,导致了他不能正确处理人际关系。

——如果你是张晓的朋友,你会怎么帮助他?

## 第五讲

# 你需要:遵守交往的原则

在生活中,有的人与人交往如鱼得水,走到哪里都受到欢迎,而有的人则很难交到朋友,不仅领导、同事对他有意见,就连家人也对其避之唯恐不及。这是什么原因呢?深究起来,恐怕就是因为不善于处理人际关系,所以导致了处处碰壁。那么,我们在人际交往中应该注意哪些问题,遵守什么原则呢?

### 一、平等礼貌原则

在交往中,平等待人是建立良好人际关系的前提。没有平等待人的观念,就不能与他人建立密切的人际关系。在等级制度社会里,人际间的平等交往是不可能做到的,随着社会分工和生产社会化的要求,平等交往成为必然。要平等待人,就意味着首先要尊重对方,要礼貌待人。

#### (一)尊重他人是人际交往取得成功的基石

尊重他人是具有良好的道德修养的表现。在人际交往的过程中,只有形成尊重与被尊重的默契与和谐,才可能让交际顺利进行和持续发展。

一天,美国总统杰斐逊和他的外孙骑马外出,路上遇到了一个奴隶,奴隶向他们脱帽鞠躬。杰斐逊总统也举起帽子,作为还礼。可是,他的小外孙对黑奴瞧也没有瞧一眼。"托马斯,"杰斐逊很严厉地对小外孙说,"难道你希望一个奴隶比你表现得更像一个绅士吗?"

杰斐逊作为总统,没有在黑奴面前表现出高高在上、不可一世的样子,而是彬彬有礼地回敬黑奴的致敬,并且在他的小外孙没有表现出应有的礼貌时,进行了严厉的批评,在他的身上体现出了高贵的绅士品质,给人留下了富有教养的印象。这样的人,谁会不愿意接近呢?当然,真正的绅士风度并不仅仅是表面的礼貌,它是丰富的学识修养、良好的习惯等各种优秀行为、品质的综合体现,是内在品质的自然流露,需要我们时刻注意培养和学习。因此,男同胞们可以问一问自己:"今天,我绅士了吗?"

我们应当尊重每一个人的人格,就像希望自己受到别人尊重一样。

菲律宾著名外交家罗慕洛身高只有1.63米。在一次联合国大会上,罗慕洛同苏联代表团团长维辛斯基发生了激辩:

维辛斯基非常轻蔑地对罗慕洛说:"你不过是个小国家的小人罢了。"从来不因个矮而自卑的罗慕洛等维辛斯基一讲完,就跳起来告诉联大代表说:"维辛斯基对我的形容是正确的。"接着话锋一转:"此时此地,把真理之石向狂妄的巨人眉心掷去——使他的行为检点些,是矮子的责任!"

罗慕洛用自己的反击维护了国家和本人的尊严,而在庄重场合出言侮辱他人的维辛斯基则是搬起石头砸了自己的脚,为自己的无礼付出了代价。

## （二）礼貌是人际交往的基本要求

尊重是构建友谊大厦的一块重要基石,而礼貌待人是人际交往最起码的要求,是我们赢得尊重的前提,也是成功交往的条件之一。一个人只有从外表到本质都文雅有礼,才能成为一个受人尊敬的文明的人。以一种良好的心态与人平等相交,这是人与人之间友好交往的基础。

在人际交往中,礼貌的本质是对人的尊重。中国素有礼仪之邦的美称,形成了重道尊德、崇尚仁礼、孝长爱幼、谨言慎行等礼貌与礼仪规范。因此,我们在与人交往的过程中,要时时不忘说"您"、"您好"、"请"、"谢谢"、"对不起"、"没关系"、"再见"这些礼貌用语,忌讳说一些粗话、脏话、黑话、荤话、怪话和尖酸刻薄、攻击他人的话。如招待客人喝茶时,你应该说:"请用茶。"如果还有点心招待,可以说:"请用一些茶点。"假如你比别人先结束用餐,你应该向其他人打招呼说:"请大家慢用。"在国外,人们即使互不相识,见面后也会彼此微笑致意问声:"您好!"在中国,人们见面时习惯问:"你吃饭了吗?"或者说:"你去哪儿?"以此表示问候致意。只要你的言谈举止彬彬有礼,人们就会对你良好的个人修养留下深刻的印象。

马古曾经说过:"礼貌的力量真是神奇。一个人无论怎样巧舌如簧,有些事情就是无能为力;然而有了礼貌,却可以无往而不胜。"

## （三）平等待人是人际交往取得成功的重要保障

英国著名的剧作家萧伯纳到莫斯科旅游,在街上遇见了一位聪慧的小女孩,两人十分投缘,站在街头天南地北地聊了很久。临分别时,萧伯纳对小女孩说:"回去告诉你妈妈,今天你在街上和世界名人萧伯纳聊了很久。"小女孩抬头看了萧伯纳一眼,也学着他的口气说:"回去告诉你妈妈,你今天和漂亮的苏联小姑娘安娜聊了很久。"这回答让萧伯纳大吃一惊,他马上意识到自己的自傲是不当的。萧伯纳颇有感触地说:"一个人不管有多大的成就或地位,对任何人都应平等对待,要保持谦虚。这是苏联小女孩安娜给我的教训,我会一辈子都记得。"

在生活中,你是否也曾经在觉得不如自己的人面前流露出某种优越感呢?

有的人可能会说,我是总经理,难道我和员工们相处就要像员工和员工们相处一样吗?如果那样,我还怎么管理他们? 其实,这里所说的平等,主要指交往双方态度上的平等。交往必须平等,平等才能深交。如果以一种不平等的心态与人进行交流,那么,不自觉地,我们可能就会流露出傲慢、轻视别人的语气和态度,使人不愉快。

在乔治·华盛顿还没有当上美国总统的时候,有一天,他穿着大衣独自一人走出营房。他所遇到的士兵,没有一个认出他。走到一处,他看到一个下士领着手下的士兵筑街垒。"加把劲!"那个下士对抬着巨大水泥块的士兵们喊道,但是,那下士自己的双手连石头都不碰一下。因为石块很重,士兵们一直没能把它放到位置上。下士又喊:"一、二,加把劲!"但是士兵们还是没能把石块放到位置上,他们的力气几乎用尽,石块就要滚下来。这时,华盛顿疾步跑到跟前,用强劲的臂膀顶住石块。这一援助很及时,石块终于放到了位置上,士兵们转过身,拥抱华盛顿,表示感谢。"你为什么光喊加把劲而让自己的手放在衣袋里呢?"华盛顿问那位

## 第五讲　你需要：遵守交往的原则

下士。"你问我？难道你看不出我是这里的下士吗？""哦，这倒真是。"华盛顿说着，解开大衣纽扣，向这位鼻孔朝天、背绞双手的下士露出他的军装。"按军阶看，我就是上将。不过，下次在抬重东西的时候，你还可以叫上我！"

下士认为自己与普通的士兵们身份不同，觉得自己高人一等，如果去抬石块会影响他的威严。而华盛顿虽然是上将，却不因为自己的地位高而傲慢，不会将一些举手之劳的事只留给比自己地位低的人去做。两人的态度孰优孰劣，一目了然。但是，生活中的我们是那位下士还是华盛顿呢？我们是否也曾经用过这种傲慢的、轻视别人的态度与人交往呢？

在现实生活中，有的人自视才高，认为别人都不如他，或者认为某某人不行，轻视他，这就很容易伤害别人的自尊，而这样的结果可能就是给自己树立了一个敌人：虽然当时他没有表露出不满，但过后他就可能找准机会给你在背后使绊子、捅刀子，让你阴沟里翻船。而且世事无常，曾经被你看不起的人也可能反过来成为你的领导，你们之间又该如何相处呢？

这里有一个春秋战国时期"中山君分羊肉汤亡国"的著名故事：

中山国的国君，有一次在王宫里摆下酒宴，宴请城里面有名望的贵族、士大夫，目的是笼络人心，加强内部的团结合作，不料事与愿违。他在给参加宴会的人分羊肉汤时，其他人都给了，却没分给司马子期。司马子期感到在众人面前丢了面子。既然中山国君不尊重他，他一气之下就跑到了楚国，劝楚王攻打中山国。楚王被说动了，果然出兵进攻中山君。中山君不敌楚国，只好逃亡。在外逃时，有两个人拿着武器一路保护他，他问他们为什么，两人回答："我父亲曾经因您赐予他一盘食物而免于饿死，他去世前叮嘱我们必须竭尽全力报效您。"中山君听罢，感叹说："给的东西不在乎多少，而在于别人是否需要；施怨不在于深浅，却在于是否伤了别人的心。我因为一杯羊羹亡了国，却因一盘食物得到两位勇士。"

司马子期因为别人都得到了羊羹，而自己没有，就觉得没有得到公平的待遇，自尊受到了伤害，产生了怨恨之心，因此以劝说楚国攻打中山国作为报复。如果中山君对待所有人一视同仁，没有伤了司马子期的自尊心，那么他就没有这亡国之祸。中山君的教训说明，在人际交往中，不管你是什么人，地位多高，是国王也好，当多大的官也好，都不可不平等待人，必须尊重他人。

与人为善，谦逊礼貌，这是我们人际交往成功的法宝之一。

> 人人都有自尊心。敬人者，人恒敬之；辱人者，人必辱之。

## 二、真诚守信原则

真诚，顾名思义就是真实诚恳。现实生活中，我们都希望能够得到别人的真诚相待，但有的人怕真诚待人吃亏上当，因此想别人先主动真诚待己。你真诚待了我，我再真诚待你，这是被动为善的人际关系态度。如果人人都这样想，人人都不肯首先付出，那这个世界上还能找到真诚吗？很多人觉得，积极主动地付出友善真诚仅仅是讲如何对待别人，其实准确地说，友善真诚地对待人，更重要的是指如何善待自己。你待人以善意，别人以善意相报；你待人以真诚，别人以真情回馈。这也是我们经常所说的"将心比心"、"以真心换真心"。

## （一）以真诚获得信任

说话、做事真诚的人，往往更能得到别人的信任。著名诗人裴多菲曾说："我宁愿以诚挚获得一百名敌人的攻击，也不愿以伪善获得十个朋友的赞扬。"每个人都喜欢与真诚的人交往共事。真诚待人，就能赢得良好声誉，获得尊重和信任，就能与人和谐相处，愉快合作。

北宋词人晏殊素以诚实著称。正是这份诚实，让他获得了皇帝的信任、提升：

晏殊十四岁时，有人把他作为神童举荐给皇帝。皇帝召见了他，并要他与一千多名进士同时参加考试。结果，晏殊发现考题是自己十天前刚练习过的，就如实向真宗报告，并请求改换其他题目。宋真宗非常赞赏晏殊的诚实品质，便赐给他"同进士出身"。晏殊任职时，正值天下太平。于是，京城的大小官员便经常到郊外游玩或在城内的酒楼茶馆举行各种宴会。晏殊家贫，无钱出去吃喝玩乐，只好在家里和兄弟们读写文章。有一天，真宗提升晏殊为辅佐太子读书的东宫官。大臣们惊讶异常，不明白真宗为何做出这样的决定。真宗说："近来群臣经常游玩饮宴，只有晏殊闭门读书，如此自重谨慎，正是东宫官合适的人选。"晏殊谢恩后说："我其实也是个喜欢游玩饮宴的人，只是家贫而已。若我有钱，也早就参与宴游了。"这两件事，使晏殊在群臣面前树立起了信誉，而宋真宗也更加信任他了。

## （二）以真诚赢得信用

真诚是一种美德，重诺言、守信用是真诚的重要内容。中华民族历来讲究信用，在人与人的交往中，从古到今都把信用看得相当重要。人们常说："一诺千金"、"一言既出，驷马难追"，都讲的是"信用"二字的重要性。自古以来，讲信用的人受到人们的欢迎和称颂，不讲信用的人则受到人们的斥责和唾骂。在刘伯温所著的《郁离子》中记载了一个因失信而丧生的故事：

济阳有个商人过河时船沉了，他抓住一根大树干大声呼救。有个渔夫闻声而至。商人急忙喊："我是济阳最大的富翁，你若能救我，给你100两金子。"等到被救上岸后，商人却翻脸不认账了。他只给了渔夫10两金子。渔夫责怪他不守信，出尔反尔。富翁说："你一个打鱼的，一生都挣不了几个钱，突然得10两金子还不满足吗？"渔夫只得怏怏而去。不料想后来那富翁又一次在原地翻船了。有人欲救，那个曾被他骗过的渔夫说："他就是那个说话不算数的人！"于是商人淹死了。

商人两次翻船而遇同一渔夫是偶然的，但商人的结局却应在意料之中。一个人若不守信，便会失去别人对他的信任。失信于人者，一旦遭难，只能坐以待毙。

历史上另外一则故事则相反——季布"一诺千金"使他免遭祸殃：

秦末有个叫季布的人，一向说话算数，信誉非常高，许多人都同他建立起了深厚的友情。当时甚至流传着这样的谚语："得黄金百斤，不如得季布一诺。"（这就是成语"一诺千金"的由来。）后来，他得罪了汉高祖刘邦，被悬赏捉拿。结果他旧日的朋友不仅不被重金所惑，而且冒着灭九族的危险来保护他，终于使他免遭祸殃。

一个人诚实守信，自然得道多助，能获得大家的尊重和友谊。反过来，如果贪图一时的安逸或小便宜，而失信于朋友，表面上是得到了实惠，但为了这点实惠毁了自己的声誉，而声誉相比于物质重要得多。所以，失信于朋友，无异于丢了西瓜捡芝麻，得不偿失。

## （三）以诚信建立起和谐的人际关系

在当今社会，市场经济就是信用经济，没有诚信，谁也不会和你做生意，谁都怕和你交往，因此说"无信不立"，这是真理。那么，信用指的是什么呢？一是在人与人的交往中，说真话而不说假话，这叫"言必信"。二是遵守诺言，实践诺言，这叫"行必果"。

一个讲信用的人，能做到前后一致，言行一致，表里如一。因此，人们可以根据他的言论去判断他的行动，进行正常的交往。而一个人不讲信用，前后矛盾，言行不一，则无法判断这个人的行为动向。这就像古人所说的那样："人而无信，不知其可也。"言行一致、说到做到是守信的基本要求。不轻诺是守信的重要保证。所谓轻诺，就是毫无把握地许诺，轻诺的结果往往是诺言不能实现，最终失信于人。要做到不轻诺，除了要对自己的能力有比较清醒的认识外，还必须对客观情况有比较深入的了解，同时还要养成不吹牛、不说大话的习惯，谨慎许诺；一旦许诺，就要坚决做到。如果经再三努力而没有实现，则应诚恳说明原因，争取得到别人的谅解。

这里也有一个有趣的"一诺千金"的故事：

1797年3月，拿破仑偕同新婚妻子参观卢森堡的一所小学，受到师生的热情款待。拿破仑夫妇很受感动，当场赠送了一束价值3个金路易的玫瑰花给校长，并说："只要我们的法兰西国家存在一天，每年的今天我将派人送给贵校一束价值相等的玫瑰花。"后来，由于诸多原因，这位伟人没有实现自己的诺言。1984年，卢森堡政府重提此事，向法国提出"玫瑰花悬案"的索赔，连本带利高达137万法郎。法国政府不愿为一句话而付出如此高昂的代价，但考虑到拿破仑的声誉，只得写了一封措辞委婉的道歉书，这"一诺千金"的"玫瑰花悬案"才算了结。

这件事发生在两国之间，而在日常生活中，朋友间又何尝不是信用第一？中国人历来把"言而有信"看得很重，把它当作做人的美德、看人的尺度、交友的准则。朋友间说话一定要守信用，别人才会信赖你、尊重你。生活中有这样一种人，他对人表现得非常热情，经常在朋友面前夸耀自己如何有能耐。当你委托他办事时，他满口应承，似乎轻而易举，但过后便"泥牛入海"。这样的人，失信于朋友，便会失去朋友，千万不能效仿。

孔子说："人而无信，不知其可。"诚信是无形的"名片"，关乎一个人的形象和品质。在现实生活中，不少人"一切向钱看"，不讲诚信，比如搞非法传销的人，连自己的亲朋好友都蒙骗，由此使得人与人之间的信誉度降低，严重损害了人与人之间关系的和谐。面对诚信的缺失，光呼吁是不够的，我们每个人都是建设诚信大厦的砖瓦，需要我们从自身做起，从身边的一件件小事做起，不要失信于人，对别人有求于我们的事，我们一旦答应了，就要尽全力去办。如果确因客观原因无法完成，就应向人家解释清楚，求得对方的谅解。只要我们每个人都以自己的实际行动恪守诚信，相信诚信之火定能成燎原之势，到那时，和谐的人际关系何愁不能建立？

> 欺骗是真诚的死敌，诚信是友好交往的必要条件，是个人成功的保障。

## 三、合作协同原则

天空中飞行的大雁,有一种合作的本能,它们飞行时都呈V型。大雁飞行时定期变换领导者,因为为首的大雁在前面开路,能帮助两边的雁形成局部的真空。科学家发现,大雁以这种形式飞行,要比单独飞行多出12%的距离。而生活在海边的人常常会看到这样一种有趣的现象:几只螃蟹从海里游到岸边,其中一只也许是想到岸上体验一下水族以外世界的生活滋味,只见它努力地往堤岸上爬,可无论它怎样执著、坚毅,却始终爬不到岸上去。原因是什么呢?原来,每当那只企图爬离水面的螃蟹就要爬上堤岸的时候,别的螃蟹就会争相拖住它的后腿,把它重新拖回到海里。

这两则动物之间团队合作的故事多么有趣啊,合作无间的大雁飞翔在广袤的天地之间,大家共同胜利到达目的地;而"拖后腿"的螃蟹,则很难看到岸上无限的美丽风光。

### (一)合作应该优势互补

当今社会,人与人之间的竞争日益激烈,但这并不意味着合作变得可有可无。相反,随着社会分工的精细化和工作内容智力成分比重的增加,许多工作不再依靠个体力量来完成,而要依靠团队合作来实现。一个人即使本领再大,是块"好铁",但充其量又能打几颗"钉"呢?因此,合作是人际交往的基本准则,一个善于交际的人必定是个善于合作的人。在合作基础上竞争,在竞争基础上合作,是人际交往的基本态势。如果只讲竞争不要合作,那么,竞争必定是不择手段的恶性竞争和无序竞争,人际关系的和谐也将无从谈起。

一名青年去拜访一位著名画家。画家的画室里,画作琳琅满目,美不胜收。有一幅画引起了青年的兴趣。画面上一只鸭子,屹立于高山之巅,正在引颈远眺,大有白云脚下过、一览众山小的气概。人们知道鲲鹏展翅,鹰击长空,只有会飞的大鸟才有可能屹立于高山之巅。鸭子怎么能登上这么高的山顶呢?于是,青年向老画家提出自己的疑问。老画家意味深长地说:"没错,鸭子是不可能凭借自己的力量登上高山的,但只要仔细想一想,你该知道,它是得到了帮助才达到这个位置的。"青年听后,恍然大悟。

——鸭子的力量虽然弱小,但是有了帮助,它同样可以到达高峰之巅。

三国时期,孙权和刘备联合起来共同抗曹,才以弱胜强,有了赤壁之战的胜利,奠定了后来三国鼎立的局面。《资本论》的诞生,也正是马克思与恩格斯共同合作的结晶。美国哈佛大学心理学教授把"与同事真诚合作"列为成功的九大要素之一,而把"言行孤僻,不善于与人合作"列为失败的九大要素之首。善于合作的人,往往能够互通有无,以对方的优势来弥补自己的劣势,以自己的长处来补足对方的短处,从而获得成功。

有两种海洋生物,一种叫海葵虾,一种叫红海葵。海葵虾善于获取食物,却难以自卫;红海葵恰恰相反,自卫能力强,却不善于获取食物。于是,为了弥补各自的缺陷,海葵虾和红海葵便进行了合作:海葵虾用两只大螯各夹着一只红海葵,在海洋中觅食,一旦遇到敌人,便立刻用红海葵有毒的触手给敌人以重创。这样,海葵虾便可以自由觅食,而红海葵则可以用海葵虾吃剩的食物填饱肚子。海葵虾和红海葵懂得合作互助的道理,所以能够在弱肉强食的海洋世界里有自己的立足之地。

事物之间只有通过互补、协同,才能达到功能的最优化。同样,人与人之间相处,可以互相取长补短,达到优化。当双方的需要以及对另一方的期望正好成为互补关系时,就会产生强烈的吸引力,从而促进良好的人际关系,这与互相帮助是相通的。

## (二) 合作应该以双赢为目的

在埃及流传着这样一个故事:

一次,国王问大臣:"为什么世界上只有成群的羊而没有成群的狗呢?"

聪明的大臣没有正面回答国王,而是做了一个实验。快到傍晚的时候,他陪着国王来到两间屋子前,命人先将100只羊放入一间屋子,并在里面放上一些青草;又命人将100条狗放入另一间屋子里,并在屋子里放上许多肉饼。然后将门锁好走了。次日清晨他请国王观看这两间屋子。第一间屋子里的羊们安然睡着,那几捆青草早已被吃光了;当打开第二间屋子时,国王惊呆了,里面血腥扑鼻,许多狗已经奄奄一息,而那些肉却仍然完好地躺在食槽里。国王迫不及待地问大臣为什么?大臣平静地说:"羊在利益面前,善于合作,而狗则钩心斗角,为利益相互残杀,可能这就是为什么世界上只有成群的羊而没有成群的狗的原因吧。"

由此,联想到现实生活中,不少人或企业,为了自我利益,不惜一切代价,你争我夺,尔虞我诈,到最后弄得两败俱伤,反而让第三者从中得利。所以,在我们的人生中,做什么事都得分清形势,不能仅为自己的私利,而与他人针锋相对,钩心斗角,应争取坦诚相待,互惠互利,以达到双赢的目的。

## (三) 合作应该形成团队合力

是否只要合作就一定能够成功呢?也不尽然。我们来看看这个团队的表现吧:天鹅、鱼和狗,一起想拉动一辆装东西的货车,三个家伙套上车索,拼命用力地拉,车上装的东西不算重,但不论怎么拉车子都还是纹丝不动。什么原因呢?原来,天鹅拼命向云里冲,狗一个劲向后倒拖,鱼直向水里拉。每个动物都向着不同的方向使尽了全力,这样车子又怎么能移动呢?

一个团队的各个成员,没有共同的方向,是不可能把团队推向成功的。只有共同向着一个目标拼命努力,才有可能实现。其次,合作的人之间要关注每个人的利益需要。这样才能调动团队成员的积极性。

《左传》中有这样的记载:

公元前677年,宋国和郑国交战。交战前夕,宋国的主帅华元为了鼓舞将士们的斗志,特地杀羊犒劳参战的官兵。大家吃羊肉,喝美酒。但是,只有为华元赶车的车夫羊斟站在一边,连一块羊肉也没分到。看着大家又吃又喝,羊斟馋涎欲滴。有一位副将见了,忍不住跑到华元面前为羊斟说话,华元却轻蔑地说:"他是一个赶车的,战场上又不靠他,何必给他吃呢。"副将讨了个没趣,走开了,但华元说的这些话,都让站在一边的羊斟听到了。第二天,宋、郑两军开始交战。华元乘坐战车督战指挥,两支军队打得难解难分。忽然,华元觉得不对劲儿,自己的战车竟跑到士兵前面去了。华元命羊斟把车驾得慢点儿,但羊斟却一个劲儿把战车往敌阵中赶,并得意地冲着华元大声说:"分羊肉的事由你说了算,现在赶车的事就得听我的。你管你的事,我管我的事。谁也管不了谁,懂吗?"话刚说完,羊斟已把战车赶到了郑军的阵地。一群郑兵蜂拥而上,把华元从车上拉下来。宋军见主帅被擒,军心大乱,郑军乘胜追击,打得宋军一败涂地。

求胜之机在于团队精神,要真正发挥团队的力量,必须重视团队中每一个成员的存在,千万不能因为团队中谁的职能作用小就轻视他。其实,有时作用是不能用大小来区分的,大家相互联系成一个有机整体,缺少任何一个都会影响全局。如同我们人脸上的五官,身体的四肢,体内的五脏,谁能说哪个重要,哪个次要呢?而另一方面也提醒我们,只有提倡团队合作精神,加强团队建设,才有可能赢得事业的发展。干事业,来自外部的威胁总是存在的。如果团队内部的人能够团结协作,外部的威胁就比较容易对付;相反,一旦内部出了问题,这个团队就会崩溃,最终结果就是所有参与内斗的人一起失败。

世界首富比尔·盖茨经常被人问到如何成为世界首富?他每一次的回答都是:因为我请了一群比我聪明的人来帮我工作。一个人只有依附于一个好的团队才能成功,一个好的团队才能产生好的效益,而好团队的产生不仅取决于领导是否懂得团结部下,充分发挥团队中每个人的优势和长处,也取决于团队成员是否能摆正个人的位置,相互尊重,取长补短,充分发挥个人和集体的优势,在激烈的社会竞争中取得胜利。

> 一个篱笆三个桩,每个人都需要他人的帮助,都离不开集体的力量。越善于团结的人,距离成功也就越近。

## 四、互惠分享原则

台湾省的星云大师曾经讲过一个故事:

在1964年的夏天,一位商人背了一袋僧鞋,顶着烈日,汗流浃背,到寿山寺兜售。当时大师在筹措办学经费,经济十分困难,但想到当年出家人很少,僧鞋的生意一定不好,于是上前问他价钱,商人说:"一双30元。"星云大师掏出40元向他购买一双,商人非常奇怪地说:"别人都要求我打折,为什么你不还价,反而还要加价?"大师回答:"如果你不做生意,我们就很难买到僧鞋。如果你能多赚一点利润,拿这些钱来改善品质,大量生产,可以便利我们购买。所以,我这样做,不只是为了帮忙你,更是在帮我自己,你安心收下吧。""我从来没有听过世间还有这种道理的。"商人摸着后脑勺,欣然成交。后来,他还将自己的儿子送到大师开办的学院就读。

以相互帮助为开端的人际关系,不仅良好的第一印象容易确立,而且人与人之间的心理距离可以迅速缩短,使良好的人际关系迅速建立起来。每个人都难免会有困难,需要他人的帮助。一个不愿意帮助别人的人,很难要求别人帮助他。当他人遭到困难、挫折时,伸出援助之手,时时能给别人关心、帮助和支持,才能在自己需要的时候得到他人的帮助和支持。

### (一)互惠互利要求交往双方都能够付出和奉献

互惠互利,是人际交往的一个基本原则;既要感情又要功利,是人际交往的一个常规策略;需求平衡、利益均等,是人际交往的一个必要条件。其实,人与人之间任何形式的影响都是以"互惠"与"互通有无"为基础的。因为人际交往是一种双向行为,故有"来而不往非礼也"之说,只有单方获得好处的人际交往是不能长久的。所以要双方都受益,不仅是物质的,还有精神的,交往双方都要付出和奉献。在人际交往中,我们都会站在自己的角度思考问题,首先维护自己的利益;但同时我们又会非常讨厌那些为了自己利益而不惜牺牲他人利益的人。因此,在争取自己利益的同时,也要不断兼顾他人的利益,才能在人际交往中受到欢迎。

台湾省台北市内湖科学园区的益登科技公司,因为代理全球绘图芯片龙头厂商的产品,从默默无闻的无名小卒,迅速跻身为省内第二大IC通路商。总经理曾禹旖赤手空拳,在六年内,打拼出一家市值逾80亿元新台币的公司,他靠的是什么?与曾禹旖相交二十多年的友人吴宪长说:"在同行业中或同辈中,论聪明、论能力,曾禹旖都不能算顶尖,但是,他能遇到这个好运,八成以上的因素在于他的人脉。因为他很愿意与别人分享,大家才会利益共享,机会之神也才会眷顾他,而不是别人。"

有怎样的度量,就有怎样的福气。从小曾禹旖的父母就这样教导他。如今,曾禹旖也常对下属这样说:"赚钱机会非常多,一个人无法把所有的钱赚走。"

在人际交往中,我们有的人会困惑:如何才能交上一个朋友呢?那么,你要问问自己:在你身边的同学伤心时,你及时送上安慰和温暖了吗?在别人处于颓废失望之中时,你及时给予鼓励和关怀了吗?你享受成功和喜悦时,与家人、朋友分享幸福欢欣了吗?懂得分享的人,人们自然愿意与他在一起,朋友多了,成功的几率当然也大了很多。

在新加坡,有个地方叫"好客天堂"。这个地方,白天是停车场,晚上则是小摊王国,摆满了各式各样的小吃摊。在这里,顾客随便坐在一家摊位上,吃了这家的食品,如果还想吃其他风味的,摊主会马上派人取来奉上,结账时只要向这家结就可以了。顾客感到非常方便,摊主之间也从未发生利益上的纠纷。这样,彼此合作,相互依靠,既保证了自己的好处,又照顾了别人的利益。通过互惠分享,大家都得到了利益。

温州人会做生意是全国闻名的。他们为什么总是能够及时发现商机,而且经常成功呢?因为他们信奉的也是"有钱大家赚"的信条。温州市鹿城区副区长熊洪庆说:"我现在走到哪里都很方便,因为温州商会遍布全国各地,很乐意接待来自家乡的客人。有钱大家一起挣,有商机大家一起争取。"温州人就是靠着这种理念获得了"中国的犹太人"的美誉。

## (二) 互惠互利要能与对方利益共享,共谋发展

在现实生活中,人与人的关系之所以会出现不和谐的音符,产生一些矛盾和摩擦,就与某一方的利益受损有关。因此,要有效化解矛盾,消除摩擦,就不能太自私、"吃独食",而应坚持"互惠",追求"双赢"。比如在交际心态上,不要只想自己享受,不让别人舒服,更不能以置对方于死地为后快;考虑问题时不能只为自己着想而不为他人考虑,只顾眼前的利益而不考虑长远的利益;在双方意见不能统一时,可跳出"思维定势",谋求一个折中方案;对利益有争议时,双方要坐下来诚恳协商,必要时不妨都做出一定的妥协。人际关系要达到和谐,必须保持一定的平衡,任何一种好的关系都是双方受益,如果一方长期受损,这种关系是长久不了的。在交际中,只要我们肯让自己先退一步,肯把对方的面子给足,肯在自己的底线上留有一定的弹性,肯与对方利益共享,共谋发展,就一定能取得沟通的最佳效果,也一定能使人际关系变得更加和谐。

小黎供职于一家广告公司。一年前,公司接了一笔业务:为某知名化妆品牌制作宣传广告片。在小黎的带领下,小组按客户的要求,提前完成了任务。广告投放市场一个月后,客户打电话到公司说广告取得了意想不到的好效果,并又续签了几宗更大的业务。因为小黎是负责人,公司论功行赏,奖励小黎两万元,小组其他成员每人两千元。小黎却做出了一个让大家意想不到的决定:他自己只拿了和大家一样的两千元,把剩下的一万八千元奖金全部拿出来,给小组四名成员每个人都购买了一台手提电脑。在大家看来,小黎的举动似乎傻到家了,可是他却说:功劳是大家的,他不能一个人独吞。小黎的"义气"让小组几个人心更齐了,干劲更足了,出色地完成了公司交给的一个又一个的任务。一年后,在小组成员的大力支持下,业绩

有目共睹的小黎顺利地被公司提升为宣传部经理。

利益分配的不均衡，往往会造成彼此心理上的不平衡，处理不好，就会影响今后的团结合作，小黎的做法，看起来是使自己的利益受到了一定的损失，但是却得到了同事的"人气"，为今后自己更进一步的发展打下了基础。如果他把两万元钱全部拿在手上，相差悬殊的奖金，一定会使有的小组成员愤愤不平，从而为今后顺利开展工作埋下隐患。因此，他看起来冒傻气的行为，却是再聪明不过的了。

### （三）互惠互利要懂得分享

巴勒斯坦有两片海，这两片海相距不远，而且共用一个源头——约旦河，但是景象却大不相同，一片死气沉沉，被称为死海，另一片生机盎然，名为加利利海。同样都是接纳约旦河的水，为什么如此不同呢？原来，死海地势较低，水只能流入，而不能流出，加上阳光终日照射，海水不断蒸发，久而久之，就成了寸草不生的咸水湖。而加利利海恰恰相反，它的地势较高，水流入又流出，接纳和付出同时进行，所以"活"得精彩缤纷。

懂得分享的人就像加利利海，能够吸引众多的人跟随在身边，而这些人有可能就是将来帮助你迈向成功的"贵人"。我们在进行人际交往时，不要总想着怎么实现自己的目的，要避免仅仅从对方能否帮助我实现什么目的，或者是对方有什么利用价值这方面去挑选朋友。交朋友的要旨在于真诚和慷慨，一些为了拉关系而钻营的做法是种短视的行为，这样的人交不到真正的朋友。合作的基础是互利共赢。我们应当始终积极与外界保持联系，要始终关注周围人，让别人感到你一直在关心他们，要努力做到"雪中送炭"，而不是"锦上添花"。一个能够与人互惠分享的人应该明白：当你给别人提供帮助时，你也收获了快乐。而所谓分享，不仅仅是将自己多余的、剩下的或不喜欢的东西分给别人，而是在自己缺乏、需要或很喜欢的情况下，也能把东西分给别人。

> 有舍才有得。世上没有免费的午餐，只有乐于付出，才能得到回报。

## 五、适当得体原则

人际关系是在人们的交往中产生的。交往伊始，谁不想给对方留下一份美好的印象呢？同样，谁不想与留下好印象的人继续往来，以此作为深入交往的基础呢？我们在与别人发生最初的交往时，应该怎样表现才能使自己给别人留下良好的第一印象呢？

### （一）服饰要得体

俗话说："人靠衣装马靠鞍。"在社交场合，得体的服饰是一种礼貌，一定程度上直接影响着人际关系的和谐。孔子早在两千多年前就说："见人不可不饰。不饰无貌，无貌不敬，不敬无礼，无礼不立。"穿着整洁合体的服装与人打交道，往往会使对方感到自己是受到尊重和重视的，而对穿着打扮完全不上心、不注意的人，给人的感觉就是随便、不修边幅甚至邋遢，试想

### 第五讲 你需要：遵守交往的原则

这样的人怎么能够在社交中得到他人的尊重和信任呢？在国家经济飞速发展、人民生活水平都有了很大提高的今天，为自己准备一两套在正式场合——如面试、宴请时穿着的得体的服装是我们基本的交友礼仪。

那么什么才叫作衣着得体呢？是否身着名牌服装就可称之为衣着得体了呢？其实并不是这样的。一个人的着装，首先要保持干净整洁，符合自己的身份；其次着装要随着环境而改变，在不同的时间、地点、场合，着装都应有所不同。当我们的着装符合了这些方面的要求时，就做到了"衣着得体"。

干净整洁是我们对着装的最基本要求。英格兰有一句谚语："整洁的服装是无言的介绍信。"不论多新款的服装，如果不干净整洁，都会影响穿着者的仪容。周恩来总理在着装方面为后人树立了一个得体潇洒的典范。不论在任何条件下，他都做到衣着整洁合体，姿态端庄，一举一动彬彬有礼。因此，就算我们衣柜里只有两三件衣服，而且并不是高档名牌，但只要使它们时刻保持清洁、平整，穿出来也能让人觉得端庄得体，落落大方。

另一方面，衣着服饰能反映一个人的审美情趣和修养，如果一个人的服饰能与自己的气质、职业一致，与自己的形体、年龄协调，与当时的气氛和场合相符，那将使得他更潇洒精神，更讨人喜欢，在社交上、事业上也更容易成功。

小余是财税专家，有很好的学历背景，常能为客户提供很好的建议，在公司里的表现一直很出色。但当她到客户的公司提供服务时，对方主管却不太注重她的建议，她发挥才能的机会也就不大了。原来小余在着装方面有明显的缺憾：26岁，身高147厘米、体重43公斤，看起来机敏可爱，但是喜爱着童装，看起来像个小女孩。由于外表与她所从事的工作相距甚远，所以客户对于她所提出的建议缺乏信任感，她也就难以实现自己的创意。后来有位朋友建议她用服装来强调出学者专家的气势，用深色的套装，对比色的上衣、丝巾来搭配，甚至戴上黑边的眼镜。小余照办了，结果客户的态度有了较大的转变。很快，她成为公司的领导之一。

衣着与人们生活、工作的关系很密切。每个人在日常生活和交往中都有特定的身份，着装就要符合我们的身份，起到为我们加分的作用。已故的英国戴安娜王妃，之所以受到全英国人民乃至世界上许多国家的人民的尊敬和喜爱，不仅仅因为她贵为王妃且有着一颗善良真诚的心，而且也因为她具有极佳的品位，她独特的发型和穿着的服装总能在全世界掀起一股股潮流。我们普通人虽然无法达到戴安娜王妃的高度，但也应当会根据不同的场合选择不同的服装，使自己与周围的环境相协调，来展示出自身的魅力。因此我们在穿着上要注意区分公务场合、社交场合和休闲场合，以此来选择自己的服装，体现自身的品位与修养。

### （二）举止要得体

外表的包装对现代社会来说，是非常必要的一项交际手段。但是我们不能捡了芝麻丢了西瓜，只在穿戴和外表包装上下足了工夫，却忘记了内在的修为，使得我们给人留下的深刻印象并非是美丽的外表，而是让人敬而远之的粗俗举止。

人的举止，在日常生活里时刻都在表露着人的思想、情感以及对外界的反应，社交礼仪因此将举止视作人类的一种无声的语言，又称第二语言或副语言。一个人的行为举止好似一面镜子，能反映出他的文化内涵、知识水准和道德修养。

优雅的举止就好像漂亮的服装一样，能起到装点门面的作用。如果能把优雅的举止与内心世界的良好修养结合起来，那就是一个非常优秀而备受人们喜爱和欢迎的人。所以，在社交生活中，举止是否优雅、得体就显得十分重要。

一个举止得体的人，首先在形体姿态上要坐有坐相、站有站态、走有走姿，这是行为上的礼仪形式；另一方面，要能够遵守公共场合的礼仪规范。很多人认为，个人行为举止是无关紧要的小节，并以"不拘小节"自称，把日常生活中不文明的行为举止当作细枝末节，不予重视。其实，文明恰恰是从我们的一举一动之中体现出来的，举止修养就是要从一些小事情做起。对于修养小节视而不见，久而久之，恶劣的小节，常会自然而然地养成习惯，最后造成恶劣的影响。我们时常会见到有的人在公共场所旁若无人地高声谈笑、大呼小叫；在电影院、图书馆等地方肆无忌惮地接打电话；乘车、购物、办事排队时随便插队；当众挖鼻孔、掏耳朵、剪指甲；有的人习惯在坐着时抖动双腿，或者让跷起的腿像钟摆似的来回晃动，连续不断地抖动腿脚还带动座椅一起抖动而影响其他人；等等。这些行为看似细枝末节，但却体现出我们的举止修养，影响了别人对我们的评价。

所以，在交往活动中，要给对方留下美好而深刻的印象，外在的美固然重要，而高雅的谈吐、优雅的举止等内在涵养的表现，则更为人们所喜爱。这就要求我们应当从举手投足等日常行为方面有意识地锻炼自己，养成良好的站、坐、行姿态，做到行为端庄、优雅得体、风度翩翩。如果你的举止不得当，纵使你有再好的口才，穿着再好的名牌服装，也会让人讨厌你，又怎么能够帮助你办事呢？所以，在社交场合，每一个人都应该有意识地注意自己的举止，做到行为得当，礼貌周到，充分体现出你的教养和风度。这样，才会给人留下一个良好的印象。

### （三）说话要得体

语言是在人际交往中最直接、最迅速的沟通方式，作为一种具体的表达方式，语言在不同的时间、地点和场合，面对不同的交往对象，可以传达出各种不同的信息和思想情感，从而产生不同的表达效果。因此，在社会交往中遵循一定的言谈举止礼仪，做到言谈举止文明得当十分重要。

说话需要看对象，分场合，但在很多时候被我们所忽略。"到什么山唱什么歌，见什么人说什么话"，自古已然。你和这个人谈话，可能会觉得"知心的话儿说不完"；但和那个人谈同样的话时，可能"话不投机半句多"。因为每个人都有不同的特点，在性格、心理、年龄、身份、习惯、爱好、知识面等方面存在着不同之处。假如对年逾古稀的老农推销化妆品和时装，对孩童谈论新闻时事，那无异于对牛弹琴，这样的谈话怎么可能继续下去？当庆贺婚礼，老人寿辰，小孩庆生，以及参加各类喜庆活动时，说吉利话是理所当然的。而非要说出："婚姻是爱情的坟墓"、"这么老了还有几年活头"、"这小孩子怎么长得丑啊？可能长大了就好看了"等，这些话虽然是实话，但是说得不注意场合，那真是叫人切齿痛恨。

我们来看两个例子：

有一次，一位香港老太太到武夷山旅游，一不小心裙子被荆棘划破了，一气之下，她一屁股坐在地上不走了。导游小姐这下为难了，队伍还要前行，无法留下来陪她，怎么办？突然导游小姐灵机一动，走到这位老太太跟前，满脸笑容地说："太太，您看，武夷山的荆棘也舍不得您走呢！"看见老太太脸上有了微微的笑容，她紧接着说："更好的风景还在后头呢！"这位老太太一听，马上站起来愉快地跟着导游继续往前参观游玩了。

一位心理保健教师应邀给少年犯上课，当他走上讲台时，不小心摔了一跤，引起哄堂大笑。这位教师不慌不忙地站起来，微笑着向大家说："这是我给你们上的第一课，一个人可能跌倒，但仍然可以再站起来！"结果迎来了一片掌声。

导游小姐和保健教师在面对困境的时候，由于善用语言的艺术，所以能够非常得体地化解尴尬的局面,解除了危机。

相反,如果导游小姐看到老太太不愿意走的时候,不耐烦地说:"老太婆,你再不走天就黑啦,耽误大家的行程你负得了责任吗!"如果教师面对哄堂大笑下不了台,恼羞成怒说:"笑什么笑,也不看看你们什么样子,全是小流氓!"那会造成什么样的结果呢?

讲话不但要注意时机场合,对象的亲疏、辈分,还有讲话的音调,用字的轻重,都要有分寸。没有拿捏好分寸,后果就会很麻烦。

子禽问墨子:"老师,一个人话说多了有没有好处?"墨子回答:"话说多了有什么好处呢?比如池塘里的青蛙天天叫,弄得口干舌燥,却从来没有人注意它。但是雄鸡,只在天亮时叫两三声,大家听到鸡啼就知道天要亮了,于是都注意它。"

青蛙与雄鸡的对比,形象地诠释了把握好说话分寸的利弊。说话空洞无物,没有实质内容,说得再多也没有人愿意听;说的话少,但是切中要害又恰合时宜,人们自然关注。同时也告诫我们,在把握好说话的内容之外,我们还要掌握说话的时机,该说的时候要说,不该说的时候不要口无遮拦,信口开河。

因此,话,人人能说,但不是人人都会说。说话的技巧不同,得到的结果也大相径庭。生活中,语言是非常重要的交际工具,交际中,运用语言是否得体,直接影响了我们的人际关系,甚至可能决定事业的成败。因此我们在社会生活中与人交流时,既要注意环境,也要注意对象身份,更要注意把握尺度分寸,同时还要考虑对方的理解接受程度等。作为交际中的语言,我们还要注意多说礼貌用语,多用敬语谦语,不说粗话脏话,不谈隐私禁忌。这样才能拉近人与人的距离,增加彼此的好感。在这个基础之上,再注意善用一些交谈的技巧,如对他人适度地赞美、表现自己的幽默感等,就更加能得到大家的尊敬和喜爱。归根到底,语言表达的恰当与否,不仅是一个人语文修养的问题,从较高的层次而言,更蕴涵着说话的人对人生的认识与阅历。生活的阅历多了,知识的积淀厚实了,语言的表达才能升华到一个较高的境界。

## (四)社交距离要适当

适当,指的是做事有分寸,交往的尺度把握得好。在与人交往的时候,分寸、尺度把握好了,做人做事自然就表现得得体、大方。

第一,空间距离要得体。

学者们认为人与人之间在交往时通常保持一定的空间距离。这种距离因个体之间关系的相容度不同而表现为空间距离的不同。美国人类学家霍尔认为"人际距离"可区分为4种:

亲密距离(0~0.5米),通常用于父母与子女之间、情人或恋人之间,在此距离上双方均可感受到对方的气味、呼吸、体温等。

个人距离(1.5~4米),一般是用于朋友之间,这样的距离可以感知大量的体语信息。

社会距离(4~12米),用于具有公开关系而不是私人关系的个体之间,如上下级关系、顾客与售货员之间、医生与病人之间等。

公众距离(12~25米),用于进行正式交往的个体之间或陌生人之间,这些都有社会的标准或习俗。这时的沟通往往是单向的。

大家都知道刺猬取暖的故事吧:

一群刺猬在冬天里冷得受不了,就想靠在一起取暖,但刺猬身上长有刺,每当它们互相靠得太近时,就会被对方身上的刺扎疼,离得太远又没有办法取暖,所以只好分开、靠近,再分开、再靠近。在试了多次之后,刺猬们终于找到了可以互相取暖,又不会被扎疼的最合适的距离,靠在一起度过了寒冬。

其实,人与人之间的交往不就像刺猬们取暖一样吗?既不能靠得太近,又不能离得太远。靠得太近,会让人觉得自身的隐私空间被侵犯;离得太远,又会显得过分生疏,不能取得良好的交际效果。因此,我们要注意把握好与人交往的"距离",才能做到进退得宜,举止得体。而对交往距离尺度的把握还要从交往的对象,交往的长度、深度,以及言语、行为的分寸等方面来进行。

第二,亲疏距离要得体。

譬如我们在与不同身份的人打交道时,就要注意对待上级领导和长辈,态度要谦虚、恭敬,不能没大没小;对待异性朋友就要注意保持适当的距离,而且说话的内容也不能太随意,以免造成误解。

小芳是一名大学毕业生,正在忙着找工作。她是学校的舞蹈队成员,身材高挑,性格开朗活泼,而且成绩也很不错。一次她到一个大公司面试,事先做了很充分的准备,自信满满。在进入到面试的办公室时,她的形象让公司的人事经理眼前一亮,感觉很不错。在接过她递上的个人简历时,人事经理扫了一眼,随口说道:"哦,你的身高有一米七,比我还高呢。"小芳立即笑着回答:"没关系,浓缩就是精华嘛。"人事经理听了皱了一下眉头,没有答话。

其结果是小芳没被录取。原因在于她在面试的时候,不自觉地拿人事经理开起了玩笑。她认为自己表现得很幽默,但是在人事经理听起来却觉得她对待上司不够尊重,没有分寸。因此,我们在与人交往时,如何能表现得活泼但是不轻浮,这之间的"度"是需要好好把握的。

> 待人处事,"过"与"不及"都有不足之处,我们要注意把握分寸,做到适度。

刚走进大学校门的大学生们往往带着良好的人际关系期望与同学交往,但由于不知道建立良好人际关系的正确方法,交往中由于语言艺术和技术技巧的缺乏,认知偏差、不讲究原则,结果常常搞得事与愿违,不仅同学之间弄得关系糟糕,同寝室同学之间更是问题重重。而有的大学生在毕业找工作时,笔试关通过了,面试关却没有通过,究其原因,就在于语言表达无艺术性、一些交际技巧不能够在面试中很好体现,导致在找工作的过程中屡遭挫折。古语说:"世事洞明皆学问,人情练达即文章。"这句话讲的就是人际交往。不论是在校园里还是将来从事任何工作,作为大学生都应当掌握好人际交往中的各项原则,学会处理各种人际关系,这样才能在社会交往活动中充满自信、游刃有余,从而扩大社会交往,更好地取得事业和人生的成功。

【问题思考】

1. 在人际交往中,怎么样才能做到平等待人?

2. 如果你向朋友借了一笔钱,到了约定的还钱时间,你却因为种种原因拿不出这笔钱,你会怎么办?

3. 小王和小张在同一家公司工作,向来不和。有一次公司因为一个项目,把这两人分到了同一个组,要求他们用一个月时间合力完成工作任务。如果你是小王,你在这一个月的时间内会怎么做?

第五讲　你需要:遵守交往的原则

**学习了本讲,你需要制订、实施自我能力促进计划**

| | 第一阶段 |
|---|---|
| 目标 | 我的目标: |
| 问题 | 我目前存在的主要问题是: |
| 行动 | 为实现阶段目标,我马上要做的事情是: |
| 评价 | 行动成效检查评价(　　年　　月　　日):<br>促进显著(　　)　　有所促进(　　)　　促进不明显(　　)<br>原因分析: |
| 提升 | 鉴于已取得的收获,下一步我需要做的事情是: |
| | 第二阶段 |
| 目标 | 我的目标: |
| 问题 | 我目前存在的主要问题是: |
| 行动 | 为实现阶段目标,我马上要做的事情是: |
| 评价 | 行动成效检查评价(　　年　　月　　日):<br>促进显著(　　)　　有所促进(　　)　　促进不明显(　　)<br>原因分析: |
| 提升 | 鉴于已取得的收获,下一步我需要做的事情是: |
| | 第三阶段 |
| 目标 | 我的目标: |
| 问题 | 我目前存在的主要问题是: |
| 行动 | 为实现阶段目标,我马上要做的事情是: |
| 评价 | 行动成效检查评价(　　年　　月　　日):<br>促进显著(　　)　　有所促进(　　)　　促进不明显(　　)<br>原因分析: |
| 提升 | 鉴于已取得的收获,下一步我需要做的事情是: |

这是一个真实的故事：

一天，一对衣着朴素的老夫妇来到哈佛大学校长办公室，等了数小时，他们才被允许见校长几分钟。

老妇人对校长说："我们的儿子曾经在哈佛上学，但是出意外去世了。我们想在校园里为他留点纪念物……"

"对不起，我无法满足你们的要求。如果每一个在哈佛上过学的人去世后都要在校园里留下纪念物，那校园不就成墓园了吗？"看着乡下平民模样的老夫妇，校长没有谈话的兴致，话没听完就断然拒绝。

老夫妇忙着解释："不，我们的意思是捐建一座大楼。"校长不屑地望着夫妇俩，冷笑着说："你们知道捐一座大楼要多少钱吗？"他俩摇摇头。校长倨傲地说："至少750万美元。"老夫妇听完，不言语了。

过了一会儿，这对老年夫妻说："这笔花费不是可以另外建一所大学吗？我们何不建造一座自己的学校呢？"校长听了，认为他们是在痴人说梦。

老夫妇起身离开了。不久，他们在加利福尼亚州建立了以自己的姓氏命名的大学——斯坦福大学。

——哈佛校长的几句话与一栋大楼有什么关系？为什么哈佛大学没有得到斯坦福夫妇准备捐建的大楼？

# 第六讲

# 你需要：掌握表达的适切

中央电视台著名节目主持人白岩松曾说："每个生命都需要表白。"表白就是人与人之间的一种沟通。

在这样一个你中有我、我中有你，彼此相互依存的大合作时代，人际沟通是我们生存与发展的客观需要。在沟通中，我们或表达情志，或交流思想，或传递信息。只有经过沟通，才能让别人了解自己，同时自己也才能了解别人。只有经过沟通，才能不断增进相互理解，减少或避免不必要的误会和摩擦。

沟通总是与语言表达紧密相联的。语言表达是人际沟通的主要方式，在人际交往过程中，语言表达能力直接影响着沟通的效果。良好的语言表达能为你的人际沟通铺平顺畅的道路，能帮你的交际书写和谐的篇章。

在实际生活中我们发现：能沟通并不等于会沟通。导致这种现象的一个重要原因就是语言表达艺术的缺失，它往往表现为人们面对面交流时不善于妥帖恰当地说话。在人与人的交往中，语言表达是否适宜、是否贴切，至关重要。注意语言技巧的运用，讲究语言表达的适切性，是我们与人交往所必须重视的方面。善于说话的人，他知道根据不同的对象、不同的场合安排不同的说话内容，选择不同的说话方式，即所谓"到什么山头唱什么歌"。

语言是一种符号，它可以传递人的感情与思想；语言是一种工具，它可以帮助人们获取与传递信息。正确地使用适宜的语言，良好地运用语言艺术，可以带来人与人之间的有效沟通，推动人际关系的和谐发展。反之，即便是用心良苦，言辞漂亮，也很可能产生隔阂，导致矛盾，使交往陷入僵局，甚至彼此结仇。俗话说"一句话说得人笑，一句话说得人跳"，这就从效果上揭示了语言表达的作用。

> 良言一句三冬暖，恶语伤人六月寒。

## 一、表达要分清语言的沟通层次

在与人交往的过程当中，谈话是必不可少的。细究起来，我们的谈话从沟通深度上可以分为三个层次，即闲聊——讨论——谈心。

第一个层次是闲聊。这是一种没有特定目的、没有确定主题的谈话。闲聊可以发生在陌生人之间，也可以出现在熟人当中。

闲聊在交际上是即兴的,参与谈话的人一般事前没有什么准备,见景生情,现想现说,往往是原始、初级思维的直接反映。对语言材料的使用有很大的随意性,一般不会做过多的选择和调整,表现出天马行空、不加修饰、自然粗疏的特点。

闲聊的领域非常广阔,可以上下五千年,纵横千万里。话题涉及社会各个行业、各类现象,深入到各个方面、各式人物以及各种心理情绪,过去、现在、将来的一切,无所不可以成为谈论的话题。而且,一般状况下的闲聊通常是没有什么具体限制的,谈论的话题、内容因人而异、因时而异、因地而异。话题可以扯得很远,甚至大幅度跳脱,即所谓"天上一句,地下一句"。闲聊中的人们有时说着一些不着边际的话,比如西方人见面喜欢说"今天天气真好!"中国人见面习惯问"吃过饭了吗"。有时聊一些公共话题,诸如"世界杯足球赛"等。这些话题都只是停留在表面层次,谈话内容并不深入。

闲聊具有多变性特点。表达自由、无拘无束、感情自然。谈话语体风格的多变性,突出地表现在话题的不断转移和语句之间的跳跃上。闲聊在一般情况下是随意的、即兴的、临时发挥的,而且还受到许多因素的限制,所以交谈时不可能选择深奥的语言形式,如生僻的词语,繁复的句子,练达的修辞方式,而是使用常用的词语、简短的句式、简易的修辞手段。再者口头交际是以顺利传达基本信息、交际成功为目的,而且交换的内容也多是零碎的、片段的、易变的,所以闲聊一般不讲求文采,不追求严谨、系统的表达目标。

从人际关系的角度来看,闲聊的作用是拉近交际双方(当然也可以是多方)之间的心理距离。陌生人通过闲聊可以成为熟人,熟人通过闲聊可以进一步发展关系。

对陌生人和仅止于一般认识的人,谈话不必深入,正所谓"交浅不可言深"。

闲聊应该特别注意对待传闻的态度和方式。所谓传闻,是一些似是而非、未经证实的小道消息,其中也可能包含恶意谣言。传闻往往是传"坏"传"奇",所谓好事不出门,坏事传千里。并且,传言在传播过程中一般都会发生变形。曾经有一幅漫画就传神地勾勒出了传言变形的状态:一字站开十来人,第一位对第二位说"老王死了鸡",传到最末一位口中说出来的竟是"老王死了妻"。由此可见传言变形的可怕。

传言对人际关系损害巨大。两个好朋友,甚至一对夫妻,由于听信传闻而反目为仇或分道扬镳的不乏其人。

真正聪明人对待传闻的态度应当是不信不传。

> 流言止于智者。

第二个层次是讨论。这是一种针对某个话题范围并有着确定主题的谈话。讨论一般是发生在熟人之间。讨论的内容可以十分宽泛,诸如政治、经济、科技、文学、人性以及关于各种社会问题的重大话题,当然也可以小到一场球赛、一次春游。参与讨论的双方或多方对所关心的问题发表自己的意见。

从人际关系的角度来看,讨论的作用是加深谈话双方的相互了解。通过对某一问题的讨论,交谈中各人的思想、意识、修养、品德、性格等都会不自觉地表露出来。这样我们就对交谈对象有了不同程度的了解,进而会做出与对方进一步拉近关系还是保持或拉开距离的判断。

值得注意的是,讨论难免会发生争论,如果最终意见趋于统一,见解逐渐一致,则人际关系变得和谐,最先主张并说服了别人的人往往会受到尊敬;如果意见分歧愈来愈大,甚至有人胡搅蛮缠、强词夺理，则可能反目成仇，人际关系趋向恶化。因此，在非原则问题上，一旦感到无法说服对方，意见不可能统一，即可就此打住，转移话题。"道不同不相为谋"。没必要为一些很可能无关紧要的事情，弄得大家不愉快，甚至闹僵吵翻，破坏了双方的关系。一般场合中宜注意避免争辩，争辩的成功者往往是做人的失败者。尤其是无谓的争辩只能让你到处树敌，让自己的人生之路越走越窄。

第三个层次是谈心。这是一种针对交谈的一方或双方心里隐秘的问题所进行的谈话。这类谈话最常见的是发生在亲密无间的朋友和亲人之间，但也可能出现在有工作关联的（比如上下级）双方之间。谈心是以信任为基础，以诚意为前提的。没有信任，没有诚意，"心"则无从"谈"起。

谈心是改善人际关系，缩短人际距离最有效的手段。

谈心可以分为表露性谈心、探究性谈心和交流性谈心。

表露性谈心是一方将自己内心的问题向对方表露出来，以求与人分享内心的喜悦，或者释放内心的苦闷，或者解决憋在心里的问题。

探究性谈心是一方对另一方的心理症结进行探究，以便帮助其解脱出来。

交流性谈心可以是双方相互交流对某些问题的真实想法，进而统一思想；也可能是双方心里都有纠结，于是相互敞开心胸，坦诚相告，从而冰释前嫌，重归于好。

这三类谈心有时是交叉在一起的。表露自己内心活动的目的也可能是为了引出对方内心活动的表露，通过交流而探究出对方的心理症结。

谈话是双方（或多方）情感意志互动的过程，互动是否顺畅、是否愉快，即谈话能否获得成功，取决于交谈者对自身、对谈话对象以及对彼此相互关系的了解。在不同的场合，面对不同的对象，我们的谈话将处于不同的沟通层次。在不同的层次上，话题的选择、思想情感的表露、言语表达方式的运用等需要我们有所认识、有所分析。只有准确把握各方面因素，并且善于因地制宜、灵活处理，才能恰当得体地进行言语交流，才能沟而相通、彼此受益。倘若能够相谈甚欢，则可愉悦情性，增长知识，凝聚智慧，建立起我们所期待的和谐人际关系。

> 语言表达是人际沟通的桥梁，说话艺术带来人际交往的力量。

## 二、表达要把握语言的人际距离

我们在前面说过一个"刺猬取暖"的故事。这虽然是编撰的寓言，却告诉了我们一个道理：与人交往需要保持一个合适的距离，太远太近都不行。

人际距离是带有普遍性的客观存在。至于人们常说某两人好得像一个人似的，其实也只是"像"而已，亲密无间是不存在的。就是一个人自己的表我和真我之间都会有距离。

有一门学科叫领域学。其研究指出：人们都有一种领域感。当交往对方进入你认为属于自己的领域后，就会刺激你的心理，使你对这一"进入"的含义做出判断：是表示友好、亲热，还是挑衅、侮辱；是无意识的"越界"，还是有意识的"侵入"。

我们每个人都拥有一个无形的自我保护圈。人们很形象地把这种势力范围称为安全范围。一般情况下,人待在自己的安全范围里就会觉得很安全,这个范围只有自己最亲近的人才可以接近。而一旦有人成功走进了他的安全范围,就可以证明他们是非常亲密的人。对于陌生人来讲,当你处于他的安全范围之外时,对方不会产生警惕和戒备心理;如果你走进他的安全范围之内,对方就会感觉到不安,并试图拉开彼此之间的距离。但当你已成功地进入了对方的安全范围之内,则往往会产生对方是自己亲密者的错觉。

人际距离的核心是心理距离,它可以表现为空间距离、时间距离和语言距离等。学者们现在还只是对人际间的空间距离进行了研究,对时间距离和语言距离还缺乏了解。

语言距离也可以称为语用距离,指的是交际双方在特定的交际环境中所感知和确认的彼此之间的关系密切程度。人与人之间在交往时通常保持一定的语言距离,这种距离因个体之间关系相容度的不同而有所不同。换言之,人们在运用语言进行交流沟通时,双方心里都会有一种距离感。这种距离感有着对语言表达的预期。交际双方对语言距离的预期如果重合一致,那么语言交流可以无心理障碍地进行;如果双方预期差异较大,则交流就会出现心理障碍,甚至不能进行下去。语言距离直接制约着语言表达。与关系不同的人交谈,哪些内容能说,哪些内容不能说,说到什么程度,用词的文雅粗俗,表达的繁复简洁,都是不一样的。在语言形式上,句式长短、语调柔亢、语速缓急、音量大小等,也都会有着不同的选择。人们在说话时的这些选择,实际上是在调配语言距离,使得语言表达适合自己所认定的双方距离。

语言距离可以区别为初始语言距离和交际语言距离。初始语言距离指在说话之前,说话人主观认定的彼此之间的关系所准备表现的语言距离。交际语言距离则是交际双方根据对方的话语通过协商所推定的语言距离。由此可见,相对于初始语言距离而言,交际语言距离是动态的,并且随着交际双方话语的变化而变化。例如电影剧本《十五桩离婚案的调查剖析》中有这样一段对话:

老年妇女:"我说这位大姐呀!我话说不到的地方你有文化,能听明白。我说大姐呀……"

审判员:"别叫大姐,称同志,或者叫审判员。法庭开庭,别叫大哥大姐的。"

法庭是庄严的地方,是最不应该讲人情的地方。这位老年妇女则使用了"大姐"这类拟亲属称呼语。其初始认定的语言距离是亲密关系的紧密距离(或者说她希望是亲密关系,以便获得对其有利的判决)。审判员适时地纠正了她的称呼,拉开了语言距离。通过这种协商过程,形成适合特定场合人际关系的交际语言距离。

同样,由于庄重的词语会使语言距离拉大,在日常谈话,尤其是交际双方关系较亲密的时候,就不宜使用。例如路遥的小说《人生》中,有这样一段对话:

高加林支支吾吾地对亚萍说:"有时间,我一定去广播站拜访你。"

"外交部的语言!什么拜访?你干脆说拜会好了!我知道你研究国际问题,把外交辞令学熟练了!"

男女之间互有好感,其语言距离应该比较小。可是,高加林使用了"拜访"这种庄重大词,其初始语言距离就显得过大了。难怪亚萍要讥讽他一番了。亚萍的讥讽实际上是在协商,为的是调整双方的交际语言距离。

语言距离可根据交际双方的人际关系分为如下类型:

## (一) 亲密关系距离

这种距离是在具有亲密关系的交际双方之间形成的语言距离。亲密关系距离有时表现为远近亲疏的横向距离,有时又表现为上下高低的纵向距离。而人与人之间处于亲密关系之中,其距离就缩到最小,近乎"亲密无间"了。亲密关系是指家庭成员和情侣之间,或者诸如闺中密友、"刎颈之交"的朋友之间的关系。具有亲密关系的人们相互信任、相互依赖、相互支持、相互包容,因而,他们的语言距离最为接近。他们在语言表达上往往不用客套,有话直说,不需雕琢。除非对长辈,一般也不使用礼貌语言。试想一对夫妻客客气气,礼貌有加,无形中就拉大了语言距离,破坏了夫妻之间的亲密关系。比如在王小鹰《一片深情》中有这么一段对话:

"美美,上我家去。"

"嗯?!"美美蹙起眉恼怒地看着我。

"哦——是我们家。"美美警告过我多次了,我家就是她家,我俩是一家。

"我家"、"我们家",二者所表达的语言距离就相差很大。

语言沟通能否顺利进行,取决于交际双方对话语内蕴的语言距离是否认可。

例如下面这个故事就很好地说明了这一点。

英国女王维多利亚,与其丈夫阿尔伯特感情很好。一天深夜,女王办完公事回到卧室,只见房门紧闭,她就敲起门来。

房内阿尔伯特问:"谁?"

女王回答:"我是女王。"

房门并没有打开。女王再敲,阿尔伯特又问:"谁?"

女王回答:"维多利亚。"

门还是没有打开。女王徘徊半晌,又敲,阿尔伯特仍是问:"谁?"

女王回答:"你的妻子。"

这时门才打开,丈夫双手把她拉了进去。

女王的第一次回答,是上下级关系,显示出的语言距离很大。第二次回答,是一般人交往的平等关系,语言距离还是较大。只有第三次回答,才表明其亲密关系,语言距离极小,而这才是其丈夫认可的语言距离。

我们再来看鲁迅先生的小说《故乡》中"我"与少时朋友闰土相见时的对话。

"阿!闰土哥,——你来了?……"

他站住了,脸上现出欢喜和凄凉的神情;动着嘴唇,却没有作声。他的态度终于恭敬起来了,分明的叫道:"老爷!……"

"水生,给老爷磕头。"

"老太太。信是早收到了。我实在喜欢的了不得,知道老爷回来……"闰土说。

……

"我"见到闰土时的兴奋之情溢于言表。一声"闰土哥",表明"我"认为我们之间的语言距离亲密度是很高的,而"闰土"并不认可这种亲密关系的语言距离。以至于"我"的母亲要"闰土"改用儿时的称呼时,"闰土"也不同意:"阿呀,老太太真是……这成什么规矩。那时是孩子,不懂事……"而"闰土"终究嘴上不离"老爷"两字。"老爷"的称呼,在当时的社会文化语境中礼貌程度是很高的,同时也显示了等级差距。这样一来,两人之间从小建立的亲密关系也就荡然无存,因此,"我"觉得"我们之间已经隔了一层可悲的厚障壁了"。这"厚障壁"就是语言距离的最形象的表述。

## （二）平等关系距离

这种距离是在具有平等关系的交际双方之间形成的语言距离。这是一种处于同一个平面上的距离。平等关系是指不具有隶属关系的同事、同学、老乡、邻居、陌生人和非亲密关系的熟人朋友之间的关系。无论社会地位、经济状况、事业成就有多大的差异，交际双方只要认可平等关系，其语言表达出的语言距离就是一样的。平等关系距离大于亲密关系距离。

平等关系距离，反映在语言情感态度上，要诚恳坦荡，平等相待，切忌不可一世、盛气凌人。我们来看看下面卖报人与不同的买报人之间的两次对话。

对话一

买报人："嗨，给份报纸！"

卖报人抬头望了买报人一眼，没出声，扔给了他一份报纸。

买报人把报纸挟在腋下，钱包里抽出一张10块钱的钞票给卖报人："找钱。"

卖报人一下抽走了那份报纸。

买报人吃了一惊，急道："你怎么回事？"

卖报人怒气冲冲地说："我不是专门给别人换零钱的！不卖了！"

结果买报人报纸没买到，还惹了一肚子气。

这段对话中，买报人第一句话缺乏必要的合适的称呼，态度傲慢，语气轻侮，让人感觉受到了蔑视。第二句话缺乏没给零钱的原因的陈述，似乎要找人还钱，这就让卖报人大为不满了。第三句话使用质问的方式、斥责的语气、急切的语速、宏大的音量。这就难怪卖报人"怒气冲冲"了。其实，这段对话反映了买报人和卖报人对两人之间的语言距离的认知差异。客观地说，双方处于交易活动之中，应该是平等关系的语言距离。而买报人认为卖报人社会地位不高，将泛化的社会等级关系移用到交易关系之中，于是错误地认为是等差关系，于是在语言表达上，上下拉大了语言距离。如果卖报人也认可这种等差关系，认可这样的语言距离，那么交际也会正常进行。问题是卖报人认为双方是平等的，只能有横向语言距离，并不认可纵向的语言距离，交际于是受阻。

对话二

买报人："老人家，我买份报纸。"

卖报人："好的。"边说边递给了他一份报。

买报人温和地说："老人家，对不起！我现在恰巧没有零钱，只有这10块钱的票子，不知道您能不能帮找一下零钱？"

卖报人挥了挥手，毫不犹豫地对买报人说："拿走看吧，等你有了零钱再给我。没有也没关系的，不就是几角钱嘛！"

结果买报人没花钱却看上了报纸，他心里也很感激卖报老人。

在这段对话中，买报人使用"老人家"的尊称，陈述没有零钱的原因，用商量的口气，就使得卖报人心里很舒坦。本来在卖报人心里就有自己虽然社会地位不高，但年龄比对方大，理应得到尊重的意识，且双方处于平等的交易关系之中，因而，对语言距离的预期也就趋向平等关系的人际距离。而这第二位买报人的言语表达方式也说明了他对二者间的平等关系距离的确认，两人对于语言距离的预期相同，于是交往进行得极为顺畅。

一位大公司的业务经理，在与另一家企业谈判出售产品时，发现对方是几位年轻人，随口便道：

"你们中间谁管事?谁能决定问题?把你们的经理找来!"

一位年轻人从容答道:"我就是经理,我很荣幸能与您洽谈,希望得到您的指教。"

业务经理顿时极为尴尬。

这位业务经理以貌取人,出言不逊,但没想到,谈判刚开始,就轻碰了一壁。他把"平等关系"误认为"等差关系",因此,语言情感态度表现得盛气凌人。他没能准确把握好语言距离,这对后续的业务谈判将会造成不良影响。

在与人交往沟通的过程当中,我们需要细致斟酌语言的表现形式,这样才能保持良好关系,或使关系获得进一步发展。在《说岳全传》中就有这样一个故事:

牛皋骑着马要到小校场去,不识路,看到路旁有一位老人,便在马背上高声嚷道:"呔!老头儿,爷问你,小校场往哪里去的?"老人听了,气得目瞪口呆,只是怒视着牛皋,不作声。牛皋走后,岳飞赶来,也遇见这位老人。他先是下了马,再走上前去把手一拱,恭恭敬敬地说道:"不敢动问老丈,方才可曾看见一个黑大汉,坐一匹黑马的,往哪条路上去的?望乞指示。"老人听了,便十分愉快地给岳飞指引了方向。

我们来看看不同的说话者的表达方式,在同一受话者那里的反应,从而进一步理解把握平等关系的语言距离的好坏,对人际关系及其交际效果的影响。

| 说话者 | 表达的方式 | 受话者 | 引起的反应 |
|---|---|---|---|
| 牛皋 | 呔!老头儿,爷问你 | 老人 | 气得目瞪口呆 怒视 不作声 |
| 岳飞 | 不敢动问 老丈 望乞指示 | | 十分愉快 指引了方向 |

这是礼貌原则在处理语言距离中的具体体现。无论词语的选择,还是语气的调配,牛皋和岳飞都截然不同。面对陌生老人,且还有求于他,牛皋居高临下,向下拉大语言距离;岳飞自降身份,使自己与老人处于平等状态,缩小了语言的纵向距离。老人所认同的语言距离是后者,所排斥的是前者,因而岳飞得到了老人愉快的帮助,而牛皋却受到了冷遇。

## (三)等差关系距离

这种距离是在具有等差关系的交际双方之间所形成的语言距离。具体表现为上下高低的纵向距离。交际双方由于客观存在的社会地位、学识修养、经济状况等方面的高低不同而形成了具有等级差异的人际关系,例如领属差距、学识差距、贫富差距、名望差距等。这种等级差异的形成与社会发展状况和个人努力程度密切相关。

社会等级差异必然会投射到语言表达之上,形成等差关系的语言距离。如何控制好等差关系距离是一个很值得研究的问题。社会的等差距离和语言的等差距离一般是重合的,比如人们常讲"说话要符合身份"。但是,我们也经常见到有着较大等级差异而平易近人、在语言表达上尽量缩小语言距离的人,例如下面故事中的曲啸先生就是如此。

有一次,曲啸到监狱里为服刑人员做报告。起初,他为如何称呼这些服刑人员犯了难:叫"同志们"吗?那是目标一致的工作关系的人际距离,这种语言距离不适合。叫"罪犯们"吗?这本来是相互认可的语言距离,服刑人员也不可能提出抗议,可是,到这里来演讲的目的就是要引导他们往正路上走,如果这么一叫,这种"超远距离",必然会影响他们的情绪,教育的效果就要打折扣了。叫"弟兄们"、"朋友们"、"老乡们",语言距离又过于亲近,也都不行。他斟酌了很久,终于想出了"触犯了国家法律的朋友们"的称呼。他在做报告的时候,第一句话就用它来称呼所有在场的服刑人员,结果全场响起了热烈的掌声,会场上出现了良好的气氛,报告取得了很好的效果。

曲啸选择的这个称呼,既点明了这些人员正在服刑的特殊身份,又表明了尊重他们的人格、把他们当成朋友来看待的意愿。曲啸是著名的演说家,有较高的社会地位和良好的社会声誉,他此时的交际对象则是触犯了法律、失去自由的罪犯,他们的社会等级差距是相当大的。如何控制好语言的距离,是曲啸需要认真考虑的。"朋友们"这个称呼亲切但所显示的人际距离颇为密切,这种语言距离完全背离双方的身份。"触犯了国家法律",传达出了双方社会身份有极大不同的信息,用它作为中心词"朋友们"的定语,则拉开了一定的语言距离。曲啸通过定语限制中心词的表达方式就很好地控制了语言的距离。恰当的语言表达令罪犯听来是既有距离感,又有亲切感,让他们在明确自己目前是服刑身份的同时,又能感受到社会对自己的尊重,这种感受对他们今后的改造将产生积极的影响。

人们对交际双方语言距离的认知如果出现错误,表达效果就会很糟糕,沟通就难以进行下去。对语言距离的认知,一是要明确语言距离的类型,二是把握语言距离的大小。我们来看看下面这位求职者对语言距离的认知吧。

有一位求职者,本来已经通过了主考官的考核。主考官告诉他:"请你在一周内等候我们的复试通知。"哪想到这位求职者很傲慢地"通知"主考官:"请在三天内给我答复,因为好几家单位都打算录用我。"一句话,所有的良好印象顿时烟消云散。主考官敛起笑容,冷冰冰地回答:"那就请便吧!"

应该说,这位求职者的学识水平和工作能力不差,不然也不会通过主考官的面试,然而他没有被录用。究其原因,主要是他对语言距离的类型出现了认知错误。他与主考官之间处于等差关系之中,于是,在语言表达的时候,他必须降低自己,适度拉开上下等差的语言距离。而他却误认为他们之间还没有构成上下级工作关系,因此,他们是处于平等关系,说话也就采用平等关系的语言距离。主考官的权威受到了挑战,还怎么可能录用这位求职者呢?

我们讨论了语言表达的三种语言距离,然而,人与人之间的关系是错综复杂的,表现在语言距离上也必然呈现出复杂性。有的交际双方在家庭中是朋友、是父子、是夫妻,在工作中是同事、是上下级,在不同的场合就要选择不同的语言距离。如果混淆了不同的语言距离,往往会造成沟通的失败。尤其是选用的语言距离要得到双方的认可,不然交际也会受阻,例如:

甲:我想以朋友的身份劝你几句。

乙:说吧!不管你是以朋友的身份还是以领导的身份说话,我都听着哪!

甲和乙既处于上下级工作关系中,同时又处于朋友关系中。这种双重关系是很普遍的。甲说"以朋友的身份"进行劝说,其意图是要拉近他与乙之间的语言距离,以期达到劝说的目的。但是,乙并不认可。这样一来,甲和乙之间的语言距离依然处于相对比较大的程度。可想而知,甲意欲缩小语言距离的努力没有成功,他的"劝说"行为不大可能获得预期的效果。

很多善于控制语言距离的高手,常常会根据实际生活工作的需要来改变语言距离,或是从小过渡到大、或是从大过渡到小,总之是通过调控语言距离的大小变化来为顺利开展工作、处理好人际关系服务。例如:

上级要派一个本不愿离开目前工作岗位的下级到另一个部门去工作,一位领导通过下面这样的谈话,很快就把工作做通了。

"这两天天气很好!"

"是的。"

"人在这种好天气里,心情也会感到格外愉快。是吗?"

"是的。"

"噢,你的家人怎么样?爱人、小孩都好吧?"

"是的。多谢您的关心,他们都还好。"

"你今年有四十了吧?"

"是的。今年九月满四十岁。"

"啊,祝贺你跨入不惑之年!你在本公司计划股干了十五年了吧?"

"是的。"

"那么,我们想把你调到审计股去,你没意见吧?"

"是的。没意见。"

这位领导先以朋友身份,然后才以领导身份进行谈话。先谈天气、心情、家庭、年龄,其后引入工作。也就是说他先选择平等关系语言距离,逐渐过渡到等差关系的语言距离。即使最后不得不采用等差关系距离,也使用"我们想把你调到审计股去,你没意见吧?"这样征求意见的表达方式,非常自然地把等差关系距离尽量缩小,从而消除对方的抵触情绪。

在现实生活中,随着人的身份改变,人际关系会相应改变,语言距离也可能发生变化。王蒙的小说《悠悠寸草心》中写道:

"老唐!"我叫了一声。

他看着我,疲劳压迫着他的身躯和眼皮,茫然地看着我,忽然,眼睛一亮:

"啊,啊,是老许,你来了?"他走过来,无力地拉起我的手。

"您,忘了我姓什么了?"我忧伤地、责备地看着他。

"对对对,啊,对,你姓李,不,你是老吕呀,吕师傅!看我,真是老了!"他埋怨着自己,低下头,现出额头的深深皱纹和不断增添的白发。

小说中的唐久远书记是文化大革命后官复原职的老干部,在"文革"落难时,得到了理发师吕师傅的多方照顾,两人建立了深厚的友谊,形成了朋友关系。可是再见面时,唐书记已官复原职,再见到吕师傅,已经想不起他姓什么了。朋友关系已经消失,他们又变成了官员和百姓之间的关系了。吕师傅从叫"老唐"到称其为"您",语言表达的人际距离显然就拉大了。

在人际交往过程中,我们需要注意分析与交往对象之间的关系类型,准确把握人际距离,在此基础上恰当选择语言的表达方式,这样才能更好地实现顺畅交流的目的。

> 认清距离说对话,才能让你的思想流入他人的心灵,让他人的智慧启迪你的人生。

## 三、表达要减小语言的摩擦系数

摩擦系数本是一个物理学的概念,我们借来表达人际关系出现的冲突强度。在自然界中,摩擦是不可避免也必须存在的;而在人际交往过程中,摩擦虽难以避免却应当尽量减少,它对人际关系的损害是显而易见的。人际关系中的摩擦,很多时候又是因为语言冲突造成的。

爱说闲话是造成人际关系摩擦的罪魁祸首。《金瓶梅》中那位伶牙俐齿、又好吃醋的妇人潘金莲，自恃能说会道，经常扒刺这个，取笑那个，又爱编个瞎话，有好几回气得西门庆要揍她："不看世界面上，把你这小歪刺骨儿，就一顿拳头打死了！单管嘴尖舌快的，不管你事也来插一脚。"

表达不当往往造成人际摩擦。一队科学家在野外露营。做饭的时候，厨师一时忙不开，就请一位女科学家帮忙切葱。请看这段对话：

"切多少厘米？"女科学家问。

"你看着办就可以了。"厨师很意外。

"那不行，没有尺寸，我没办法做到！"女科学家说。

厨师几乎崩溃，抓过菜刀三下两下切了扔到锅里。女科学家看了也很郁闷，指责道："你办事怎么可以这样随便？！"

此后，厨师再也不理睬她了。

这是不同行业的人做事的要求不同、风格不同造成的行事差异。只要沟通好就不会产生矛盾。厨师认为，切葱是生活基本技能，切的长短属于生活常识，况且也没什么严格规定，没必要说得很清楚。可是他忽略了其交际对象是一个受过严格训练的，同时并不会做家务的女科学家。而这位女科学家不仅缺乏生活常识，更不懂人际沟通。"你办事怎么可以这样随便？！"抬高的语调，指责的语气，并且还把"切葱"扩大到"办事"，变成了指责厨师工作态度不认真。你说，这位厨师的心理感受是什么呢？

话语一旦让人产生了不愉快，往往会给人留下深刻的印象。人脑不可能像电脑那样按一下"删除键"就霎时一片空白，有些话及其所带来的感受注定让人一辈子也无法忘记。

机器的摩擦耗费成本，人际的摩擦损伤心灵。

那么我们应当如何避免语言冲突，减小人际摩擦系数呢？

## （一）你需要宽容友善地表达

社会是个大家庭，人与人进行交往沟通其实质就是为了寻求相互支持。要想构筑真正坚实牢固的"支持"，它的基座应当是人们求真求善求美求和谐的心灵。缺乏来自心灵的力量，生命将失去神采。没有待人的真善美心性，难以获得社交的真正成功。

在社会生活中，职务、工种、经济状况的不同，只说明社会分工分配有别，并不意味着人格的差异，高者没有理由傲视他人，低者没有必要自我轻贱。无论经济、社会地位怎样高低有别，相互尊重、平等相待、严于律己、宽以待人都应当是做人的基本准则。这是真正成功交往的前提。

常说"言为心声"，这"心声"不应仅指主观上所表达抒发的心志情意，具体说什么、怎么说客观上还反映出一个人的品格修养。从言谈之中可见出一个人的品质心性，人们可据此决定是否与之相交或判断与其交往的层次。所以我们主张，在人际交往过程中，努力做到胸怀恭敬尊重之心，平等谦和待人，口出宽容友善之语，这样才能让你获得他人的尊重与信任，才能广交朋友、广结人缘。

## 第六讲 你需要：掌握表达的适切

1953年，周恩来代表中国政府慰问驻旅大的苏军。在我方举行的招待宴上，一名苏军中尉翻译总理讲话时，译错了一个地方。我方一位同志，当场作了纠正，这使总理感到很意外，也使在场的苏联驻军司令大为恼火。因为部下在这种场合的失误，使他很丢面子。他马上走过去，要撕下中尉的肩章和领章。

宴会厅里的气氛，顿时变得非常紧张。这时，总理温和地说："两国言语要做到恰如其分地翻译，是很不容易的，也可能是我讲得不够完善。"并慢慢重述了被译错的那段话，让翻译仔细听清，并得以准确地翻译出来，这样缓解了紧张气氛。

总理讲完话同苏联同志干杯时，还特地同翻译单独干了杯。那位翻译被感动得举着杯，久久不放。

周恩来身为总理，此刻面对一位普通的他国翻译官所表现出的胸怀与气度，让人特别能够感受到智者、伟人的神采。他温和说出的那番话，就是典型的友善宽容的言语。他把责任担到自己身上，非常自然而巧妙地消散苏军中尉翻译的紧张，并为中尉创造了修正失误、良好完成翻译任务的机会。这善言兼单独干杯的善举相结合，不但成功地化解了一场社交场合的危机，并且也树立起了一个令人由衷敬佩的外交形象及基本做人的形象。通过这件小事，我们不难理解周恩来总理为什么能够为世人所敬仰。试想，如果当时他只是重复强调我方人员所指出的翻译错误"这个地方我的确是这样的意思"，那么可能会带来怎样的结果呢？

> 智慧的艺术就是懂得该宽容什么的艺术。
> ——威廉·詹姆斯

人的心性是需要时时自省修养的，不然即便是富有才学的大家也可能出现做人失误、话语伤人的时候。

一次，苏东坡到金山寺与佛印一起坐禅。坐了一个时辰，苏东坡觉得身心通畅，内外舒泰，便忍不住问佛印："禅师，你看我坐禅的样子如何？"佛印看了一下苏东坡，点头赞道："像一尊佛。"苏东坡非常高兴。佛印随口也问东坡："你看我的坐姿如何？"苏东坡揶揄地说："像一堆粪！"佛印听了，并不动气，只是置之一笑。

苏东坡高兴地回家，告诉苏小妹说："我今天赢了佛印禅师！"苏小妹颇不以为然地说："哥哥，其实今天输的是你。禅师的心中有佛，所以才看你如佛；你心中有粪，所以才视禅师为粪。"

所幸苏东坡面对的是得道高僧，"佛印听了并不动气，只是置之一笑。"如果面对的是俗世朋友，自然免不了一番冲突。说不定会因此而反目成仇，老死不相往来了。所以，我们要时刻心存尊重恭敬，语言表达有善意，切不可以语言上占人便宜为快事。

从一个方面来说，语言运用的艺术实质是做人的艺术。我们首先需要把人做好，在此基础上才会把话说好。善言能滋润人的心田，是人与人顺畅交往结缘的桥梁。

美国著名心理学家、哲学家威廉·詹姆斯曾说："人类天性的至深本质就是渴求为人所重视。"这个"重视"就是指一个人的个体价值与尊严能够获得他人的承认与保护。所以，在人际交往之中，你务必做到以尊重他人为首要目标。如果你拥有足够的智慧，你会永远记住，在这社会上人格是平等的，每个生命都需要尊重。无论何时何地，无论你是怎样的身份地位，无论你处于怎样的境况,也无论对方与你是怎样的关系,当你能够真切做到恭敬待人、谦和说话,实际上就是在明确释放尊重、理解、宽容、友善的气息,这一切将产生出神奇的感化力量,在润物无声之间引来对方的心理变化。那么如水浇火,交往中的摩擦将可能自然化解。甚至非常可能因为有这美好氛围的存在,从根本上就避免了摩擦的出现。

> 心中有佛便会眼前见佛,胸怀善意才能口吐善言。
> 善意的表达是友谊的开始。

## (二)你需要明确通俗地表达

言语不明、措辞不当必定带来沟通的障碍,轻则引人不悦,重则激发矛盾,那么人际交往的和谐必定受到影响。表达思想、传递信息、交流感情是人们语言交流的重要目的,因此,表意的明白准确是言语表达的最基本要求。

很多人听过这样一个故事:

一个人请几位客人喝酒,等了半天到了其中六位,还有人未到。他自言自语地说:"该来的不来!"先到的有两人心想:"这是说我们不该来了。"然后悄悄地走了。他转了一圈回来看到这情况,着急地说:"不该走的走了。"又有两人想:"那么我们是该走的了。"于是也伺机走了。这时他更着急地说:"该来的不来,不该走的又走了。"终于最后剩下的两位客人也气呼呼地走了。

主人每次说话都完全是出于好心,但话在客人那里却极不中听。本想热心待客,客人却相继离开。关键原因在哪里?"该来的不来"似乎意味"不该来的来了","不该走的走了"似乎表明"该走的却没走","该来的不来,不该走的又走了"似乎强调"余下的人既不该来而且现在该走"——主人的几句话让人听来有话外之意、弦外之音,表意的不明确引来了客人的误解。本来好意安排的聚会却因言语表达的失误变成了人际交往危机的导火索。

此外,在一般场合的言语交际中,我们要充分重视语言表达的约定俗成性,具体表现为尽可能使用通行的词语、大众化的表达方式。让语言表达通俗化,这也是避免误会曲解、消除人际摩擦隐患的要点。

要看对象说话,不是同一领域、同一类群的人,应当尽量避免使用专业化的术语、类群性的表达与之交流,否则,对方很可能会因对语言中某些词语的理解不同而产生误会,从而形成语言冲突,造成人际摩擦。

有一次看体育频道,正好看到辽宁队教练、中国篮坛备受尊敬的老帅蒋兴权在客场山东临沂的赛后记者招待会上大光其火,厉声训斥一位记者。辽宁队此番客场挑战山东不是以11分优势取胜了吗?而取胜了还如此怒气冲冲,定有忍无可忍之因。原来,当地一家媒体竟将他称为"骨灰级教练"。在记者招待会上,他当然要与这位记者、这家报社"理论理论":"今天我看了报纸,他们居然说我是'骨灰级教练'!我不知道他们是什么意思,我从来没有听到过这种说法,恐怕世界上都没有'骨灰级教练'一说。这位小伙子,你们在报纸上这么公开说话,可是折我的寿啊!"

那位年轻记者连连解释道:"不是那个意思,我们那么说是尊敬您。""什么?有这么尊敬的吗？骨灰啊，那是死人才有的。咱在这里把话挑明了，谁比谁先死还不一定呢！你们说我是德高望重，但也不能说我是骨灰级吧？"

这就是人们对"骨灰级"这个词语的理解不同所造成的摩擦。不懂网络游戏的人认为"骨灰级"分明是最恶毒的咒骂，怎么会是对人尊敬呢？而了解网络游戏的人却知道，"骨灰级"是网络游戏中对人的最高评价！它是形容一个人对某一派、某一事业最最忠诚，无论成败，就是变成骨灰也不背叛，练级练到"骨灰级"就是最高境界了。从这一个方面看，报道的记者并没有错，之所以引来蒋兴权教练的恼火，是因为报道使用了网络语言"骨灰级"，而不玩网络游戏的蒋兴权教练不解其意。

可见一般情况下，使用还没有广泛流行的地域方言、社会方言和网络语言进行交流，如果缺乏必要的注释性的表述，往往会因为误会而造成不必要的人际摩擦。

表达的个性化是很需要的，它可增添话语的色彩与力量，但有一个不可忽视的前提，就是要让听者能够听得懂。听懂是接受的必要条件，否则你的表达越是个性化则越可能拉大听众接受心理的距离，结果是说者好心而听者反感，引发不必要的人际摩擦。"骨灰级教练"的故事就是个典型。

> 话是说给别人听的，你需要站在听话者的角度来考虑说什么、怎么说，否则他可能会制造出障碍阻止你的善意交流。

## （三）你需要委婉艺术地表达

构建和谐人际关系的一个基础是交往的各方彼此之间不相伤害，这就需要我们在尊重、宽容待人的同时，注意交往技巧的使用。有的人虽然待人心胸态度不错，却可能因言语的过于直白、锋芒毕露，不经意间伤人自尊，侵犯人格，轻则令人不快，重则引人忌恨甚至激人心生报复。因此，委婉艺术地说话，维护他人的自尊，减少对他人的伤害，是我们在一定场合处理问题（尤其是一些本身内含"冲突"分子的问题）时有效减小人际摩擦系数的手段。委婉的语言、艺术的表达往往可以消解矛盾，平息纠纷，化干戈为玉帛。

当年，通用电气公司面临一项需要慎重处理的工作：免除查尔斯·史坦恩梅兹担当的某一部门主管职务。史坦恩梅兹在电器方面有过人的天分，但担任计算机部门的主管却是彻底失败。不过，公司却不敢冒犯他，公司绝对少不了他——而他又十分敏感。

一天，杰克·韦尔奇把史坦恩梅兹叫到他的办公室，对他说："史坦恩梅兹先生，现在有一个通用电气公司顾问工程师的职务，你看这项职务由你来担任如何？我暂时还找不到合适的人来担任这项职务。"史坦恩梅兹一听，十分高兴："没问题，只要是公司的决定，我乐于接受。"通用公司的高级人员也很高兴，他们温和地调动了这位最暴躁的大牌明星职员的工作，他们的做法并没有引起一场大风暴，因为他们让他保住了面子。

所谓委婉艺术地表达，就是不直陈本意，而是根据特定需要使用婉转曲折的方式进行交谈，以避免对他人自尊造成伤害，推动事态向积极方向发展。查尔斯·史坦恩梅兹是个自尊心很强的人，但为了公司的发展必须将他从不胜任的岗位中调出。处理这项事务，公司总裁杰克·韦尔奇跟他的谈话来得非常艺术。杰克·韦尔奇完全避开其在原岗位能力不足的原因,而是从公司需要用人所长的角度来谈,让查尔斯·史坦恩梅兹感到自己的价值所在。这个委婉的表达很好地保住了查尔斯·史坦恩梅兹的面子,维护了他的自尊,在没发生任何麻烦的情况下让公司的决定得以执行。

为了进步发展,在生活工作中对错误进行批评指正是非常必要的。但根本指向人们行为做事缺陷的特质,使得批评成为一种极易带来矛盾的行为。

怎样才能在修正错误与和谐共处之间找到平衡以免顾此失彼呢?

有人喜欢语带锋芒、直言抨击,以为这样才显出正气,或认为惟有这样才能直指问题核心,鞭辟入里。殊不知很多时候这锋芒毕露、直白的言语有如利刃,会刺伤人心,令人怨愤甚至生恨。因此我们说:批评更要讲究艺术。

面对他人的错误,用事实说话,尽量避免情绪化的语言是一种良好的批评艺术。

比如下属有错,指出事实就行,不要用情绪化的语言去指责,以免激发矛盾。我们对比下面两种表达:

"小王,你看这里是不是有问题?你把它改一下吧。"

"你怎么搞的?这么简单的算术都不懂。想害我出丑是不是?"

如果你是这位"下属",你愿意听哪句话呢?前者采用提问、商量的方式,比较委婉平和,听者易于接受;后者是语势激烈的训斥,刺激人心。更重要的是,前者为针对"事"指出错误,后者则是针对"人"进行呵责。要知道,一旦否定目标指向人,哪怕程度再轻也常会令人不快,所以批评要注意对事而不对人。就此进一步分析可发现,"这么简单的算术都不懂"还包含着对小王的一种评判:"能力低下"。这更深一层的否定必定大大伤害其自尊心。这种对人评判性的批评极易引起对方的羞愤,激发其内在的反抗,当对方本能启动心理保护机制的时候,交往危机便暗自生成,摩擦系数陡增。因此任何时候批评的话语切忌暗含"从你做的这件事就能看出你这个人怎样"之意。轻易抓住他人某个失误而对其品德、能力判断是愚昧、危险之举。

真理是要维护的,错误是要修正的。如果明见错误必须指出,委婉的表达将会把你的意见平和地送达他的心中。"你觉得那样做妥当吗?""你是否可以考虑一下这样来处理……"以委婉迂曲的方式取代直接的批评是明智的选择。这样既可提示错误又可保全其尊严,对方易于接受,所带来的结果应当是与你合作而不是恼怒对抗。所以即便你是好心助人改正错误,也要为人设身处地想一下,艺术地表达你的建议,避免不愉快场面的出现。

在美国经济大萧条时期,一位姑娘好不容易才找到一份在高级珠宝店当售货员的工作。圣诞节前一天,店里来了一个三十岁左右的贫民顾客,他衣着破旧,满脸哀愁,用一种不可企及的目光,盯着那些高级首饰。

姑娘要接电话,不小心把一个碟子碰翻,六枚精美绝伦的钻石戒指落在地上。她慌忙捡起了五枚,但第六枚怎么也找不着。这时她看到那位男子正向门口走去,顿时意识到戒指被他拿去了。当男子将要触及门柄时,她柔声叫道:

"对不起,先生!"

男子转过身来,两人相视无言,足有几十秒。

"什么事?"男子问,脸上的肌肉在抽搐。

"什么事?"他再次问。

"先生,这是我头一回工作,现在找个工作很难,想必您也深有体会,是不是?"姑娘神色黯然地说。

男子久久凝视着她,终于一丝微笑浮现在脸上。他说:"是的,的确如此。但是我能肯定,您在这儿会干得不错。我可以为您祝福吗?"他向前一步,把手伸给姑娘。

"谢谢您的祝福。"姑娘立即伸出手,两只手紧紧地握在一起,姑娘用十分柔和的声音说:"我也祝您好运!"

男子转过身,走向门口。姑娘目送他的身影消失在门外,转身走到柜台,把手中握着的第六枚戒指放回原处。

对于一般人而言,面对这种显而易见的盗取行为是有足够理由放言斥责的,但这位姑娘选择了不同的方式,是委婉的交谈帮助她智慧地取回了钻戒。她体谅男子失业贫困的痛苦,以宽容仁爱之心面对他的错误行为,言语之中给予对方最大程度的尊重,最后得回的不仅是钻戒,还有更为可贵的赞赏与祝福。而那位男子则因为姑娘的宽容尊重与艺术的言辞,勇敢地面对自己的错误,并送上了真诚的赞美。这是一个给人美好享受的故事。

> 维护他人的自尊是一种富有修养、智慧的表现,任何人都没有权利去做任何事、说任何话以伤害他人的自尊。

## (四)你需要幽默机智地表达

在人际沟通中,幽默很多情况下成为减小人际摩擦系数最为有效的手段。它往往可以使紧张严肃变得轻松活泼,可以让冲突矛盾转化为温馨和谐。幽默机智的言语表达有如润滑剂,可有效地降低人与人之间的摩擦系数,使人们从容地摆脱沟通中可能遇到的困境。

《新疆经济报》曾刊登过一篇文章《丈夫眼中的潘晓玲》,有这样两段话来描写妻子的语言幽默:

有些时候约好了和家人一起吃饭,她总会因为各种原因而迟到,我很不高兴的时候,她就会说:"王书记,你差不多就行了吧。你年纪比我大,你是当哥哥的人,就来晚了几分钟,就不要计较了吧。"(因为我在大学里是团支部书记,她在开玩笑的时候总叫我王书记。)

她也觉得我很辛苦,在过年的时候,她会假装一本正经地对我说:"王革同志,你是一个好同志,我个人正在给你写一封感谢信,3天以后派人送到,请注意查收。"或者说:"王书记,你太忙了,干了这么多活,还一分钱不要,你是个好同志,我们下回开个表彰会吧。"在她偶尔有时间和家人聊天的时候,她经常用广东话说一些笑话给我和女儿听,还让女儿收集一些笑话讲给她听。

潘晓玲因工作的繁忙常常难以顾及家事,但她幽默的言语不但能够化解潜在的矛盾,而且还营造出了温馨的家庭气氛。被潘晓玲称为"王书记"的是她丈夫,有时即使妻子迟迟不回家而心生一点怨气,往往会被她富于幽默感的言语化解掉。妻子的幽默驱散了丈夫心头的阴霾,家中是乐趣常在。这种乐趣是一种健康、高尚的情趣,是要靠语言来塑造的。正是这种幽默语言感动了对方的心灵,激起对方情感的波澜,使对方感受到爱的芬芳。爱的成功与家庭的和睦,常常来自于语言艺术。你看,有这样言语幽默的妻子,家庭里还会吵架吗?

当你表达不满的时候,采用幽默的方式可以让对方愉快地满足你的心愿。

一位顾客买牛奶,售货员只给了他半杯。顾客对售货员说:"请给我一把锯子!"

"要锯子做什么?"售货员不解地问。

"把这杯子上面空着的地方锯掉,这样就成了名副其实的满满一杯了。"

售货员一边笑,一边又给他加满了杯子。

即便是不满,幽默机智的话语仍旧传达出一种温厚和善意。如果直接抗议,也许售货员也会给他加满杯子,但两人的心情是不是会很糟糕呢?糟糕的心情当然会影响彼此关系和谐。

当你拒绝他人的时候,采用幽默的方式可以将摩擦系数减到很小。

有一次,一位读过《围城》的美国女士来到中国,打电话给钱钟书,说她很喜欢《围城》这本书,很想拜见此书的作者。钱钟书一向淡泊名利,不慕虚荣。他在电话中婉拒道:"假如你吃了一个鸡蛋觉得不错的话,又何必一定要见一见那个下蛋的母鸡呢!"

在此,钱钟书先生以类比的方式,幽默的语言明确拒绝了那位美国女士的请求。这种幽默机智的表达方式既维护了那位女士的自尊,又避免了不必要的麻烦。

当你进行批评的时候,其实也可以巧妙地运用幽默的方式,它可以让言辞变得不那么刺耳。

在一次会议上,张教授遇见了一位文艺评论家。互通姓名之后,张教授连忙说道:"久仰久仰,早知道您对天上的星宿颇有研究,是位知名的天文学家。"评论家听后先是一愣,继而哈哈大笑:"张教授,您可真会开玩笑。我是搞文学评论的,不研究什么天文现象。您弄错了。"张教授正言答道:"我怎么跟您开玩笑,在您发表的文章里,我经常看到您不断发现了什么'著名歌星'、'舞台新星'、'文坛明星'、'影坛巨星'等众多星宿,想来您一定是个非凡的天文学家。"

张教授看不惯那位文艺评论家"捧星"的做法,但他并不是犀利地表达自己的反感,而是幽默地把对方称为"天文学家",这样的批评方式令人即便有"火"也难以燃烧,思索进去将心领神会。

顺势利导,画一条语言的延长线,用幽默机智化解尴尬怨怼,可以使人际摩擦化为无形。

司马俊,一位很有教育教学经验的老师。新学期开始,学校安排他带一个最乱、最差的班级。这个班的学生只知道他姓司马。第一天进教室,他看到讲台上放着一块木板,上面写着"司马老师之墓",他有思想准备,很快抑制住心中的怒火,冷静地看着同学们。稍停片刻,他慢慢地拿起那块"灵牌",对同学们说:"同学们,全体起立!"同学们都以为老师一定会狠狠地训他们一顿,都陆续站起来,低着头。司马老师以沉闷的声音说:"让我们以极其沉痛的心情对司马老师的不幸表示最真诚的哀悼!我提议,全体默哀一分钟。"以前,别的老师碰到这种情况,不是大发雷霆,就是掉头就走。司马俊的这一举动让同学们大吃一惊,个个面面相觑,接下来,司马俊故作惊讶地说:"司马老师是谁呀?"停了片刻,他指着自己的鼻子说:"司马者,想必就是这个台上新任老师也。他没想到你们还这么敬重他,还给他立了个'灵牌',他在九泉之下得到消息很快就起死回生了。现在他就站在你们的面前,向大家表示道谢了!"说完,他还真的给同学们深深地鞠了一躬。这一下,同学们都笑了,笑声中充满着愧意、歉意和敬意。从此,司马老师不仅把这个班带下来了,而且还使班风、学风有了明显好转。

这位司马老师善于减小语言摩擦系数。调皮捣蛋的差班学生,以捉弄老师为乐。这个时候,应该说司马老师是受到了人格侮辱。倘若司马老师采用一般老师通常的做法,大发雷霆、严加追查、讥讽训斥、重重处罚,那么,摩擦系数会陡然加大,师生之间的关系会变得极为紧张。而这位司马老师却很聪明地划了一条语言延长线,以幽默把学生们调皮的捉弄引向荒谬,以机智化解了尴尬,从而避免了可能的摩擦,在笑声中和谐的师生关系正在建立。

拿出你的智慧,幽默机智地表达,你将发现一种令人愉快的神奇力量在为你营造美妙的交往氛围。

> 生活中没有哲学还可以应付过去,但是没有幽默则只有愚蠢的人才能生存。
> ——普里兹文

## 四、表达要调配语言的情感色彩

与人作言语交流是一种富有现实价值而又饱含感情的精神活动。在特定场合中,我们使用语言的意义往往是明显的,它可以传达自己对生活的理解、希望与热情;我们使用语言的目的往往也是明确的,它可以通过个人价值观念、情感意图的渗透实现感动、感化他人的愿望。

因此,理想的言语交流状态就是你要把话说到对方的心里去,让他能够打开心灵之门,承接你思想情感之流的荡漾。

要达到这个目标,且以对方是个"人"为基本前提。既然是"人",则意味着有思想,有情感,有尊严,有需求,有丰富的内心世界。那么,无论对方是怎样的身份,你有怎样的地位,你都需要自觉地保护其作为人的特质,真诚地尊重其人格尊严,不管他与你是怎样的关系,无论他是否符合你的理想要求。你需要在这个基本前提之下对自己的言语行为进行设计、调整,才有可能把话说得入心,从而形成理想的交际氛围。

另一方面我们需要知道,人在大多时候是较为感性的。尤其在特定的情境下,人的行动往往服从于感觉、心绪、情感的指令而并不完全出于理性的思考。所以在言语交际过程中,我们在怀有尊重之心的同时,还要注意尽量保持自身的冷静,以理性之思面对感性十足、情感丰富的交流对象,让自己的言语源自理性的思考,让理智得体的话语如涓涓流水自然淌入对方的心田,让他感动,让他冷静,让他思索,让他自觉走向理想的状态或自主实现你的目的。

所谓语言表达的适切,一个重要的意义就是你的话语能够适宜对方的心理特性,能够拨动他的心弦,为其喜闻乐听,让对方在感动之中与你良性互动。因此,在言语交际场合,我们还要善于根据听话者的身份地位、心理情绪、境况遭遇等等来选择话语内容、调整表达方式,让自我鲜明的情感意志渗透其间,凝成特定的情感色彩,营造富有感化力量的情境氛围,从而有效激发你所期待的、听话者或隐或显的意志,产生积极的效应,实现交流沟通的顺畅和谐。也就是说,成功的言语交流是需要注意调配语言的情感色彩的。

要想能够很好地调配语言的情感色彩,我们可以尝试从以下几个方面加以注意:

### (一)说话考虑对方的身份境况

特定的身份、处境可以影响人的整个精神活动,形成他在不同场合的情绪状态,从而直接影响着言语交流的效果。

请看古典名著《红楼梦》的这段描写:

探春、湘云才要走时,忽听外面一个人嚷道:"你这不成人的小蹄子!你是个什么东西,来这园子里头混搅!"黛玉听了,大叫一声道:"这里住不得了。"一手指着窗外,两眼反插上去。

原来黛玉住在大观园中,虽靠着贾母疼爱,然在别人身上凡事终是寸步留心。听见窗外老婆子这样骂着,在别人呢,一句是贴不上的,(在黛玉却)竟像专骂自己的。自思一个千金小姐,只因没了爹娘,不知何人指使这婆子来这般辱骂,那里委曲得来,因此肝肠崩裂,晕了过去。

大观园一个普通杂役婆子在教训自己还是小毛丫头的外孙女,不让她跟着进园子玩,本与黛玉毫不相干。但黛玉背井离乡、寄人篱下的身份境遇形成了她多疑、敏感、脆弱的性格心态,以致此刻产生大误会,几乎要了她本已弱如游丝的性命。在这里看园婆子与林黛玉虽然不是直接交往的双方,但这个情境却典型地说明了身份境况对人物心理情绪的影响,以及这种心理情绪对受语者的作用。这对我们的言语交际行为应当有所启示。

往往同样一句话,在不同人听来可以生出完全不同的感受。有时是言者无意而听者有心,但我们为什么不能在交往之中关注一下对方的身份、境况,体察一下对方由此而来的心理情绪,在话语出口之前多几分理性多几分考虑,做到"言者有意"呢?

从前述可知,一个人不论是怎样的身份地位,他都有着作为人的所有特质,有着一个丰富的情感世界。不管是处在怎样的境地,他作为人的基本精神、情感、意志都会牢固潜存。所以无论何时何地,面对怎样的交往对象,我们说话都应注意考虑对方特定的心理感受,据此调整自己的言说方式与情感,让听说双方找到一个精神情感的接合点,这样才能收到良好的交际效果。

我们不妨看看俄国著名作家屠格涅夫与乞丐的一次交谈,细致品读或许你能体会到这一点。

屠格涅夫有一次出门散步,遇到一个乞丐向他乞讨,他摸了摸衣袋,发现没带钱,于是满怀歉意地对乞丐说:"兄弟啊,对不起,实在对不起,我没带吃的,钱包也丢在家里了。"

乞丐听后大为感动,一下子紧紧地拉住屠格涅夫的手说:"谢谢你,太感谢你了!"

屠格涅夫惊奇地问:"你谢我什么呢?"

乞丐回答说:"我原来只想找点东西吃了就去自杀,没想到你称我兄弟,还表示歉意,你让我感到了人间的温暖,给了我活下去的勇气!"

乞丐,一个为社会所抛弃的卑微者,生活困境中的绝望者。就是一句"兄弟"的称呼,让他激动不已,倍感温暖,获得新生。作为一个有着良好修养的智者,屠格涅夫理解这位为一般人所不屑的人需要同情、需要帮助,同时作为一个"生命",他还需要基本的尊重,因而正如他自然的施与救助行为一样,他充满平等、热情、博爱的言语自然流出。正是这种蕴含着特质情感的言语让乞丐在极度的困境中感受到了人间依然美好,于是重新燃起了生活的希望。对于处于绝境中的乞丐而言,看似普通的一句"兄弟"具有神奇的情感力量,为他在心灵上营造了一个充满魅力的精神世界。

反之,如果不能时时怀有尊重之心,不能在任何场合注意理解体会他人内在精神需求,说话不能考虑对方因特定境况而生的特殊心理感受,不注意话语可能带来的听话者的情绪反应,就很容易制造出沟通障碍,使人际关系趋于紧张甚至产生莫大危机。

我们再来看看一句话给自己带来杀身之祸的例子:

"有的员工学历高,但没本事,有本事你还在这里做普工?"因这一句话,25岁的大学毕业生李宗熙认为厂长是在羞辱他,将其杀死。(大洋网·广州日报2010年8月6日报道)

这个1984年出生在广西恭城县的大学生,为什么要杀死厂长?除了他法制观念淡薄、心理不健康之外,还与这位厂长说话不考虑听话者的心理感受、话语尊重质素缺失有着直接的关系。毕业不久正是意气风发的时候,对未来的憧憬与眼前做普工的现实所形成的反差应当在这位大学生心中投下一定的阴影,于是厂长轻视的话轻而易举地击碎了他脆弱的心理防线。看似普通的一句话与人物特定境况、心绪交互作用转化为巨大邪恶力量,这必定是厂长始料不及的,然而悲剧是真实地发生了。这当然是一个极端的例子,但也很好地说明了说话要注意交际对方的身份境遇,其实也就是要注意由此而带来的特定心理感受、情绪心境。如果那位厂长能够根据李宗熙的境况心理调整一下说话方式,让言语多几分尊重、多几分关爱,悲剧完全可以避免。

我们强调说话要注意对方的现实境遇,表达要注意对方的情绪心境,并不意味着只是简单地沿着对方的情绪思路往下走。交际双方常常会观点不统一,看法不一致,或者你需要改变对方的想法,消除其不良情绪,让对方心理情绪依照你的意志朝着积极方向发展,那么就不能采用与对方相同的情感语气。

陈姐:唉,人要是倒霉,喝口凉水都塞牙,我返城回来好不容易找到个工作,现在又赶上下岗,这往后的日子可怎么过啊!

张欣:发愁管什么用,老天爷饿不死瞎眼的雀儿,天塌下来有地接着。走一步看一步,车到山前必有路。现在咱生活是难点,可没有爬不过去的山,没有趟不过去的河。最多就是去捡破烂,本小姐是属虾米的,能直能弯。俗话说得好,三百六十行,行行出状元。说不定咱丢了铁饭碗,还能捡回个金饭碗呢!

"陈姐"失业了,为今后的生活愁苦不堪。这种沮丧愁闷的负面情绪,一开始就笼罩着谈话的双方。如果"张欣"陪着她哀叹流泪,就会把"陈姐"引向绝望而不可自拔的境地。"张欣"关心而不苟同,她是根据对方当时的境况、心绪特征而特意以乐观的心态、生动的俗语、新奇的比喻进行引导,充满生活热情、格调明朗的话语很好地调配了交谈的情感氛围。话语入情入理而入心,达到了说服劝慰"陈姐"的目的。

## (二)说话符合对方的心理特征

平常生活,每个人(特定群体)都会有着自身相对稳定的、一般性的心理特征,这为我们的言语交际提供了较为便利的参考条件。也就是说,一般情况下我们可以根据这种具有一定规律性、普遍性的心理状态来设计语言表达,让言语的情感色彩能够与之相应合。

卡耐基曾租用某宾馆大礼堂讲课。有一天,他突然接到通知,经理要把租金提高三倍,于是,卡耐基前去与经理交涉,他说:"我听到这个消息有点震惊,不过我可以理解,因为如果我是您,我也会这么做。作为宾馆的经理,使宾馆尽可能赢利是您的职责。"那位经理连连点头,表示感谢卡耐基的理解。紧接着,卡耐基为他算了一笔账:"您将礼堂用于办舞会、晚会,当然会获得更多利润。但您失去了我,也等于失去了成千上万有文化的中层管理人员,而他们光顾贵宾馆,是你花几千元也买不到的活广告。请您再考虑一下,哪样更有利呢?"最终,经理被他说服了。

戴尔·卡耐基,世界著名口才艺术家。在此他成功说服宾馆经理的关键原因之一,就是他敏锐地把握住了对方作为"商人"的"这一个"(其实也是"这一类")的基本心理:追求经济利益的最大化。然后巧妙地通过设身处地为对方考虑的方式,让自己的话语在理性分析利益得失的同时充满理解关心的色彩。卡耐基不愧为言语表达大师,他在不动声色之间让自己的话语拥有一份扣动心弦的力量，因而迅速赢得对方的信任和好感，心甘情愿地接受了他的建议。于是双赢的结果出现。

与人交往，如果能够穿越表面探入内心，你可能看到别人看不到的心理层面，这将激发你表达艺术的灵感。

松下电器公司还是一家乡下小工厂的时候，公司老板松下幸之助总是亲自出马推销产品。

一次，松下幸之助遇到了一位杀价高手，推销谈判进行得艰难。后来他说："我的工厂是家小厂。炎炎夏天，工人在炽热的铁板上加工制作产品。大家汗流浃背，努力工作，好不容易制出了产品，依照正常利润的计算方法，应当是每件××元。"

对手一直盯着他的脸，听完之后开颜笑道："哎呀，我可服了你，卖方在讨价还价的时候，总会说出种种不同的话，但是你说得很不一样，句句都在情理之上。好吧，我就照你说的价订购。"

一般说到商人，人们往往得到的是"唯利是图"之类的判断，并且据此设定自己的交往方式。但人性是多层面的，环境条件也多有变化，与人交往还必须要讲究因地制宜，富有灵活性。当时松下幸之助之所以能够打破僵局而获得成功，很重要的一点是他跳出惯常思路和方法，他相信即便是逐利的商人也会拥有基本的悯恤之心，于是他真诚描述创业的艰难，工人的艰辛，在这个基础上再说明自己的产品是按正常利润定价。整个表达真挚自然、饱含感情，言语所营造的情感氛围唤起了对方深切的同情，强大的精神力量神奇地感化了杀价高手。

不懂别人的心理，不能认识到不同的话语内容与表达方式会带来不同的感受，很可能用心良苦却得不到期待的回应，甚至会弄巧成拙，伤人而不利己，闹得大家不愉快。

有一位知名作家到某县旅游，为了谄媚讨好这位知名作家，县城唯一的书店撤下了书架上其他作家的书籍，全部换上了这位作家的作品。这位作家感到十分奇怪，便问："其他作家的书呢？"书店经理答道："其他作家的书都卖光了！"

结果，气得这位作家二话未说，立即出店门坐车离开了这个让他伤心的小县城。

这是典型的拍马屁拍到了马脚上。设想一下，如果这位书店经理知道作为创作者作家最大的心愿就是自己的作品广受欢迎，书卖到脱销是他最幸福的事，从而换一种说法，告诉这位作家"您的作品是上乘之作，内容文采俱佳，既有教育意义，又能提高我们小城青年的文学修养。我们现阶段主推您的作品，把其他作家的书都收起来了"，那么效果会怎么样呢？

即便是学富五车，在人际交往中也要注意讲究表达艺术，说话要符合别人的心理状态，不然也可能会将好话说成坏话，带来交流的障碍与尴尬。著名的大学者胡适，既长于文章，也善于辞令，但有一次却因言辞不当讨了个难堪。

在一个宴会上，胡先生遇到长他十几岁的齐如山先生，没话找话地说了这么一句："齐先生，我看你活到九十岁绝无问题！"

齐先生先是一愣，然后从容地说道："我倒有个故事，有一位年过九旬，精神矍铄的老叟，人家恭维他可以活到一百岁，他勃然作色，说'我又不吃你的饭，你为什么限制我的寿岁？'"

胡适一听急忙道歉："对不起，我说错了话。祝齐老寿比南山！"

本来是想夸赞齐先生身体好，没想到却引来对方强烈的反感。相比以往常说的"七十古来稀"，胡适口中的"活到九十岁"应当是足以令人欣慰、令人羡慕的高寿了。可看似顺耳的话语怎么会引来齐如山先生如此尖锐的抢白呢？与多子多福一样，健康长寿也是传统中国人一种普遍的心理期待，到了一定年岁的老人这种心理尤为强烈。同时中国又是一个吉祥文化

第六讲 你需要：掌握表达的适切

非常发达的国家，这种文化强力渗透大众心理。吉祥文化在语言上的反映就是对于特定对象或特定时境十分讲究吉祥的言辞表达，书面语、口头语都是如此。比如向人祝福一般是不宜作"有限"的数字规定，突出"无限"性才是吉祥，常说的"福如东海"、"寿比南山"、"万寿无疆"之类即是。胡适面对一位中国老人颂长寿却一时没能注意到这个问题，将好话说成了坏话，近乎赌咒别人没几年好活了，这让人家怎么会高兴呢？当然，到底是学识丰富的大学者，齐先生几句迂曲的责难一出，胡适立即发现自我失误之处，因而迅速改说"祝齐老寿比南山"。

由此可见，我们与他人交谈的时候，要注意考虑对方的心理状态，尤其是一些对方可能忌讳或可能引起自卑感的情况，就需要换一种说法。比如面对一个很胖的女士时，你不能说对方"胖"或者是"肥"，而应该对年轻的说"丰满"，对年纪大的说"福相"。相反，如果你在说一个女士瘦的时候，你也不宜直接说对方瘦，而应该对年轻的说"苗条"、"有骨感"，对年老的说"清秀"、"很精神"、"有钱难买老来瘦"之类。这样对方听着心里就会很舒坦，人际间的关系就会融洽。

与个人交往，我们强调说话要注意对方的心理特性，而在一定场合面对大众讲话也是同样的道理。比如当众演讲，其实更要注意听众心理。现场听众的反应直接决定演讲的成败，因此面对听众，要善于研究其心理，针对他们的共同特点讲话，才可能取得良好的效果。

印染厂李厂长，作为区人民代表候选人之一与其他几位候选人一起，先后到该选区所属的11家工厂与选民代表见面，发表简短演讲。面对素昧平生的听众，如何用简洁的话语打动人心，争取到选民的拥戴？他仔细研究了听众（工人）的心理，心里有了底。我们来听听他是怎么说的。

李厂长先到了染化厂，他说："我们印染厂，一分钟也离不开染化料。染化厂历来就是我们印染厂的坚强后盾。正是有了你们生产的高质量的染化料，我们印染厂才可能生产出漂亮的花布。我代表我们印染职工深深感谢你们！"他的话一下子说到了染化厂选民的心里，大家都很高兴。

然后到了造纸厂，他讲："我对造纸厂是有感情的，我在大学里学的是木材加工专业，毕业实习进的就是造纸厂。我的事业可以说正是从造纸厂起步的！"这么一讲，双方心理上的距离一下子缩短了。

当李厂长来到与自己印染厂隔路相望的针织厂时，他说道："你们厂和我们一直是好邻居。你们厂生产比我们好，效益比我们高。今年春节，给职工发了许多活鱼，我们厂的职工都看见了。我这个厂长日子不好过呀！我要好好向你们厂取经呢！"这几句称赞的话说得针织厂的全体职工乐呵呵的。

在鞋钉厂，他又有新词儿了："我们印染厂有1600名职工，可以说这1600双脚下，都有你们鞋钉厂的产品。如果有机会让这1600双脚排好整齐地走一走，我相信，脚下的鞋钉一定会奏出动听的交响乐。"话音刚落，鞋钉厂的选民代表全都由衷地笑了。有人赞美他们的小小鞋钉，还是破天荒第一遭呢！

渴望自我存在得到重视、自我价值获得认可，这是现实生活的人性基质。把一个群体的共同心性提取出来，轻松自然、合情合理地予以强化展示，这样的演说必定能打开听众的心扉。这位李厂长谙熟此道，演讲一开头，他就根据选区中不同工厂的特点，以及和自己厂里的联系，赞美了这些工厂的贡献。说的都是事实，事实展现真诚，因而李厂长的讲话迅速把听众的情绪调动起来，一下子就把心理距离拉近了，使得选民们对他产生了好感，为后面的演讲铺平了道路。其实，这是一种激发情感共鸣的表现手法，把没多少关系的人，通过一个共同点联系起来，从而引起了共鸣。

### （三）说话适应对方的情绪变化

自然万物是不断运动着的，人的心理情绪更不可能静止不变。因此，我们在日常生活工作中，要注意察言观色，要善于从话语或表情之中了解对方的情绪变化，从而适时地调整我们的话语方式。

有一位公共汽车的售票员，她就很会根据乘客的情绪变化来说话。

一辆拥挤的公共汽车临时停靠时，上来了几位乘客，其中一位抱着小孩的妇女艰难地挤在人群中。

售票员对大家说："哪位同志给这位抱小孩的女同志让个座？"连喊两声，无人应答。售票员站起来，用期待的目光看了看靠窗口处的几位青年乘客，提高嗓音："抱小孩的女同志，请您往里走，靠窗口的几位小伙子都想给您让座儿，可能是没看见您。"话音刚落，"呼啦"一下，几位小伙子都不约而同地站了起来让座。

这位女同志坐下之后，只顾喘气定神，忘记对让座的小伙子道谢。小青年面有冷色。售票员看在眼里，心里明白。她忙逗着小孩说："叔叔给你让座，你还不谢谢叔叔。"一语提醒了那位妇女，妇女连忙拉着孩子说："快，谢谢叔叔。"那位青年听到道谢，脸色由冷转喜，连声说："不客气！"其他乘客也给双方报以友好的微笑。

一位抱小孩的妇女上来了。这时的乘客们心里是矛盾的，让座，自己就得站着；不让座，助人为乐的道德观念又让人自责。售票员正是抓住乘客的这种心理，说："靠窗口的几位小伙子都想给您让座儿，可能是没看见您。"这句朴实而满含热情助人情感的话语触动着几位年轻人，激发了他们内在的道德观念发挥作用，从而自觉地让座。但当她观察到那位妇女忽略了表达感谢而使得让座的年轻人不高兴的时候，她立即跟进引导，通过逗小孩、教小孩表达感谢很自然地提醒了妈妈向让座的青年致谢，乘客们的心情因此也都变得很愉快。正是由于售票员细致观察，及时把握住乘客的心理情绪变化，针对性地通过话语适时地调控乘客们的情绪，车内才有了和谐的气氛。

> 多彩的生活赐给了每个人丰富的精神情感，我们可用心灵的话语再造一个绚烂的世界。

## 五、表达要切合语言的交际场合

我们先来看《战国策·卫策》中的一段记载：

卫人迎新妇，妇上车，问："骖马，谁马也？"御曰："借之。"新妇谓仆曰："拊骖，无笞服。"车至门，扶，教送母曰："灭灶，将失火。"入室见臼，曰："徙之牖下，妨往来者。"主人笑之。此三言者，皆要言也，然而不免为笑者，早晚之时失也。

在这段记述中，新娘子交待了三件事：只能打两边的马而不要打中间驾辕的马；把炉灶里的火灭掉，以免引起火灾；把室内的石臼移到窗户下面去，不然会妨碍别人走路。毫无疑问，这些话都是对的，然而当时却引人发笑。这是为什么？原来是说这些话的时机不对。这时正是她从娘家出嫁到夫家的日子,是人们热热闹闹地迎接新人的场合,而身为新娘子的她却去交待这些日常琐事,就不那么符合时宜了。于是"主人笑之"。

由此可见,在人际交往过程中,在一定的场合中说什么、怎么说是需要我们谨慎处理的问题。

应当知道,当我们运用语言进行交流沟通的时候,话语的实际意义并非由词语内容本身所决定。发话者组词造句用以表情达意,然而他的主观期待未必能够顺利转化为客观现实。"你真摩登!"或许这话是对一位女士表达你真诚的欣赏赞美,但对方若是一个性格敏感多疑的人则很可能引来她的反感,以为你是在嘲讽其穿着过于赶潮。

事实上,完全相同的句子在不同的时间、空间及对象面前,对它的理解会有很大的不同。譬如一句"好了"在不同情境下可以传达不同的意思:回应全家旅游出门前父母的催促,它意味着"我已准备完成";面对友人对病体的问候,它意味着"身体已康复";而当你听到一个聪慧倔强、个性独立的小孩紧承父母的大声呵斥烦躁地发出"好了"之声的时候,它所传达的意思是"爸爸(或妈妈),你别用这种方式对我说话"。此处的"好了"就有着与前二者大不同的拒绝、抵触色彩。其实我们还可以就此继续追问:作为受话者,此刻父母能够听懂孩子的话吗?也就是说他们是否真能准确解读孩子此情此境之下所发的"好了"之声?如果不能解读,小孩子说这话的作用何在?

上述现象说明:话语对综合性极强的语言环境有着强烈的依附性。一旦进入生动鲜活的现实交际环境,话语的意义与价值必然是在语词意义、时空背景、人物心志、事物情状、言语态势等多种元素的交互作用之下而生成。交流的话语连接着交际的双方,一方面发话者按自我愿望来遣词造句以表情达意,另一方面受话者特定的接受心理影响着他对话语的判断与评价,而这种接受心理往往直接由特定的时空人事背景所决定。也就是说,在言语交际过程中,主要以时间、空间以及人物事件所构成的交际场合实际对话语意义有着极大的限定性,说话的效应是要受到具体交际场合的影响的。这就要求我们与人面对面交流的时候应当高度重视所处的具体环境。

话说得漂亮不如说得恰当。这个"恰当"关键所指就是所说的话要切合具体的交际场合。当我们进入一个特定的交流环境,一定要注意观察分析这个场合的特点,努力去顺应它的要求,即根据环境特性来调整自己的言语行为。我们时常被提醒"说话要注意场合",其实就是要求你注意说话时所处的时间、地点、正在发生的事情及其间的各种情况。任何试图违背、超越场合限制的说话行为都是不明智的,它直接带来的是交流沟通的障碍,往往还可能给交际双方(或多方)带来伤害。

我们可以主要从以下几个方面进行努力,让自己的言语表达适宜特定的交际场合。

## (一) 与特定环境气氛相谐调

在一定环境中发生的人和事自然营造出特定的情境气氛,如与添丁婚嫁、开业升迁相伴的是欢乐喜庆,与失亲丧葬、倒闭贬谪相随的则是悲伤痛苦。你的说话行为总是发生在具体环境之中,因而话语必须要与相应的情境气氛谐调统一,才能准确地表达自己要说的意思,才能为他人所理解和接受。反之,则可能被误解、遭拒绝。

大家都熟悉鲁迅的杂文《立论》,其中写道:
我梦见自己正在小学校的讲堂上预备作文,向老师请教立论的方法。
"难!"老师从眼镜圈外斜射出眼光来,看着我,说:

"我告诉你一件事,一家人家生了一个男孩,合家高兴透顶了。满月的时候,抱出来给客人看,大概自然是想得一点好兆头。

一个说:'这孩子将来要发财的。'他于是得到一番感谢。

一个说:'这孩子将来要做官的。'他于是收回几句恭维。

一个说:'这孩子将来是要死的。'他于是得到一顿大家合力的痛打。

说要死的必然,说富贵的说谎。但说谎的得好报,说必然的遭打。你……"

"我愿意既不谎人,也不遭打。那么,老师,我得怎么说呢?"

"那么,你得说:'啊呀!这孩子呵!您瞧!多么……阿唷!哈哈!Hehe! he, hehehe-he!'"

我们不去讨论鲁迅"说富贵的说谎"是不是过于武断、过于绝对化(这孩子将来发财、做官的可能性并非不存在),而只说在孩子满月,"合家高兴透顶了"的时候,你说"这孩子将来要死的",你不正是自己讨打吗?人总是要死的,这是常识。但此时正是家中迎接新生命到来的喜庆时刻,主人正满怀对未来日子的憧憬,其心理期待是宾客对婴儿的祝福,此情此景,说死是典型的不合时宜,被痛打自然在情理之中。而说"这孩子将来要发财的"得到了一番感谢、说"这孩子将来要做官的"得几句恭维也就不难理解了。这喜庆时刻就是需要这样的吉祥祝福。

当年天津电视台举办了一次通俗唱法业余歌手大赛,大赛邀请了一些首都知名音乐家来做评委,其中一位评委的发言突出显示了与特定情境相谐调的特点:

比赛结束以后,主持人请评委们即席发言。一位天津籍评委没有像其他的评委那样夸奖歌手,谈感想,发议论,而是说:"我是天津人,离开天津多年了,一直想念家乡!"接着说:"歌手们所以唱得这么好,是因为他们喝海河水长大。天津出歌手,天津出人才,希望天津人的歌唱遍全国!"这位评委的发言激起了全场热烈的掌声。

现场是歌手大赛,对选手表现的优秀给予肯定赞扬是需要的,对他们进行鼓励及提出希望是需要的。这是在天津举办的当地通俗歌手大赛,通过自己的天津籍贯与乡情来拉近与天津歌手、听众的距离是聪明的。尤其是这位评委巧妙地利用了"海河"这个天津的象征,通过称颂海河水来赞美天津人更把话说到了全场天津听众和歌手的心里,因而赢得了全场热烈的掌声。

所以,我们应当善于针对特定的情境气氛来进行话题的选择、内容的安排以及话语表达方式的采用。要注意场合是喜庆还是哀伤,是庄重还是诙谐,是温馨还是冷酷;要知道在喜庆场合忌说不吉利的话,在悲痛场合不可谈喜乐之事,在庄重场合避免嘻哈玩笑,等等。

### (二)与特定时间境况相适应

要想把话说得恰到好处,另一方面就是要注意适应特定时境所赋予的场合特性,把握好说话的时机。除夕夜,亲朋好友相聚守岁欢谈,零点钟声响起,这时你送上来年的祝福是与这辞旧迎新时刻相适应的,亲朋一定会在喜悦笑纳的同时也会回祝吉祥如意。如果此时此刻你是在感叹光阴似箭、逝者如斯,则必定令人不快。《战国策·卫策》中新娘子所作的吩咐,如果不是发生在迎娶她进门的那个时刻,而是数日后作为媳妇开始操持家务时再说,就一定不会遭人笑话了。

同样的一句话或一件事,在这个时候说是合适的,而在另外一个时候说就可能是错误的。说话不注意时机,不但达不到预期效果,而且很可能产生负面作用。

我们看看下面这段战争回忆录：

上甘岭战斗空前激烈，敌人密集的炮火把通往阵地前沿的电话线炸得七零八落。为了保证通讯线路畅通无阻，已经牺牲了不少通信兵。有一次，直接指挥这次战斗的秦基伟将军与困守在上甘岭坑道里的指挥员通话时，刚说了一句："请转告坑道里的同志们，军党委和军首长很惦念你们……"电话员竟毫不客气地打断首长的话："首长别啰唆！捡要紧的说，先下命令吧。"

从常理来看，首长对下属表示关怀，这似乎没错。可是，当时战斗在激烈进行，电话线随时都可能被敌人的炮火打断。这个时候，秦基伟将军不"捡要紧的说"，而是先来一段关心惦念的话，这就让人着急了——这时秦基伟将军的话语显然不合时宜，因而被立刻打断。反过来，要是平时，一个士兵决然不会也断然不敢"毫不客气地打断首长的话"，制止首长的"啰唆"。这句平时不合时宜的话，在战时却变成了最符合时空场合的表达了。这个士兵因此而受到赏识。

可见，言语的内容和形式再好，但是如果与具体的时间环境不合拍，就难以达到交际的目的，甚至会适得其反。

能够巧妙利用时间因素，灵活把握说话时机，则往往可以产生奇妙的效果。

1978年8月8日，日本园田外相来到北京，准备与我国政府签订中日和平友好条约。当时由黄华外长去机场迎接。那天，北京下着瓢泼大雨。黄华外长到飞机的悬梯旁边迎接园田外相，虽然有雨伞，但双方仍然是像落汤鸡一样给淋湿透了。

园田外相："到北京迟了，见到黄外长，旅途的疲劳消失了。"

黄华外长："您带来了及时雨。"

1978年8月22日，《中日和平友好条约》在北京签订。黄华和园田直分别代表中国政府和日本政府在条约上签字。

外交场合，两国官员被淋得像落汤鸡一样本是有些不便甚至是尴尬的场面，但黄华外长巧妙利用自然景况，抓住时机以"及时雨"回应园田外相，不但非常恰切地表达了真诚的欢迎之情，并且饱含深意：预祝《中日和平友好条约》商谈成功。这句适时的话语营造出极为友好的外交氛围。

由上述事例可见，说话得时与否，与交往的成败是有很大关系的。所以，我们要善于分析判断，某些话、某些事，如果时候不对，则宁可不说。

## （三）与特定文化习俗相融通

文化差异对社会交际的影响是显而易见的。不同的地区，不同的国度，不同的民族由于历史发展、地理环境、风土人情的不同，自然形成了各自不同的文化习俗。比如中国有着数千年的文化传统，儒家精神带给国人的影响极为深重。儒家文化的一个方面就是强调"内敛"，于是"自谦"作为一种文化熏陶结果广见于各种社交场合，甚至成为一种对人的评判准则。西方文化重视个体价值，强调个性张扬，讲究自我表现，形成了西方社会特定的交往方式。两种不同文化背景反映在一定场合的言语交流上，则可见出话语效应较大的差异。例如：

面对他人给予的赞美，中国人往往会谦虚一番：

"你真漂亮！"

"哪里哪里……"

"你很能干！"

"我还差得远呢……"

而如果是一位欧美人,同样面对类似称赞,其反应可能是发自内心的高兴,他会真诚地答以"非常感谢!"

文化差异处理不好,将会形成明显的交流障碍。一个广为流传的笑话在相当程度上说明了文化差异对言语交际的影响:

一位中国人携夫人参加国外的一个宴会,一老外称赞他的夫人"Very beautiful(很漂亮)",他连忙谦虚道"Where,where(哪里哪里)",老外一脸愕然,只好说"Everywhere!Everywhere(各处都漂亮)"。

在这里我们不讨论这位中国先生英语表达的能力,而是希望关注"Where,where"背后的文化心理,以及对话双方由于文化背景的不同所产生的沟通障碍。

这个笑话说明,在社会交往中,我们需要充分了解交际对象的文化背景、风俗习惯以及由此而来的特定思维方式、语言习惯、表达方法,并在此基础上去尊重它、适应它,这样才能跨越文化障碍,让自己的言语表达行为获得良好收效。反之,如果一味按照自己的习惯说话,往往会带来麻烦。

传说当年李鸿章出访美国时,有一次,他要宴请当地官员,席上他循中国惯例,说了几句客套话"今天承蒙各位光临,非常荣幸。我略备粗馔,没有什么可口的东西,聊表寸心,不成敬意,请大家包涵"云云。第二天报纸照样译成英文刊出。饭店老板见报后,十分恼火,认为李鸿章是对他的饭店的污蔑,除非他能具体指出菜肴怎么粗,怎么不可口,否则就是损害店家名誉。他必须赔礼道歉。

如上所述中国人喜欢说客套话,喜欢用谦辞,而西方人并没有这种语言习惯。李鸿章不了解这一点,明明酒宴丰盛,却说"略备粗馔"。饭店老板不理解中国人的自谦心理,于是认为李鸿章是有意污蔑他的饭店。李鸿章犯这个语言错误的主要原因在于他不了解所处环境的文化背景,不懂饭店主人的心理,因而不能做到"到什么山头唱什么歌"。

鲁迅杂文《立论》所述情景也有文化背景问题。如果那位客人谙熟中国人崇尚血脉承传、传宗接代、人丁兴旺的心理,并且给予必要的尊重,那么他也不至于在那个场合固执于所谓的"真实",从而极不妥当地说"死"而引来双方的麻烦了。

由此可见,任何对文化差异漠然置之的行为都是不明智的,了解并尊重不同的文化习俗,是走上社会、与人交流的必要条件。

> 人的言语行为总是发生在一定的情境之中,任何试图超越具体场合限制的口语交流所带来的只能是交流的障碍。

【问题思考】

1. 你平常说话,是否注意到了保持合适的语言距离?
2. 你会察言观色吗?怎么样改变说话时只顾自己说得畅快,而不考虑别人心理感受的状态呢?
3. 你想过怎样训练自己的语言表达,从而减少人际摩擦,改善你的人际关系吗?
4. 你知道为什么说话要考虑对方的心理情绪吗?
5. 俗话说:"到什么山头唱什么歌。"你知道在人际交往中这句话的具体含意吗?

**学习了本讲,你需要制订、实施自我能力促进计划**

| 第 一 阶 段 | |
|---|---|
| 目标 | 我的目标: |
| 问题 | 我目前存在的主要问题是: |
| 行动 | 为实现阶段目标,我马上要做的事情是: |
| 评价 | 行动成效检查评价(　　年　　月　　日):<br>促进显著(　　)　　有所促进(　　)　　促进不明显(　　)<br>原因分析: |
| 提升 | 鉴于已取得的收获,下一步我需要做的事情是: |
| 第 二 阶 段 | |
| 目标 | 我的目标: |
| 问题 | 我目前存在的主要问题是: |
| 行动 | 为实现阶段目标,我马上要做的事情是: |
| 评价 | 行动成效检查评价(　　年　　月　　日):<br>促进显著(　　)　　有所促进(　　)　　促进不明显(　　)<br>原因分析: |
| 提升 | 鉴于已取得的收获,下一步我需要做的事情是: |
| 第 三 阶 段 | |
| 目标 | 我的目标: |
| 问题 | 我目前存在的主要问题是: |
| 行动 | 为实现阶段目标,我马上要做的事情是: |
| 评价 | 行动成效检查评价(　　年　　月　　日):<br>促进显著(　　)　　有所促进(　　)　　促进不明显(　　)<br>原因分析: |
| 提升 | 鉴于已取得的收获,下一步我需要做的事情是: |

有一天,老师上课时出了一道心算题来考大家:

(1) 有一辆公共汽车,车上有28个人,到了一站上了18人,下了3人;

(2) 到了另外一站上了5人,下了20人;

(3) 然后又上了16人,下了2人;

(4) 到了另一站又上了4人,下了18人;

(5) 之后上了7人,下了4人;

(6) 到了下一站上了2人,下了5人;

(7) 最后上了6人,下了10人。

念到这里老师停下来,不说话,望着同学们。

这时,忽然有位同学大声地说出答案——28人。

老师回答:不错,现在车上还有28人,但是我的问题是"这辆车停了多少站?"有人能回答出来吗?

——为什么这位同学认真听了,努力算了,答案却是错的?我们为什么断定,别人一定会问这个问题呢?

——这位同学为什么不能够耐心听完老师的问题再说出答案呢?

# 第七讲

# 你需要：懂得倾听的重要

也许大家会认为，听别人说话，这是一个人与生俱来的能力。只要耳朵没问题，听觉神经正常，就自然能听别人说话，哪里还需要学习和训练呢？殊不知，这里面大有学问。不好好学习，不认真训练，我们还真的不会"听话"！

有一个年轻人，去向大哲学家苏格拉底请教演讲术。他为了显示自己口才好，滔滔不绝地讲了许多话。末了，苏格拉底要他缴纳双倍的学费。那年轻人惊诧地问道："为什么要我加倍呢？"苏格拉底说："因为我得教你两样功课，一是怎样闭嘴，另外才是怎样演讲。"

为什么苏格拉底要先教会这个学生怎样闭嘴呢？就是因为这个学生只知道说，而不懂得倾听。

在现实生活中，很多人都认为只有多说话才能展示自己的才华，才是真正的参与。其实，在人际沟通的过程中，讲好话固然重要，但把话听好是把话讲好的前提。上帝造人的时候，给了我们一张嘴，两只耳朵，就是让人多听少说。我们先来看两个关于"倾听"的故事。

第一个故事：

一个孕妇某天偶然打开收音机，感觉自己腹中的胎儿踢了自己一脚。第二天又是这样，第三天还是这样。后来科学家发现，原来胎儿可以通过羊水的波纹倾听外面发生的一切。

——所以，倾听是人的一生中最初拥有的感观。

第二个故事：

一个老人正在弥留之际，但他的儿子迟迟不能赶到医院。医生都为老人坚强的生存意识而感动。后来某个早晨，老人的儿子终于赶到了医院，看见自己的父亲孤零零地躺在床上，脖子上插的管子中血液依然在涌动。儿子附在老人耳边，轻轻地说了一声"再见"。插在脖子上的管子里的血液立刻停止了流动。老人也安然而去。

——所以，倾听是人的一生中最后才失去的感观。

也就是说，倾听是我们从初具人形到离开人世都一直伴随着我们的一种能力，对于这样一种伴随我们一生的能力，我们了解它、重视过它吗？

## 一、倾听的重要性

### （一）倾听是获取信息，了解他人的重要途径

倾听的能力是指听者获取和理解陈述者所表达的各种信息的能力，它虽然是一种基本的技能，但却是最重要的技能。人在生活中大部分时间都在倾听，倾听是我们对周围环境和周

围人群产生兴趣、产生感情的开始。在了解他人、获取信息、联系情感等方面,倾听是人生必不可少的一种沟通方式。

人,既是独立的生命个体,同时也具有社会属性,能不能倾听,善不善于倾听,不仅体现着一个人的道德修养水准,从某种程度上还关系到他能否与他人建立起正常的、和谐的人际关系。私交亲情需要倾听,社会和谐同样离不开倾听。世界卫生组织给"健康"下的定义,不仅包括身体健康、心理健康、道德健康,还特别把"社会适应和人际交往能力"也纳入其中。沟通首先是倾听的艺术。研究表明,听话占了沟通时间的40%。获取信息,了解他人的最好方式,除了观察就是用心倾听。不论在生活中的朋友还是在职场上的合作伙伴,了解对方是先决条件,而倾听是了解对方的重要途径。言为心声,我们通过倾听对方的话来了解对方是为了知道对方的个性和性格,以便在接下来的交往中更加有针对性和目的性。

我们正处在一个从封闭到开放,从一元到多元的社会转型期,越是个性得以张扬的时代,就越是需要相互的包容、理解和欣赏。一项统计表明,商界60%左右的误会可以从不善倾听方面找到根源,而来自笔误的误会仅占1%。职场中的误听误信,决策、指挥的失误等,很多都与不善倾听有关。

多说并不代表有才智,言语的有效性并不仅仅取决于如何表述,而更多地取决于如何来倾听。在职场上我们都知道口才的重要性,殊不知倾听同样重要。倾听是让我们获取知识、帮助思维、提高效率、了解对方、合理反应、获得尊重的重要途径。

很久以前,有一个蒙古的使者到中国来,进贡了三个一模一样的金人,金碧辉煌,把皇帝高兴坏了。可是这大使同时出了一道题目给皇帝:这三个金人哪个最有价值?

皇帝想了许多的办法,请来全国最好的珠宝匠检查金色小人,称重量,看做工,所有测量办法的结果都一模一样。怎么办?使者还等着回去汇报呢。泱泱大国,不会连这点小事都不懂吧?

最后,有一位退职的老大臣说他有办法。皇帝将使者请到大殿,老臣胸有成竹地拿着三根稻草分别插入三个金人的耳朵眼……

插入第一个金人的耳朵里,这稻草从另一边耳朵出来了,第二个金人的稻草从嘴巴里直接掉出来,而第三个金人,稻草进去后掉进了肚子,什么响动也没有。老臣说:第三个金人最有价值!使者默默无语,答案正确。

> 最有价值的人,不一定是最能说的人。善于倾听,是成熟的人应当具备的基本素质。

## (二) 倾诉是每个人的需要

歌德有一句格言:"对别人诉说自己,这是一种天性;因此,认真对待别人向你诉说他自己的事,这是一种教养。"尤其是现代社会,生活节奏快,竞争压力大,职场上的挫折失意、生活中的烦恼、成长中的困惑,都需要向他人倾诉,需要从朋友、同事和亲人甚至是友善的陌生人那里得到安慰和鼓励。不管在国内还是国外,随着人类社会前进步伐的加快,无论是从私人交

第七讲 你需要：懂得倾听的重要

往的角度，还是从社会职业来看，人们越来越需要倾听的耳朵。心灵的沟通、家庭的建构、组织的缔结、社会的凝聚，哪样都离不开语言的桥梁和倾听的纽带。

一位心理学家曾说："以同情和理解的心情倾听别人的谈话，我认为这是维系人际关系、保持友谊的最有效的方法。"

如果说，社会是一张巨大的网，那么我们每个人都是这张网上的一个结，是一个"影响源"。在人际交往中，要使自己成为一个积极的影响源，就要以乐观、健康、宽容、豁达的心态去善待他人，去影响他人，掌握倾听的艺术，以激起他人的积极反馈，从而形成一个良好的人际环境。

有这样一件事：一个在飞机上遭遇惊险却大难不死的美国人回家反而自杀了，原因何在？

那是一个圣诞节，一个美国男人为了和家人团聚，兴冲冲从异地乘飞机往家赶，一路上幻想着团聚的喜悦情景。恰恰老天变脸，这架飞机在空中遭遇猛烈的暴风雨，飞机脱离航线，上下左右颠簸，随时随地有坠毁的可能，空姐也脸色煞白，惊恐万状地吩咐乘客写好遗嘱放进一个特制的口袋。这时，飞机上所有人都在祈祷，在这万分危急的时刻，飞机在驾驶员的冷静驾驶下终于平安着陆，于是大家都松了口气。

这个美国男人回到家后异常兴奋，不停地向妻子描述在飞机上遇到的险情，并且满屋子转着、叫着、喊着……然而，他的妻子正和孩子兴致勃勃分享着节日的愉悦，对他经历的惊险没有丝毫兴趣，男人叫喊了一阵，却发现没有人听他倾诉，他死里逃生的巨大喜悦与被冷落的心情形成强烈的反差，在他妻子去准备蛋糕的时候，这个美国男人却爬到阁楼上，用上吊这种古老的方式结束了从险情中捡回的宝贵生命。

这个男人的死是可惜的，这一点毫无疑问，但更可惜的是，他之所以死是因为他的妻子和孩子没有专心地听他倾诉。心不在焉地听，这在日常生活中或许是一个再普通不过的现象了，但是对于一个刚刚死里逃生的人来说，一心一意的倾听比任何语言都来得温馨。夫妻之间需要沟通，更需要倾听！当你在倾诉时，却发现无人在倾听，这无疑是很大的打击！懂得倾听，不仅是关爱、理解，更是调节双方关系的润滑剂，每个人在烦恼和喜悦后都有一份渴望，那就是对人倾诉，他希望倾听者能给予理解与赞同，然而那位美国男人的妻子没有做到，所以导致了悲剧的发生。

每个人都有对别人倾诉的欲望，渴望有人倾听自己的谈话，以发泄情感、平衡心态，求得理解。没有人愿意把自己的心声透露给所有的人，但没有人能控制住不让自己的心声从话语中流露出来，因为倾诉是人的一种本能，人人都需要被倾听和了解。美国洛杉矶设立了一个"忏悔、抱歉和自白专线电话"，打电话者只要付上普通电话费，就能无所顾忌地宣泄心中任何思想和情感。专线一开通，一天24小时铃声不断，生意火爆。

> 每个人在烦恼和喜悦时都有一份渴望，那就是对人倾诉，当我们倾诉的时候，都希望找到一双专注倾听的耳朵。

## （三）倾听是尊敬他人的表现

专注地倾听对方谈话，不仅能满足他人倾诉的需要，也是一种对对方的礼貌和尊重，一种赞美和恭维，对方也会因此而喜欢、信赖你并乐意与你交往。这是一个真实的事例：

乔伊·吉拉德是美国首屈一指的汽车推销员，曾创出一年内成功推销1425辆汽车的记录。然而，即使这样一位出色的推销员，也曾有过一次难忘的失败经历。

一次，有位顾客来商谈购车事宜。乔伊向他推荐了一种最好的车型给他。那人对车很满意，眼看就要成交了，对方却突然变卦而去。乔伊为此事懊恼了一下午，百思不得其解。这位顾客明明很中意这款新车，为何突然又变卦了呢？到了晚上十点他忍不住打电话给那人："您好！我是乔伊·吉拉德，今天下午我曾经向您介绍一款新车，眼看您就要买下，却突然走了。这是为什么呢？"

"喂，你知道现在几点钟了？"

"真的很抱歉，我知道现在已经很晚了，但我检讨了一天，实在想不出来自己到底错在哪里。因此，冒昧地打个电话向您请教。"

"你真的想知道吗？"

"是的！"

"很好，你现在用心听我说话了吗？"

"非常用心。"

"实话实说吧，小伙子，今天下午你根本没有用心听我说话。就在签字之前，我提到我的儿子吉米即将进入密执安大学读医科，我还提到他的学科成绩、运动能力以及他将来的抱负，我以他为荣，但是你毫无反应。"

对方似乎察觉到了乔伊的疑虑，继续说道："当时你在专心地听另一个推销员说笑话。或许你认为我说的这些与你无关，但是我绝不愿意从一个不尊重我的人手里买东西。"

可见，乔伊·吉拉德就是因为没有专心倾听而让客户感觉没有得到相应的尊重，致使推销失败。

一位不大讲话但深受欢迎的资深外交家这样谈论自己的经验："每个人说话都要有人听。相信我，善于倾听的人在交际场合同样受欢迎，而且难能可贵，就好像撒哈拉沙漠中的甘露一样。"

> 做个听众往往比做个演讲者更重要。专心听他人讲话，是给予他人的最大尊重、呵护和赞美。
> ——卡耐基

## （四）倾听可以赢得尊重与爱戴

心理学观察显示，人们喜欢善听者，更喜欢善于满足自己的表达欲的人。

在一个宴会上，卡耐基坐在一位植物学家身旁，专注地听植物学家跟他谈论关于大麻、马铃薯以及室内花卉等各种有关植物的趣事，除了提出过一个问题之外，几乎没有说什么话，但分手时，那位植物学家却对别人说，卡耐基先生是一个最有意思的谈话家。

一个人以言语表达自我的时候，希望听他说话的人能够有所回馈，也希望别人能了解他，这就是满足对方表达欲最好的时刻。即使说话人连自己也不知道在说些什么的情况下，也同样希望获得别人的了解,因为对于他们来说,满足这种欲望比任何话语都来得有意义。作为一个好的倾听者,要懂得并且抓住谈话者这种心理。卡尔·卡耐基正是做到了这一点,所以他成为了公认的交际大师。

当然,要想真正成功,不仅要懂得满足对方的表达欲,而且还要懂得控制自己的表现欲。否则你的"光芒"可能会"刺伤"你周围的人。

小王一表人才,能力强,口才好,喜欢交朋友,按理说这样的人应该很受欢迎,可小王几乎没有朋友,即使偶尔结交几个新朋友,也都交往不长久,为什么呢?

原来,小王是一个特别爱表现自己的人。无论别人在谈论什么话题,他还没有搞清楚是怎么一回事,就贸然打断别人,滔滔不绝神侃起来。

甚至在很多场合,小王还喜欢吹嘘自己如何有能力,什么难题他都能迎刃而解,但是当他的朋友需要他帮忙的时候,他不是寻找各种各样的理由推托,就是找解决不了这个问题的客观原因。久而久之,人们开始知道了小王的个性,开始拒绝和他交往了。正因为如此,小王身边的朋友越来越少,人际关系也越来越差。

从小王的身上我们可以看出,一个过于表现自己的人并不是受欢迎的人,相反,还是令人反感的人。一个不分时间、不分场合,在任何时候都吹嘘自己的人,有谁会喜欢呢? 表现欲人人都会有,但前提是不能过分,不能妨碍他人。在日常交际中,我们常常能听到有人在反思自己"说过了头",却很少有人会说"听过了头"。这是为什么?说出去的话泼出去的水,很难收回,而听进来的话则可以选择性地遗忘,留下对自己有益的,摈弃对自己不利的。所以说有时候,听话比说话更重要。

> 聪明的人,借助经验说话;而更聪明的人,根据经验不说话。
> ——古希腊谚语

说话乃有言而发、有感而生,对一般的人来说较易做到,而执著于倾听就比较难了。学会倾听无疑是一种修养,更是一种美德! 所以,要做会说话的高手,首先要做一个会听话的高手,要学会倾听,得拥有正确的倾听态度,养成良好的倾听礼仪,还应懂得倾听的技巧等。

> 倾听是一门艺术,会倾听必然会思考,会思考必然会表达。

## 二、倾听的态度

听人说话必须具有正确的倾听态度。

我们先来看一个反面的例子,说明缺乏良好的倾听态度所造成的危害。

美国有一位女企业家玛丽·凯阿什说过这样一件事:"有一次,我同一位销售经理共进午餐,并探讨着当前市场的营销走势。但是我发现,每当有漂亮的女服务员走过我们的桌子旁边,他总是目送着她走过餐厅。我对此感到气愤,我感到自己受到了侮辱,心里暗想,在他看来,女服务员的两条腿比我对他讲的话重要得多。他并不在听我讲话,他简直不把我放在眼里!"

这个案例说明,销售经理在与上司讨论工作时的心不在焉,释放出一种由对方任意理解的信息,被对方"理解"为对她的"侮辱","理解"为心驰于"女服务员的两条腿",不把她放在眼里!销售经理酿造出这样的社交险情,自己也许还蒙在鼓里。至于他是否因此而被解雇,玛丽·凯阿什没有说,但这种可能性的确存在。

曾经有这样一个关于倾听的游戏调查结果。在北京的一个主题为"认识你自己——个人成长发展心理互动工作坊"的心理培训中,有一项倾听游戏:两人一组,一个人连续说3分钟,另外一个人只许听,不许发声,更不许插话,可以有身体语言。之后换过来。结束以后每人轮流谈一谈听到对方说了些什么,然后由对方谈一谈听者描述的所听到的信息是不是自己想表达的。

最后显示的结果是,有90%的人存在一般沟通信息的丢失现象,有75%的人存在重要沟通信息的丢失现象,35%的听者和说者之间对沟通的信息有严重分歧。比如:其中有一位想表达的意思是"婚姻是需要经营的",而对方却听成了"在婚姻中不必过于勉强自己",这是一种对沟通信息的完全曲解。

我们可能都有过这样的经历:一句话被人传得面目全非,最后再回到我们自己耳中的时候,已经不是原来的意思,甚至是相反的意思。这是为什么呢,是人们故意这样做的吗?当然不是,只是人们在听话的时候,没有秉持正确的倾听态度,总是自以为是地听,并不是按说话人的原意去听的,在听到一个意思的时候,加上自己的理解,而这个理解往往又不是说话人的本意。

看来,听话,不仅仅要用耳朵去听,还要用心去听,才能正确理解别人话语的意思,才能听懂别人的话。人们要从说话者的口中听出他们内心真实的意图,就一定要用心去听。

所以说,如果把会说话当成一种才能,那么倾听既是一种才能,更是一种修养,是尊重别人、与人合作、友善待人、虚心求解的表现。那么我们在倾听的时候应该采取什么样的态度才是积极正确的倾听态度呢?

### (一) 积极专注地倾听

就日常生活中的交谈而言,并非所有的话语都包含着重要的信息,并且我们的思维速度是说话速度的4~5倍,因此,如果在谈话中不能保持足够的耐心,我们的思想就会开小差,注意力就无法集中。这种不专注的外在表现通常是出现心不在焉的下意识动作和神情"所答非所问"或者"充耳不闻"等现象。只有把注意力完全放在说话者的身上,专注耐心地倾听,才能明白对方说了些什么、没说什么以及对方的话语中所代表的态度和含义。在听别人谈话时,还应抱着虚心的态度。有些人对他人抱有错误的成见,如"这个人老是爱贪小便宜"等,这些成见会直接影响自己对他人话语的理解,导致错误的判断,也就不可能有正确的倾听。有些人觉得自己在某一问题上比别人懂得都多,常常中途打断他人的讲话,急于阐述自己的看法和意见,喜欢教育别人。这种"强势推销"和"好为人师"的人当然也不会是态度正确的倾听者。

没有摆正态度的倾听其实就是一种消极的倾听、没有任何意义的倾听。相反,如果你能

第七讲　你需要：懂得倾听的重要

摆正态度去倾听，那么就是一种积极的倾听，要实现积极的倾听，首先就要做到"三心"：耐心、专心、虚心。

**耐心倾听，是每一个成熟的倾听者最基本的素质。**

有这样一个故事：

朋友是某大报的记者，常常深入百姓生活，用充满阳刚之气的笔法写着感人肺腑的文字。他的文章因贴近大众，反映了普通人的喜怒哀乐而备受欢迎。常常有许多人写信、打电话甚至找上门来，给他讲他们或悲或喜的故事。

一回，一个甘肃男人三次找上门来，第三次才在办公室门口堵住正要出门采访的他。

他推掉了手中所有的工作，将男人引进会客室，泡上茶，坐在男人的对面。男人迫不及待地讲起了自己悲伤的婚姻历程。讲到悲伤处，男人哽咽难语。朋友并不安慰，只静静地听着，攒眉深思并陪着哀叹。最后，男人掏出三岁儿子的照片，说这是他现在唯一的希望，可连这唯一的希望也被妻子拐带跑了。他知道，儿子现在就在这座古城的某个角落，可他找不到，他只好求助朋友了。

朋友认真听完他的诉说，答应尽力帮忙。

中秋节晚上，朋友正与几个友人在家中喝酒，有人叩门——怯怯的声音。朋友拉开门一看，是那个甘肃男人，肩上扛着一大袋苹果，朋友连忙将他让进屋中。

放下苹果，他转身就走。朋友连忙拦住他——他写了那么多文章，从来没有收过别人的东西，何况那篇文章还没有见报。

朋友对男人讲了自己从来不收礼的原则。男人眼睛湿润地说："你就不能破一次例吗？我曾经向许多人讲过我的经历，只有你一个人听完了我的故事。"

朋友一怔，良久无语。

后来，朋友向我感叹："生活在社会底层的人的要求是多么低呀，我仅仅听完了他的故事，他就如此感激我，我有愧啊！"

我们在最软弱的时候，需要的或许不是帮助，而是一双温暖的手，或者懂得慈悲倾听的双耳。

从表面看，这个社会缺乏关心底层的心灵，而实际上这个社会所缺少的是善于倾听的耐心。缺乏善听的耳朵的社会必然缺乏善良仁爱的心灵。

因此听人讲话要像自己讲话一样，保持饱满的情绪，专心致志地理解对方讲话的内容，即使你觉得对方讲话过于啰唆冗长，甚至索然无味，也应出于尊重耐心地听下去。当然，如果是相熟的老朋友，你可以用其他话题引导对方谈谈彼此感兴趣的内容，但对于初识或重要的交际场合，只有用毅力和耐心去倾听才是最佳选择。

> 自私的人往往无意倾听，心胸狭窄的人不会倾听，缺乏爱心的人不愿倾听。

**专心倾听可以拉近双方的距离。**

卡耐基讲过一个在电话公司发生的故事：

该公司遇到了一个最凶恶的用户，他因为一件小事，对公司口出恶言，并拒绝缴付应缴的费用,还写信给报社,到公司服务委员会申诉。最后电话公司派了一位最干练的调解员去见这个惹是生非的人。这位调解员静静地听着,让那位暴怒的用户痛快地把他的不满一股脑地吐出来,不断地说:"是的",并同情他的不满。

"他滔滔不绝地说着,而我倾听着,几乎三个小时。"这位调解员说,"然后,我回去,再继续倾听着,我去过四次。""我对他的每一个论点都抱以同情的态度,慢慢地,他变得似乎友善了起来,最后他撤销了申诉。"

这个调解员什么都没有做,除了专心倾听,但是专心倾听的态度让这位刁蛮的用户改变了态度。

做一个好的听者,我们应该知道,其实讲话者也许并不需要你讲什么或为他做什么,他只是需要一个倾听的对象,这个时候,说什么都是多余的,所以,不说最好,只要做到专心倾听,让你的情绪与说话者同步就行了。

有一篇写"倾听"的短文,字短情长:

朋友一声不响地病倒了。在白雪茫茫的世界里,朋友像断铁一样地躺着。他的朋友们带来了鲜花,顺便带来了同情和安慰,嘘寒问暖,说这说那。当然,他们也没有忘记戴着手套和口罩。

"这里很冷!"朋友说。

我什么也没戴,只是挨着病床坐下来,用我温热的手握住他冰冷的手。情绪低落、话本来不多的朋友却絮絮叨叨,说病因、说病情、说痛苦、说失望,拉着我的手一直不放。我什么都不说,静静地听着,默默地握着朋友的手,只见流动的液体在朋友的眼中闪烁。

这也是一种"此时无声胜有声"。

倾听,在这里是心的碰撞,心的沟通,心的默契,更是心的交融。确实,专心的倾听态度让说话者和听话者之间的距离变得更加接近。

**虚心倾听可以帮助我们更快地走向成功。**

虚心倾听是一种倾听的气度。在交际场上,很多时候我们听到的不会全是赞美和表扬,有时候需要接收别人的点化或忠告甚至批评,但是每个人受到批评和接受建议的态度不尽相同,也正是因为此,有些人是交际场上的常青树,而有的人却始终不能走出自己的生活圈子。那么对于交际场上的常青树而言,他们在接收点化或忠告的时候采取什么样的态度呢?很简单:虚心、虚心、再虚心。

他们深深地懂得一个道理:这个社会恭维话太多,偶尔能听到一两句的"点化忠告之语"是一种莫大的福气,更何况,这种"点化忠告之语"能帮助我们更好地成功。

虚心倾听表现出来就是倾听时的低姿态。有德的老者经常说,低姿态是一种谦虚,是一种尊敬,是一种友好,更是一种智慧。

一个满怀失望的年轻人千里迢迢来到法门寺对住持释圆和尚说:"我一心一意要学丹青但至今没有找到一位令我满意的老师。"

释圆听了,淡淡一笑说:"老僧虽然不懂丹青,但也颇爱收藏一些名家精品。既然施主画技不比那些名家逊色,就烦请施主为老僧留下一幅墨宝吧。"

年轻人说:"画什么呢?"

释圆说:"老僧最大的嗜好,就是爱品茗饮茶,尤其喜欢那些造型流畅古朴的茶具。施主可否为我画一个茶杯和茶壶?"年轻人听了,说:"这还不容易。"于是铺开宣纸,寥寥数笔,就画成了一个倾斜的水壶正徐徐吐出一脉茶水来,注入那茶杯中,年轻人问:"这幅您满意吗?"

## 第七讲　你需要：懂得倾听的重要

释圆微微一笑，摇摇头说："你画得是不错，只是将茶壶和茶杯的位置放错了，应该茶杯在上，茶壶在下啊。"年轻人听了，笑道："大师为何如此糊涂，哪有茶杯往茶壶里注水的？"

释圆听了，说："原来你懂得这个道理啊！你渴望自己的杯子里能注入那些丹青高手的香茗，但你总是将自己的杯子放得比那些茶壶还要高，香茗怎么能注入你的杯子呢？涧谷把自己放低，才能得到一脉流水；人只有把自己放低，才能吸纳别人的智慧和经验。"

如果把故事里的茶水比喻成人脉，那是不是也能得出这样一个结论：只有把自己倾听的姿态放低了，人脉才能被注到自己的生活当中？答案是肯定的。

人际交往的主要功能是情感交流，但在具体交往中往往又不能过于感情用事。不少人在听到表扬与赞美时，还能保持一定的风度，但是一旦听到不同的意见或批评时，就无法保持冷静虚心地倾听了，有时会打断别人的话，强调各种客观因素为自己辩解一番，其实这是一种很不妥的做法，也是不尊重人的一种表现。当别人善意地指出你的不足时，如果你表现得过于激烈，以后就不会再有人给你意见和建议了。尤其当长辈、领导、师长谈话时，更不能贸然插嘴，而应做一个热情的听众去获取知识、增长见识、赢得好感。国外的谈吐心理训练中，有两个内容是必不可少的，第一是讲话的分寸与风度；第二就是学会做一个听众。善于倾听的人，最初也许不大受人重视，不太引人注意，但后来则是最受人尊敬的。因为，倾听使人觉得你谦虚好学，而且使人对你含而不露的才能有一种敬畏感。

要做一个善听者，虚心倾听是其中一项重要的条件。因为能静坐倾听别人意见的人，必定是一个富于思想和具有谦虚、温和性格的人。因为他虚心，所以为所有人接受；一个虚心的听话者，不但到处受人欢迎，而且还会逐渐知道许多事情；而一个喋喋不休者，则会像一只漏水的船，每一个乘客都想尽快逃离它。有些人觉得自己在某一问题上比别人懂得多，常常中途打断他人的讲话，阐述自己的看法和意见，喜欢教育别人。这种"好为人师"的人当然也不会成为积极的倾听者。

> 倾听是一个需要耐心、专心、虚心三管齐下的复杂动作。倾听可以增长知识，匡正行为，引导我们走上正确的为人之路、处世之道。

## （二）站在对方角度倾听

同样是倾听别人说话，有的人什么都听不出来，而有的人却能听到对方的心声，这是为什么？关键是后者善于站在对方的角度上去听。

所谓站在对方的角度上去听，是指换一个倾听的角度和方向，站在对方的角度听对方说话。

有这样一位球队的教练，他曾经带领他的队伍在世界职业大赛上多次获得冠军。当他退休的时候，继任者想要从他那里得到一些经验，便问他："您是如何取得今天的成就的，有什么秘诀吗？"

他说道："之所以能够取得今天这样的成就，并不是因为我喜欢在俱乐部大声呵斥或者独断专行，而是由于我的人际交往技巧。"

"是什么技巧能让您获得这么大的成就呢?"

他这样说道:"我从不会和队员们对着吵,他们常常会因为受到挫折而口出恶言,我想知道的就是他们为什么这样说。"

这位教练就是站在队员们的角度上去倾听,从而知道队员们最真实的想法,所以才能有最适合队员的训练方法,也就能取得最好的成绩。这确实是人际交往的一种态度。从这个方法中,我们不仅可以知道别人是怎么想的,还能知道别人为什么要这么说,从而找到最恰当的方法与人交往和接触,自然也就无往而不胜了。

### (三)理解同情地倾听

这是一种注入了感情的倾听。这种倾听者的情绪和说话者的情绪是"同步的",像是一块共鸣板,让说话者能够试探你的意见和情感,同时觉得你是以一种非裁决的、非评判的姿态出现。不要马上就问许多问题,不停地提问给人的印象往往是听者在受"炙烤"。表现得像一面镜子:反馈你认为对方当时正在考虑的内容,总结说话者的内容,以确认你完全理解了他所说的话,让倾诉者感受到你的认同,感受到你的真诚。

一位优秀的业务员这样介绍他的推销经验:"一位女士曾经为她11个儿子买了11项储蓄保险,那次的推销我并没有用什么特别的技巧,我甚至没有想着要去推销。因为她先生遭遇车祸刚刚过世,我很有耐心地听完她详细的描述,中间我根本没有想要推销自己的产品,而是不断地表示自己的同情和安慰。最后,对方主动向我申请了11项保险业务。原因是她觉得我是一个富有同情心的人,向我申请业务她比较放心。"

心理学家马斯洛认为,"社会承认"、"社会尊重"是一个人重要的心理需要。人际交往中说话一方总希望自己的话语能引起对方的兴趣、注意和肯定,如果你把说话的机会尽可能地让给对方,让其尽情地谈自己的观点、成就、烦愁、希望和理想,他自然就会认同你、吸纳你,把你当作知音。

有时候,为了表示自己的关切之情,在对方还没有说完的时候,倾听者就忙着安慰对方,或许他是为了表示自己的关心,但在说话者看来,这是一种应付的表现,会让他觉得这种安慰不是真心的。

总的来说,在听到不幸的时候要同情对方,但作为倾听者,你一定要记得同情不仅仅是说一些安慰的话,还要懂得安慰的技巧。只有这样,才能真正表达自己的同情,改善自己的交际。

由此可见,倾听不仅仅是用耳朵去听这么简单,而且还得用心。只有用心去听才是态度正确的倾听。在交际场合,很多人都是通过倾听来了解对方的,比如说了解对方的职业、兴趣爱好、家庭情况、感兴趣的话题等。所以,要做到这一步的前提就是耐心、细心、专心地听,说到底,倾听要懂得用心。你的一点头、一颔首,都会使对方感到友情的温馨,你的一个微笑,一个眼神,都会使对方感到朋友的力量和知音的难得,进而使谈话方(或诉说方)对倾听者产生敬重之情。

> 凝重的话语严肃地听,求助的话语同情地听,批评的话语耐心地听,交心的话语友善地听。

## 三、倾听的礼仪

好的交际是建立在倾听的基础之上的,而倾听和普通的听之间之所以不同,是前者懂得讲究礼仪,后者则不懂。也因为如此,一个会听话的人,不一定懂得倾听,而一个懂得倾听的人一定会听话。要做会听话的高手,除了要拥有正确的心态外,还要具有良好的倾听礼仪,如应注意礼貌,专心致志,眼神与讲话者交流,用恰当的表情和姿态去呼应对方等。

我们常遇到这两种情况:一是听别人倾诉与自己关系不太大的内容,这需要有一定的涵养才能耐住性子听下去;二是听别人发表自己不赞成的意见,甚至是反对自己或是误解自己的言谈,此时的倾听才真正表现出一个人文明交际的综合修养。

一个有素质的倾听者会做到下面几点:

（1）记住说话者的名字;
（2）用目光注视说话者,保持微笑,恰当地频频点头;
（3）身体微微倾向说话者,表示对说话者的重视;
（4）了解说话者谈话的主要内容;
（5）不离开对方所讲的话题,巧妙地通过应答,把对方讲话的内容引向所需的方向和层次。

这些都是倾听时懂礼仪的表现,是帮助倾听者提高倾听效率的方法。此外,在一些交际场合常常会遇到一些我们意想不到的情况。这时候,我们就要注意倾听时的礼仪。

### （一）尊重说话者的习惯

在倾听时,人们常说要懂得尊重说话者。这种尊重包含很多方面,比如说:尊重说话者的地方风俗,尊重说话者的说话习惯,尊重说话者的个性、隐私等。

中国是一个幅员辽阔的国家,有着56个民族,每个民族都有自己的避讳,因此,与少数民族同胞交往时,一定要入乡随俗,说话做事一定要慎之又慎,千万不能因为你倾听时的反应不当,而犯了人家的避讳。这不仅会给对方带来不愉快,也会给自己带来尴尬。

有些人由于自身的原因,说话时会带有一些自己的特点,如方言、口吃、口头禅或无意识的撇嘴、眨眼等。我们在倾听的时候,要专注于谈话内容,切不可做出讥笑等违反礼仪的举动。

### （二）保持友好的倾听心态

在进行交流的时候,常常会遇到与自己的意见和看法不一致的情况。能平静克制地听完,需要倾听者具有良好的修养。只有通过倾听了解别人的意见和看法,同时修正自己的观点,委婉地表达自己的不同意见,才能让谈话继续下去。交流不是辩论赛,没有必要针尖对麦芒地争论。

某公司市场部的老王、小李和小朱受公司的指派去龚氏集团商谈合作开发新产品事宜。在这之前,两家公司一直都合作得很愉快,这一次合作还有一点点小问题没有解决。出发前,三人达成共识:"当对方听不进去的时候,我们宁可暂时不说,也不要逼死自己","跟他们好好商量,尽量在和谐的气氛中,商量出一个双方都能够接受的结果"。然后,在老王的率领下,三人来到龚氏集团进行协商。

老王一向稳重，脾气也相当好。没想到和龚氏的人一番商谈，还没有听对方讲完，他就开始强调自己的立场，最后还大声咆哮起来，弄得小李、小朱不得不出于一致对外的原则，也跟着和对方拍起了桌子。商谈自然无法进行下去了。

离开龚氏集团，老王平静下来，向小李、小朱解释道："我们原来决定好好商量的，想不到他们如此目中无人，不立即还以颜色，将来不被他们吃定才怪，所以我来不及和二位商议，便大声嚷嚷，实在很抱歉。"小李、小朱心里连连叫苦，只是事已至此，也只好想着在被老板训斥的时候怎样向老板解释了。

其实，在专心倾听对方的话语时，一旦发现对方的想法和自己无法统一，可以一边倾听一边修正自己原来准备好的建议，避开敏感的话题，不要把自己逼进死胡同里。保持友好的交谈气氛，才能让谈话继续下去，让合作继续下去。就像老王三人一样，当发现对方的意见和自己原来设想的无法统一的时候，最好选择先认真倾听，保持谦虚的态度，冷静克制。自己无法拍板的时候，先把对方的意见记下来，回去向上司汇报，争取双方意见最大可能的统一，给以后的合作留下继续商谈的余地。像老王这样一味地强调己方的立场，甚至和对方争论起来，结果使得合作事宜功败垂成，而且要想继续合作的话，修复这次争吵带来的后果可能要花上更多的工夫；而三人因为损害了公司的利益，回去向上司汇报的时候也会受到上司的批评。

## （三）改善不良的交谈环境

在倾听时，宜选择一个安静的环境进行交谈，以减少外界的干扰。如果交谈环境过于嘈杂，应尽力改善交谈环境，尽量消除影响说话与听话的噪音。这样听对方说话，对方就感受到你是在认真听他说。

小方刚进公司做总经理秘书，一次和公司老总外出参加一个贸易洽谈会。到了酒店安顿下来后，小方回到自己的房间，看看离用餐还有一点时间，就打开了电视机，放松一下。这时，门铃响了，主办方秘书处一位先生过来补充通知一些相关事宜，小方把来人让进房间坐下后，自己先将电视机的音量调低了一些，然后将来人通知事项记录下来。会开得很顺利。返回公司后，小方发现老总对自己和蔼了很多，很多比较重要的工作都交给他做，平时外出也喜欢叫他一同去。后来一次偶然的机会，小方才知道，那次和老总外出开会时，来房间通知会议事项的是主办方的一个高管，当时小方调低电视音量的一个下意识的小动作让他很欣赏，他觉得这个小伙子的素质高，有礼貌。就餐的时候，他正好见到小方的公司老总，就在餐桌上当着其他公司老总的面对小王一顿夸奖，让老总很有面子，从此开始留意到这个刚进公司的小伙子了。

小方调低电视机的音量，是出于对来客的尊重，改善交谈环境，小方的动作是下意识的，但是更说明了这种礼仪是发自内心的，正因为心中有对对方的尊重，才得以外化为行为动作让对方感知到。小方一个下意识的小动作，改变了自己的工作处境。

## （四）把握倾听时的身体动作

在交谈过程中，谈话对象起身离开，或是坐在椅子上摇摇晃晃，或是左顾右盼，你是什么感觉？我们可能都曾遇到过这样的倾听者：歪着脑袋、将自己的身体窝在沙发之中，两只眼睛瞟来瞟去，不管你说什么，他们好像都不感兴趣。这时我们心里也许会产生一个强烈的想法：永远都不想理会他们。

### 第七讲 你需要：懂得倾听的重要

为什么？他们听话太随便了，甚至根本都没有认真听你说话。对于说话者而言，这是一种莫大的侮辱和不尊重。当然，最终损失的还是听话者，因为太随意的倾听会让他们走很多弯路。

几位大学毕业生坐在小会议室里，接受新单位主管的工作分配，人事经理正在介绍公司情况。毕业生小姚由于已从其他信息渠道获悉了自己将被分配在外销部工作，故对经理冗长的介绍满不在乎，东张西望，并悄悄地把MP3的耳塞塞进了耳朵里。不料经理突然宣布分配方案将个别通知，第二天小姚被告知到储运部报到，他对工作的突然变动迷惑不解。实际上，事情就出在小姚听话时那种不耐烦的态度上。这位初入职场的大学生怎么也想不到未展宏图先折翼，竟是自己听话时的随意造成的。

这就是倾听时不注重礼仪带来的后果。很容易理解经理对小姚工作的重新安排，没有哪个人面对一个不懂礼貌、不讲礼仪的人会心生好感，不会尊重别人的人肯定也不会得到别人的尊重，这样的人就算工作能力再强，也不会获得重用。

要做到让说话人觉得你是在认真倾听，就不能显得表情浮躁、坐立不安。一些不必要的表情动作如眼睛乱瞄、抓耳挠腮、腿脚乱晃、摆弄东西等尽量不要出现，否则只会让对方觉得你心不在焉。

即使你的这些身体动作是无意之中透露出来的，但是在对方看来，或许就是一种言外之意。因此，在倾听之时要懂得把握住自己的身体动作，避开那些不必要的动作。

> 有素质的听不仅仅只是听那么简单，需要讲究必要的礼仪。

## （五）听话时不要打断别人

在交际场上，失败的倾听者犯得最多的错误就是打断别人。倾听是沟通的第一步，不轻易打断别人是倾听的最基本法则，唯有懂得安静倾听才能提高你的交际能力。

很多时候，我们不能完整地把话一次听完。不是讲话的人不懂得讲话技巧，而是听话者显得太心急。听话听一半是常有的事，而因为听话听一半影响交际也是常有的事。

在倾听之时，难免会带着一种情绪去听，这本是人之常情。但是这种先入为主的情绪可能会影响我们正确理解听到的话语。有科学家经过研究后得出这样一个结论：一般人听别人说话的时候，只能听到所有话语的30%……接下来便凭借这听来的30%，开始曲解别人的意思，然后在曲解的基础上发表自己所谓的见解。

曾经看过这样一个故事：

美国知名主持人林克莱特一天访问一个小朋友，问他："你长大以后想要当什么呀？"小朋友天真地回答："嗯……我要当飞机的驾驶员！"林克莱特接着问："如果有一天，你的飞机飞到太平洋上空所有的引擎都熄火了，你会怎么办？"小朋友想了想说："我会先告诉坐在飞机上的人都绑好安全带，然后我挂上我的降落伞跳出去。"

当在现场的观众笑得东倒西歪时，林克莱特继续注视着这孩子，想看他是不是自作聪明的家伙。没有想到，接着孩子的两行热泪夺眶而出，这才使得林克莱特发觉这孩子的悲悯之心远非笔墨可以形容。于是林克莱特问他说:"为什么要这么做?"小孩的答案透露出一个孩子真挚的想法:"我要去拿燃料,我还要回来!"

看到这里我从心底油然产生了对主持人林克莱特的敬佩之情,佩服他与众不同之处,他能够让孩子把话说完,并且在"现场的观众笑得东倒西歪时"仍保持着倾听者应具备的一份亲切、一份平和、一份耐心。这则故事,不是想说这个小孩有多勇敢多果断,而是想说,只有完完整整地听,才能做出正确的判断和决定。而我们很多人不具备倾听的能力,总是没有认真地听完别人所讲的内容,就在那里想当然,这是很可悲的事情。在一个简单的电视节目中都这么容易发生误解,可见在一个复杂的组织体系中,要避免误解的发生是一件多么不容易的事情。因此,听别人说话,一定要有始有终,听到最后。如果没有听到最后,就不会知道对方究竟想说什么。

有一段小安与小黄之间的对话:

小黄说:"我本来不是很喜欢×先生的性格。"

小安马上插嘴说:"是啊,×先生是个令人讨厌的人,我也特讨厌他,前几天,他还做了……真是失礼啊。"

可是他没有想到,小黄后面接着说了一句:"本来我也不太喜欢他,可是交往了一段时间后,觉得他是一个特别好的人,我们准备今年秋天结婚。"

听了这话,小安后悔不已。

大多数人都会把想说的话、重要的话、总结性的话放在最后去说,所以不要在对方还没说完时就贸然断定对方的真意。另外,如果中途打断对方说话,也会招致对方的反感。所以,话听到结尾,也是避免招人反感的有效方法。

有时候,因为观点的差异或者立场的差异,在出现不同观点的时候,很多人都忍不住要打断别人,为自己辩解一番,似乎只有这样才能表明自己在认真听,似乎只有这样才能表明自己的立场和观点。事实上,这样做是事与愿违的。

有一位顾客在某商店购买了一套西装,由于掉色的问题要求退货。售货员却觉得自己并没有错,衣服掉色是正常的现象,于是便和他争执起来。商店经理听到争吵声,连忙赶过去。

由于经验丰富,非常懂得顾客心理,商店经理三言两语便使已经被售货员气得近乎发疯的顾客很快恢复了平静。经理究竟使用了什么法宝呢?

原来,经理赶到顾客面前,先是微笑而诚恳地静静听完顾客的抱怨和发泄。等顾客说完,又让售货员说话。当了解清楚吵架缘由之后,经理真诚地对顾客说:"真是万分抱歉,我不知道这种西装会掉颜色。现在怎么处理,本店完全听从您的意见。"

顾客说:"那么,你知道有什么法子可以防止西装掉颜色吗?"

经理问:"能否请您试穿一周,然后再做决定?如果那时候您还不满意,那么我们无条件给您退货,好吗?"

结果,顾客穿了一周后,西服果然没有再掉颜色。

如果你是那位顾客,你同样不会赞同售货员的观点,而愿意听从经理的劝告。因为经理善于倾听并且循循善诱,而售货员却只懂得诡辩。虽然最后的目的同样是说服这个顾客,但这两种做法的最终结果是完全不一样的。由此我们可以得出这样一个结论:即便你不同意对方的观点和意见,也一定要认真听完对方的话,完全弄明白你到底在哪些地方不同意讲话者的观点,等对方说完以后,你再阐述自己的观点。有句话说得好:我不同意你的观点,但我捍卫你说话的权利。这是一种礼貌,更是一种修养。

第七讲 你需要:懂得倾听的重要

> 倾听是一种习惯,是对人的一种礼貌,更是一门艺术。

## 四、倾听的技巧

积极倾听是一种艺术。然而,在现实生活中,倾听也许是所有沟通技巧中最被忽视的部分。我们强调口才的重要,但我们从未学习如何倾听。其实,谈话技巧一半是听的技巧,而且它远不仅仅是一种能力,更是一门艺术。人人都能听,但不是人人都善于听。有的人不大喜欢当听众,认为说的一方是主动的,而听是被动的。其实,听也可以是积极的、创造性的。交谈是信息的传递与接受的过程,有来有往,有陈述有反馈,才能在说话人与听者之间形成一种良性互动,进而建立一种默契。有不少研究表明,也有大量事实证明,人际关系失败的原因,很多时候不在于你说错了什么,或是应该说什么,而是因为你听得太少,或者不会倾听所致。

我们也许都碰到过这样的情形:在我们诉说时,即使所说的事情听话者并不是非常赞同,但听话者在适当的地方附和我们的观点,那我们在表达自己的意见时,便会非常起劲,更加投入。相反,如果对方对于所说之事没有任何附和之语,即便听话者对于所说之事很感兴趣,在我们看来,他所表现出来的也是一种无视和冷漠。所以,有人说倾听不仅仅是用耳朵听,还得用嘴。这是人际交往中应有的礼貌之举,关系到说话者的面子和自尊。

唐太宗李世民是一个以善于纳谏著称的明君,但他也不是极度地宽容大臣对他的指责,也曾因魏征当面指责他而感到生气。一次,他在宴请群臣后,酒后吐真言,对长孙无忌说:"魏征在李建成手下共事,尽心尽力,当时确实可恶。我不计前嫌地提拔任用他,直到今日,可以说无愧于后人。但是,魏征每次劝谏我,当不赞同我的意见时,我说话他就默默不应。他这样做也太没有礼貌了吧?"长孙无忌劝道:"臣子认为事不可行,才进行劝谏;如果不赞成而附和,恐怕会给陛下造成其事可行的印象。"太宗不以为然地说:"他可以当时随声附和一下,然后再找机会陈说劝谏嘛!这样做,君臣双方不就都有面子了吗?"

从唐太宗的话中我们不难发现,一些小小的附和之语竟然和说话者的面子紧紧联系在一起。如果你不想让你的朋友觉得你是一个不懂得维护别人面子的人,那么在倾听对方说话的时候,不妨试着了解一下倾听的技巧,你会发现这些小技巧会让你成为一个交际的高手。

### (一)听话时适时反馈

听话时的适时反馈是一种有效倾听的外在表现,也是通过交谈加强人际关系的技巧。试想如果只是"倾听"而没有反馈,对于信息提供者来讲,无疑是"对牛弹琴",不仅提不起"再说下去"的兴趣,而且对听话人本身也会产生一种不想交往下去的想法。因此,听他人说话时,应努力克服一切干扰,并在听到他人的话语后做出相应的反馈,有效反馈对激发他人讲话的热情有很大的帮助,这些有效反馈包括非语言反馈和语言反馈两种。

非语言有效反馈主要指一些肢体语言,如自然的微笑、得体的坐姿、亲切的眼神、点头或手势等。当我们在和他人谈话的时候,即使我们还没有开口,我们内心的感觉可能已经通过肢体语言清清楚楚地表现出来了,而且能够起到促进交流、消除心理隔阂、鼓励交谈者自然而尽情地表达等作用。

人际交往与沟通

　　眼睛是心灵的窗户,科学研究表明70%以上的信息都是通过眼睛获取的。与说话者进行目光交流能鼓励对方继续说下去。有的时候,眼神附和的效果要大于其他形式附和的效果。比如说在倾听小孩子说话的时候,一个肯定的眼神将会给孩子带来无比的自信和勇气。

　　不同视角的眼神,代表不同的意义,要想与对方有更好的交流,就要运用好眼神。眼神用得恰当,效果甚至会胜过语言。一个聪明的听话者能通过说话者的眼神猜测说话者的心理活动,从而做出有利于交谈的事情。因此,作为一个好的倾听者,不仅要进行语言上的交流,还应该和谈话者进行眼神上的交流。

　　美国一位资深外交家曾对周恩来总理在外交活动中注意倾听的风格留有深刻的印象。他说:"凡是亲切会见过周总理的人几乎都不会忘记他。他身上散发着一种吸引人的力量。长得英俊自然是一部分原因,但是给人留下深刻印象的是他的眼睛。你会感到他全神贯注于你,他会记住你和他说的话。这是一种使人一见之下顿感亲切的罕见天赋。"常言说:"眼睛比嘴巴更会说话",听别人说话时做出的表情反应是彼此感情交流的重要手段。据专家研究:不同文化背景的人,尽管听不懂对方的语言,但却对体现幸福、厌恶、惊讶、悲哀、愤怒和恐惧的表情认识得十分准确。对方从你表露的神色中可以感受到你的爱意、同情、惊喜等情感。因此,在倾听他人谈话时,让自己的表情和眼神随着对方谈话内容的变化、起伏而产生相应的反应,或喜或忧,或伤或悲,并用自己的眼神和表情的变化不时地肯定和鼓励对方继续说下去。

> 一位诗人说过:"眼睛是心灵的窗户,不会隐蔽更不会说谎。"倾听时得体的眼神会为你的魅力增添光彩。

　　会心的微笑也是反馈的一种形式,美国著名的心理学家、人际交往专家卡耐基曾说过这样一段话:"不论你在何处,以愉快的心情、甜美的微笑去对待每个认识的人,诚恳地与人握手,不要怕表错情,不要嫉恨人,时时想着快乐的事情,久而久之,你会发现自己的生活充满乐趣,自己的目标也唾手可得。"

　　卡耐基真不愧是人际交往专家,因为他懂得真诚的微笑是任何人都不会拒绝的,面带微笑地倾听不但会让说话者心情愉快,也会让自己获得快乐,还可以让思想的沟通更容易、更顺利。

　　要想给说话者以反馈,还可以通过点头来达到目的。与人交谈中,适度的点头既表示你在认真地倾听,也表示你理解或同意对方的观点。

　　所以在倾听过程中得体的坐姿、点头附和、自然的微笑等形体暗示会给其他人这样一个信号:我真诚地倾听、接收你的谈话思想。所以倾听他人说话时表现出必要的形体暗示是很重要的。有的人在倾听别人谈话时,没有任何的表示,只是像一根木头一样坐在那里,没有任何形体暗示,这会影响双方之间的沟通。

　　有时候我们认真倾听对方谈话时,会发现自己对说话者所说的话有一些疑问,如果发现了这些疑问,那么最好的办法就是提出疑问,让说话者来解答,这就是语言反馈。虽然语言反馈有打断对方说话之嫌,但是通常对方不仅不会因此怪罪你,反而会觉得你确实是在认真听。

　　所以,除了肢体语言以外,话语在积极倾听过程中也发挥着十分重要的作用。可以提出一些诸如"你认为这是关键问题吗?""你的意思是……""你能说得明白一些吗?"之类的问题。这些提问让对方感到你对该话题感兴趣,从而更乐意与你交谈,为你提供更多的信息,有助于你理解问题的各个方面。

另外,一些如"嗯"、"是这样"、"真有意思"等中性评价语言既能表示你对谈话感兴趣,又能给对方以精神上的鼓励。

当然,也可以使用重复话语的技巧,如运用"按我的理解,你的意思是……""你是说……"以及"所以你认为……"等句式来重述谈话者的观点。这种重复表明你在倾听并需要确认对方话中的含义。重复的重要性在于让你及时发现有无曲解对方的话语。

此外,总结式的语言也很重要,尝试利用"你主要是说……"和"如果我的理解没错的话,你认为……"等说法,让他人对自己的倾诉做出总结,避免自己首先下主观结论,这在积极倾听的过程中更有价值。

美国柯达公司要为其所捐建的音乐厅大剧院采购大量的座椅,消息一传出,各大制造商纷至沓来,要求签订单,而公司总裁伊斯曼以高标准和严要求著称,一般商人都被拒绝了。有一天,一个名不见经传的公司经理上门求见,一番寒暄后,亚当森诚恳地对伊斯曼说:"总裁先生,尽管像我们这样的小公司是无法和柯达公司谈生意的,可我还是请您给我一个机会,我想当面聆听您对座椅的设计建议。"伊斯曼很欣赏这位年轻人的坦诚和勇气,兴致勃勃地讲了一大堆有新意、有参考价值的建议和意见。亚当森聚精会神地倾听,不时地轻轻点头。

"总裁先生,我认为您的建议是符合时代精神的创新设计理念,这正是我梦寐以求的,没有什么比我得到您的当面教诲更宝贵的了。"亚当森流露出无限满足的神情。"顺便说一句,我曾长期从事室内装修,可我从没有见到有如您的办公室这样精致的。"伊斯曼哈哈大笑,得意地说:"这间办公室是我亲自设计的,我太喜欢了。你看,墙上的橡木地板是专程去英国订的货。"

"我注意到了这一点。意大利橡木的质地确实不如它。"

伊斯曼高兴地站起来,竟撇下亟待处理的公务,带着亚当森仔细参观他的办公室。结果,他们从上午谈到中午,从柯达公司捐巨资建造音乐厅到宏大的投资计划,从伊斯曼爱好手工劳动,谈到坎坷的人生道路,亚当森全神贯注地倾听,不时用真诚的话语由衷地表示敬意。容光焕发的柯达公司总裁伊斯曼邀请年轻的亚当森共进午餐,谈话始终在轻松和谐的气氛下进行。两人虽然是初次见面,却是"相见恨晚"。不多几日,亚当森得到了柯达公司的大量订单,而且和伊斯曼结下了终身友谊。亚当森以出色的倾听艺术,赚取了百万金钱。

在倾听的过程中,恰当地提问题,有助于相互沟通。例如:告诉对方你不明白他所讲的一些专业名词是什么意思,让他解释得清楚些,可通过回答的内容获得信息,也可从对方回答的方式、态度、情绪等方面获得信息。

倾听时给予一定的附和,可以显示出你在认真倾听,对方也会感到自己得到充分的关注。在对方讲话时,你不时地发出听懂、赞同的声音,做出首肯的动作,或有意识地重复某句重要的话,对方就会不自觉地对你产生好感。

中央台王志主持的《面对面》,是一档很受欢迎的访谈节目。王志的主持风格绝对不是侃侃而谈的那种,但他却总是那么专注地听对方讲话,总是把观众的注意力引向对方的讲话内容而不是他自身。这一点给人留下很深的印象。但他又绝不是被动地听,他的高妙和老到之处就是适时地把他的问题一个个提出来。这些问题是简洁的,却是深刻的,有时甚至是犀利的。正是这一个个问题,像一条看不见的线,引导并贯穿着整个访谈节目的方向和过程,同时也达到一般访谈节目所不具备的深度。从某种角度看,采访者的角色是主动的,他掌控着谈话的内容和方向,但这也带来一个问题,表现欲强的话就会自觉不自觉地把观众的注意力引到自己身上去,造成喧宾夺主。而访谈节目要达到一个理想的高度,就必须把谈话者的谈兴调动好,让对方发挥好。

当然,很多人之所以不愿意附和别人的话,是怕别人误认为自己没有主见,别人说什么,自己也跟着说什么。可是,我们要知道,人在谈话沟通时,附和是很常见、不可缺少的。在职场上,老板总是赏识那些有头脑和有主见的人,那么在你的同事说出一些比较有见解的话之后,不妨附和一下,这个时候,老板不仅不会认为你是一个没有头脑的人,反而会觉得你的头脑和那个同事一样好。

比如在日常交际中,同时有好几个朋友在场,那么说话者首先记住的绝对是那个经常附和他说话的人,而不是那个躲在角落一声不吭的人。

总之,不管是谁在说话,如果你想和对方继续交往下去,不妨在对方说话的时候,给予适当的反馈,以提高你与说话者之间的亲和力,让对方知道你在倾听,而不是让他觉得自己是在对牛弹琴,这一点在交流当中是非常重要的。

> 在倾听时,要嘴到、眼到、手到、心到。

## (二)与对方产生共鸣

俗话说:"酒逢知己千杯少,话不投机半句多。"通常人们所讲的"知己",并不一定指讲话要讲得多投机,话题并不一定要很多,但知己之所以成为知己,必要的一点就是倾听对方说话的时候,要表示你的理解和赞赏,那样说话者就能与听话者就某些话题达成共识。这也意味着,只要你懂得在听话之时表示理解和赞赏,你和谁都有可能成为知己。

相信很多人都有过这样的经历:当别人认真倾听并理解自己的时候,我们会感到被尊重而乐于倾诉,这就是一种知心的感觉。

一把坚实的大锁挂在门上,一根铁杆费了九牛二虎之力,还是无法将它撬开。钥匙来了,它瘦小的身子钻进锁孔,只轻轻一转,那大锁"啪"的一声就打开了。铁杆奇怪地问:"为什么我费了那么大的劲儿也打不开,而你却轻而易举地就把它打开了呢?"钥匙说:"因为我最了解它的心。"

这就是知心的力量,知心可以产生共鸣。要想与对方产生共鸣,可以尝试以下几种方式:

1. 发现对方赞赏点

每个人都有优点,每个人做每件事都有可取之处,这就是交流时的赞赏点。有句话说得好:这个社会不是缺少美,而是缺少发现美的眼睛。那么在人际交往上面,这句话就变成,说话者不是缺少赞赏点,而是倾听者缺少发现这些赞赏点的眼睛。正因为如此,很多人觉得交际很困难,其实只要紧紧抓住赞赏点,并且适时给予赞赏,那么交际对你来说,就再简单不过了。有时候适时附和对方的观点,让别人觉得你的观点和对方的观点一致,也一样能达到赞赏认同对方的目的。

比如:王小姐觉得自己新买的一件衣服挺好看的,而张小姐也觉得这件衣服不错,挺好看的,那么王小姐就会觉得张小姐赞赏自己的审美眼光,得到张小姐的认同,那么两个人的交际就非常自然地进行下去了，说不定两个人因为一件衣服而成了好朋友。

2. 了解对方的需求

倾听对方的心声是一个人建立交谈共鸣点的技巧。如果你不能倾听他人讲话，一心只想着如何才能说出更独到的言辞，自己该说什么才能给对方留下好印象之类的问题，那么你如何知道你和对方的共鸣点应该建立在哪个话题或者哪一类话题之上呢？

日本金牌保险推销大师原一平曾有这样一段推销经历：他在家接待一位出租车司机，那位司机认为原一平绝对没有机会向他推销人寿保险。当时，这位司机肯见原一平，是因为原一平家里有一台放映机，它可以播放彩色有声影片，而这是那位司机没有见过的。

但是，原一平并没有一见面就给对方放有声电影，而是仔仔细细地听对方说了半小时的话。从出租车司机的谈话中，原一平发现了对方的一个心理：很想为家人带来一些什么，这个出租车司机是一个家庭责任感很强的人。

知道了这一点之后，原一平放了一部介绍人寿保险的影片，并在结尾处提了一个结束性的问题："它将为你及你的家人带来些什么？"放完影片，司机静静地坐在原地。三分钟之后，他主动问原一平："现在还能参加这种保险吗？"

最后，他签了一份高额的人寿保险契约。

"为家人带来什么"就是原一平通过倾听和对方建立起来的共鸣点，也是对方的需求，透过这个共鸣点，原一平很快达到了自己的目的。

3. 找到共同话题

人与人之间存在的、能够产生情感共鸣的相似因素很多，有的是明显的，有的是隐蔽的。在交谈中，只要留心对方的言谈举止，就不难发现一些可作为共同话题的突破口。

例如：经历相似。唐代诗人白居易身为江州司马，与地位低下的琵琶女邂逅，白居易能很快地与之倾心交谈，并为之挥泪，泪湿青衫，就是因为"同是天涯沦落人"。经历、遭遇上的相似，使他们暂时排除了地位上的差别，有了共同语言，也成就了白居易流传千古的《琵琶行》。

例如：兴趣相似。共同的兴趣与爱好是最能促进交谈双方相互接近的，它对人们的心理往往具有特定的吸引力。比如与养鱼种花者谈论摆弄花草、金鱼之乐，与爱好音乐、体育者谈论音乐欣赏、体育赛事，与集邮爱好者谈集邮之道等，这些兴趣爱好就成了进一步交谈的桥梁。

有一次，一位业务员去一家公司销售电脑，偶然看到这位公司老总的书架上放着几本金融投资方面的书。这位业务员刚好对于金融投资比较感兴趣，所以，就和这位老总聊起了金融投资方面的话题。结果两个人聊得热火朝天，聊股票，聊期货，聊人民币的增值，聊最佳的投资模式……结果，聊得都忘了时间。

直到中午的时候，这位老总才突然想起来，问这位业务员："你销售的那个产品怎么样？"这名业务员立即抓住机会给他做了介绍，老总听完之后就说："好的，没有问题，咱们就签合同吧！"

此外，还有地域相似、职业相似、年龄相似、处境相似等直接相似因素，以及对方与自己的亲戚、朋友、同学、邻居等有联系的间接相似因素，这些都可以成为沟通情感、找到共同话题的桥梁。

不久前，张老板出差住在一家旅馆，一个先他入住的年轻人悠闲地躺在床上欣赏电视节目。张老板放下旅行包，稍稍梳洗了一下，冲了一杯茶，对那位先他而来的小伙子说："小伙子来了多久啦？"

"没大一会儿呢。"

"听口音是河北人吧?"

"噢,保定的!"

"啊,保定是个好地方啊!我在读小学时就在《平原枪声》的连环画上知道了。三年前去了一趟保定,还特意到白洋淀玩了一次呢,白洋淀雁翎队的故事我可喜欢看了!"

听了这话,那位保定的小伙子马上来了兴趣,两人从白洋淀和雁翎队谈开了,那亲热劲儿,不知道的人还以为他们是一道来的。

以这种"投石问路"式的方法,能很快寻找到共鸣点,从籍贯说起,到"白洋淀"、"雁翎队"这些共鸣点,彼此之间的交谈就不会陌生了。

所以在倾听别人谈话的过程中,要认真揣摩对方要表达的感情和含义,努力理解说话人的内心世界,这样会加快你和谈话者彼此之间的沟通,帮助你迅速找到能够与谈话者产生精神共鸣的话题和内容。"有动于中,必形于外",当你内心的感情与倾听对象产生共鸣时,表情会自然而然地随着谈话内容而发生变化,情感上会和对方产生交流,比如当对方在讲笑话时,你会开怀大笑,更增添了讲话人的兴致;说到紧张之处,你会屏气凝神,让讲话人感受到你的专注。这种积极的情感反馈自然会获得良好的倾听效果。

## (三)正确理解谈话意图

有一位领导发现他的秘书写公文爱文白夹杂,十分别扭,不合当代公文的语体要求。于是他先称赞了秘书的才学,夸秘书古文底子厚实,然后给秘书讲了这样一个故事:有位秀才外出求学,得知妻子怀孕十月临盆,非常高兴,写信给妻子说:"不知爱妻弄璋乎,抑或弄瓦乎?"妻子没弄懂他信中的意思,对念信的人说:"我既不想弄砖,也不想弄瓦,只想他早日回家。"秘书听后明白了领导的批评,从此改了文白夹杂的毛病。

这位秘书只是听了领导给他讲的一个古代的故事,就正确地解读出了领导对他写作公文时文白夹杂的文风的批评。秘书是怎样推导出领导讲故事的意图的呢?

每个人说话,总有他的说话意图。有的话语意图明显,而有的话语意图就比较隐晦,需要听话人根据当时的语境进行推导才能了解。举一个最简单的例子,某人到另一人家去,进门后说:"真热!"其意图可能并不是评价气候状况,而是希望主人把风扇或空调打开。那么,我们在听别人说话时,就要学会探究对方话语的意图。如果没能准确了解话语意图,就会达不到交际的目的,甚至会误了大事。请看:

"救火!救火!!"电话里传来了紧急而恐慌的呼救声。

"在哪里?"消防队急救部门的接线员问。

"在我家!"

"我说失火的地点在哪里?"

"在厨房!"

"我知道,可是我们该怎样去你家嘛!"

"你们不是有救火车吗?"

消防队的接线员的话语意图是了解失火方位和地点,以便消防队前往救火。而报警者始终没能了解这一意图,贻误了救火的时机。

中国语言的精深,大部分在"弦外之音"。心理学上把人们潜意识的思想称为"本意语言",而把加工修饰后表达出的话称为"原则语言"。由于原则语言和本意语言时常不一致,

## 第七讲 你需要：懂得倾听的重要

因而就有了"弦外之音"。

常听人说，某人"不知趣"、"不识相"，这个不知趣、不识相就体现在听的方面，就是缺乏听懂别人话里有话的功夫。由于听不懂"话外音"，就可能看不出眉高眼低，在不适宜的时候，说一些不适宜的话，做一些不适宜的事。

一个公司的老板与外商谈判，效果并不理想，他窝了一肚子火回来对员工说：你们这些人把事情办成了什么样子，存心和我作对吗？员工们丈二和尚摸不着头脑。

其中员工小张猜测老板是冲着她来的，是想炒她的鱿鱼，于是就破罐子破摔，和老板大吵大嚷起来。

而员工小郑心想：老板一贯是很和蔼的，今天发这么大火肯定是有原因的。于是对老板说："您能让我们知道发生了什么事吗？"老板于是说出了谈判不顺利的事，并主动为自己的不理智向大家道歉。

在上述案例中我们可以看出，听话之时善于用脑子来了解别人的话语意图是非常重要的。

很多人在听话的时候仅仅注意对方说什么，却没有注意对方是怎么说的。而往往说话的形式比内容还重要。内容充其量只能给你传递一些说话的信息，但是说话的形式却可以给我们传递出更多说话者本身的信息，比如说情绪、言外之意、想要对方怎么做等。这一点也是需要听话者认真倾听才能发现的。

有一个老板对自己的秘书说："你不想在我这儿干了吧？所以将文稿写得这样糟糕，你让我怎么去念？如果你不想干的话，你可以马上就走。"

从老板的这句话中，所要传达的内容就是老板批评秘书文稿写得不好，但是从老板的批评形式上看，有几个方面可以看出来：

第一，这个老板是个很要面子的人，因为文稿没有写好，使得他在演讲的时候丢了面子，所以才发这么大的火。

第二，老板对这个秘书意见非常大，有意让秘书辞职。毕竟他这样批评秘书，有一点眼光的人都会选择辞职，而一旦秘书这样做了，老板的目的就达到了。

所以，谈话方式和谈话内容是相辅相成的。作为听话者，不仅要听懂对方的意思，还要关注对方说话的细节，这样才能真正了解对方的心理活动。听话需要细心领悟与揣摩，听不出"弦外之音"则是一种不善交际的表现。其实言外之意在生活当中非常常见：

父亲跟老师谈论自己的儿子："请您告诉我，我儿子的历史学得怎样？当初我念书的时候，不喜欢这门课，考试总不及格。"

老师回答说："历史在重演。"

这里老师知道自己的学生历史学得不好，但并没有对学生的父亲直说，而是通过暗示告诉父亲，孩子的历史成绩不好。这样的表达既达到了目的，又避免了父亲的尴尬。

一个女孩子年近三十还没有婚嫁之意，老父亲着急了，警告她说："你可不是皇帝的女儿哟！"

女孩子满不在乎地说："放心吧，爸爸，大海里的鱼多着呢！"

"是啊，我的孩子，"老父亲笑了笑说，"可钓饵放久了也就没有味道了！"

在一旁的母亲也说开了："听你爸的话是没有错的，过了这个村就没有这个店喽！"

在这段对话中，无论是"皇帝的女儿"、"大海里的鱼"、"钓饵"、"村"、"店"都是一种比喻，虽然整段对话都没有提及"结婚"两字，但其中的意思却非常明了，这就是通过言外之意来表达意图的好处。

再比如朋友背地里吃了你的东西,你发现后,会嚷"是谁吃了我的东西"。朋友一听就知道你生气了,但是他会这样说:"对不起!我刚才实在是太饿了,有空请你吃饭好吗?"简单的一句话既没有直接说他偷吃了你的东西,又为自己挽回了余地,还维持了你们的友谊。他说他实在太饿了,就是弦外之音,等于说他吃了你的东西,并希望你能原谅他。

在与你的上司领导谈话时要注意,领导的语言是具揣摩性的。比如你刚到一家公司不久,领导找你谈话。"你到公司还没多久,工作成绩不错,以后有什么打算啊?"很轻松的一句话却含有领导特殊的意图,他是在考察你的工作心态。你若很坦率地说出自己的理想志向,领导会认为你过于幼稚而缺乏城府。你若大谈与公司不相干的事业理想,上司会了解到你眼下只是把公司当成一个跳板,一旦有了机遇你就会远走高飞,根本没有为公司的长远发展打算。

这时你就该谨慎而言:"我想就目前的工作先干一段再说,以后再做打算也不迟。"以这种含蓄的语言回答是比较稳妥的。

如果对方是在炫耀他光荣的过去,这时你就要留心了,因为此时他心里正在期待着你的夸奖,所以,只要是认为值得或应该夸奖的,就不要吝啬你的赞美。当对方在显示他的博学或机智的时候也是一样,这样你一定能获得他的好感。

如果对方向你讲述另外一个人的是非,你千万不可随声附和,也不要直接打断对方的话,你可以间接地将话题引开。要懂得闲谈少论他人非。更要听出他言语的暗含之意,他向你说一个人的过错,不是攻击他,就是挑拨你与那人的关系,你要灵敏一些,不要被对方的言语所蒙蔽。须知,来说是非者,便是是非人。

对整天埋头苦干的人说:"今天星期天了!"言外之意是提醒他休息。

对因偷懒还没有完成原工作计划的人说:"今天星期天了!"则是暗示他要抓紧时间完成。

如果是双方原来有约定,计划星期天到郊外游玩,则"今天星期天了!"是提醒对方要到郊外去游玩。

如果听话人欠了说话人的钱,而且听话人答应了星期天还钱,那么"今天星期天了!"就是说话人在提醒对方是时候该还钱了。

……

在倾听的过程中,要善于捕获对方讲话的信息,了解对方真实的想法和感觉,听话要听音。

## (四)听出拒绝之辞

拒绝总是一件尴尬的事情,无论是听话者还是说话者都应该避免直接面对,因此,在多数情况下,说话者表达拒绝都是迂回的,而听话者听懂拒绝也需要在字里行间明白对方意图。一个善于倾听的人不仅仅是一个善于通过倾听了解对方的人,而且还是一个善于听出别人拒绝之辞的人。

小张去找自己曾经的老师,希望他能帮自己说说话,好让自己进这个学校教书,可是他的老师却觉得他根本不适合教书,于是老师说:"教书在哪一个学校都一样嘛,很多人都选择去支教,再说你看,我现在也不是学校的领导了,说话也没有分量了,是不是……"

这就是一种拒绝的借口。其中无论是"教书在哪一个学校都一样"、"很多人都选择去支教",还是"我说话没有分量"都是拒绝小张所请的借口。如果你是小张,在听到这样的话的

## 第七讲　你需要：懂得倾听的重要

时候就应该另寻其他方式了。其实我们从对方说话的速度就大致可以知道对方的态度，如果对方非常愿意帮你，那么答应你的速度一定是非常快的，甚至是不假思索的。但是如果对方不愿意帮你，要不就是"我考虑考虑"，要不就是装作没有听见，不回答你。遇到这样的情况，对方的意思八九不离十就是拒绝了。

一个嗜酒如命的演员在拍摄一场"大碗喝酒"的戏时，为了能喝到好酒，他就向导演提出："戏里面喝的是茅台，如果在拍摄时真的能把低度酒换成真茅台，那么我就能更快、更好地找到感觉了，表演效果肯定会更加逼真。"

导演一听，笑着说："可以啊，只是下一场还有服毒自杀吃砒霜的戏，那又该怎么样才能更加逼真呢？"演员听了导演的意思，一笑了之，不再坚持己见。

在这个故事中，聪明的导演并没有直接拒绝演员的要求，而是将计就计，提出了一个让对方无言以对的问题，非常婉转地拒绝了演员的要求，同意是表面的假象，言外之意的否定才是真实的目的。

和直接拒绝相比，有的人更喜欢用"拖时间"来表达拒绝的意思，只不过这个"拖时间"也用了一些借口。

同样以小张请求老师帮忙为例，老师可能就会说："这个事情我得好好考虑考虑，你看，我最近也比较忙，过一段时间再说好吧？"

"过一段时间再说"其实就是一种推托，而"考虑考虑""最近比较忙"其实就是这个推托的借口，毕竟说一句话能用多长时间呢？所以听到这种话的时候，我们就要想到，对方在拒绝我们了，就应适可而止，不要强人所难。

但是很多交际场合，有很多人确实没有洞察拒绝的"眼力"，虽然别人都已经流露出来要摆脱他的意思了，但是他却一点反应也没有，不得已，对方就只能制造借口了。比如有人对他的朋友说："我最近很忙，天天加班到很晚，连好好睡一觉的时间都没有。这不，公司刚才又催我了，你看，我们是不是改天再聊？"

其实说不定公司根本就没有催他，他也根本就不忙，只是他厌烦了或者他还要赶着去约会，等等。只不过碍于面子不好意思明说，只能找一个借口"温柔"地将你"赶走"。碰到这种情况，你就应该向对方道歉，说耽误他的时间了，然后迅速地离开。

有时候，上班迟到或者约会迟到了，虽然很常见，但是很多人还是会找一个借口以避免不守时的尴尬。如："怎么，我打过电话给你的同事啊，告诉你我要推迟一刻钟，接电话的人没有转告你啊？""对不起，我刚才已经到了，不过我们主任就站在你的旁边等车，我不太好意思过来……"

其实这个人根本就没有打过电话给你的同事，或者你身边的人根本就不是他的主任，这只不过是一个弥补过失的借口而已，当你明白了这些之后，也就没有必要再追究下去了。

总之，做一个好的听众，一定要掌握听话的技巧，正确理解对方话语的观点，不断与对方进行恰当的交流，积极思考，快速反应，达到良好的沟通目的。

### （五）听懂客套话

在日常交际中，客套话是不可避免的。很多时候，说客套话是一种谦虚的表现，但是如果你听不懂这些客套话，把对方的客套话当成事实，那么交际就会大打折扣。

比如，偶然遇到同事与人共饮，当他邀请你"来来来，一起喝两杯"时，不去也不是，怕对方是真心的，但是去也不妥，怕对方只是敷衍客气。其实只要用心想想，如果对方真心邀请你吃饭,一定会提前将时间、地点等通知你,而临到吃饭时间才想到你,或者不过是在饭桌旁不经意的遇到,出于礼貌的邀请,一定是客套话了,这时你就要婉言谢绝,以免大家尴尬。

要知道很多人之所以说客套话是出于一种礼貌之举,作为一个聪明的交际者,绝对不能践踏别人的礼貌,这同样是交际场上应该懂得的礼貌之举、素质之举。

总之良好的倾听技巧会让你:更好地理解任务,以及别人对你的期待;与同事、老板以及客户建立和善的关系;表示你对他人的支持;改善团队合作环境,使其更友善;解决与客户、同事、老板之间的问题;并且懂得别人谈话里的深层意思。

> "倾听"之举成为一种自觉的理性行为而一以贯之,并非一般人可以做到,"善于倾听"就更难了,它常常与一个人的个人素质、文明修养、人品德行相关联。

在现代企业,倾听已被看作是获得初始职位、提高管理能力、工作成功的必备技能之一。美国学者提出了改善倾听的10条指南:①自己不再讲话;②让谈话者无拘束;③向讲话者显示你是要倾听他的讲话;④克服心不在焉的现象;⑤以设身处地的同情态度对待谈话者;⑥要有耐心;⑦不要发火;⑧与人争辩或批评他人时要平和宽容;⑨提出问题;⑩自己不再讲话。第①条和第⑩条其实是相同的,也是最重要的,在领导者能够倾听意见之前必须保证自己不再讲话,当他人停止谈话前,决不开口。只有在准确地复述原先发言者的思想和感觉并感到满意之后,你才可能发言。

倾听的能力,需要不间断地培养。倾听不只是用耳朵,而且要用心,要用心去感悟,用心去思考,用心去咀嚼。让我们看一个侧耳倾听使人受益匪浅的故事:

我大学毕业后在一家公司的策划部工作。在取得了一些成绩后,被破格提升为公司高级管理人员。在我被破格提升为公司高级管理人员的当天,董事长在办公室给我讲了个故事:"在一个仓库里,几个人把一块手表掉了,大家竭力寻找,却怎么也找不到,后来……"

我没想到是这样一个老掉牙的故事,就插言道:"后来一个小孩趁这几个人休息的时候来到仓库,趴在地上,找到了那个手表,因为他用耳朵听到手表滴滴答答的声音……"

"很好,看来你听过这个故事,但是你明白这个故事吗?"

"当然知道,就是要我们学会倾听,倾听可以发现许多意想不到的事情!"

"没错,但是你在倾听我说吗?孩子,自信是商人成功的标志,但自信和自负是不同的。你现在是公司的高级管理人员,如果你不去倾听来自员工的话,你将和市场脱节。懂吗?"

从此,这个故事一直跟随着我,我要求自己具备自信的同时,更要具备亲和力。

这位营销员出身的经理是幸运的,因为他有一位好的领路人,可是,如果没有这个引路人,你也能像他那样学会专注,学会挖掘,学会倾听吗?

> 专注于工作,透过表面挖掘深层,倾听上级、同行、下属的意见,你的工作会变得更加轻松。

总之,听和说是紧密联系在一起的,作为一个交际高手,不仅仅要有滔滔不绝的口才,而且还要有耐心细致的倾听技巧,只有懂得用心倾听,才会有的放矢。学会倾听是一门学问,是社会交往取得成功的重要手段,也是现代文明人的重要表征。让我们都来做一个善于倾听的人!

【问题思考】

张:小王,星期六到我家来吃饭吧!

王:不了,怪麻烦的。

张:不麻烦,反正我也没事干,过来和我说说话吧。

王:你老是请我吃饭,太客气了。

张:别这样说,吃顿便饭嘛。

王:好吧! 那就谢谢你啦!

从以上这段对话中,你能听出小张是真心请小王吃饭还是客套话,怎样听出来的?

学习了本讲,你需要制订、实施自我能力促进计划

| 第 一 阶 段 | |
|---|---|
| 目标 | 我的目标: |
| 问题 | 我目前存在的主要问题是: |
| 行动 | 为实现阶段目标,我马上要做的事情是: |
| 评价 | 行动成效检查评价(　　年　　月　　日): <br> 促进显著(　　)　　有所促进(　　)　　促进不明显(　　) <br> 原因分析: |
| 提升 | 鉴于已取得的收获,下一步我需要做的事情是: |
| 第 二 阶 段 | |
| 目标 | 我的目标: |
| 问题 | 我目前存在的主要问题是: |
| 行动 | 为实现阶段目标,我马上要做的事情是: |
| 评价 | 行动成效检查评价(　　年　　月　　日): <br> 促进显著(　　)　　有所促进(　　)　　促进不明显(　　) <br> 原因分析: |
| 提升 | 鉴于已取得的收获,下一步我需要做的事情是: |
| 第 三 阶 段 | |
| 目标 | 我的目标: |
| 问题 | 我目前存在的主要问题是: |
| 行动 | 为实现阶段目标,我马上要做的事情是: |
| 评价 | 行动成效检查评价(　　年　　月　　日): <br> 促进显著(　　)　　有所促进(　　)　　促进不明显(　　) <br> 原因分析: |
| 提升 | 鉴于已取得的收获,下一步我需要做的事情是: |

小王刚刚毕业,在一家公司从事外联工作,需要接触很多的新同事和客户,总免不了会遇到叫不出名字的尴尬场景,小王为此很苦恼。有一次,小王在餐厅吃饭,一个人走过来跟他打招呼:"王先生,您好!正好遇见您,可以给我两分钟谈谈我们上次说到的合作业务吗?"小王一时想不起这个人是谁了,也不记得他是哪家公司的职员,光觉得脸熟。小王脸皮薄,硬着头皮跟对方交谈下去,结果话不对题,让对方脸色很不好看。

小王因为缺乏人际交往中相关的技巧,导致了这样尴尬的场面。

——如果你是小王,你会用什么方法来避免这类尴尬呢?

# 第八讲

# 你需要:学习交往的技巧

我们正处于人生的黄金时代,随着需要层次的不断提高和自我意识的日益强化,我们渴望建立良好的人际关系。拥有团结互助、平等友爱、共同前进的人际关系,掌握正确的处事技巧,身处一个和谐、信任、友爱、理解、互相关心的客观环境,是高质量生活的需要,更是人生事业成功必不可少的条件。因此,我们每一个人都必须学会处理人际关系,愉快地生活在这个大集体中,也为今后走上职场奠定良好的基础。

然而,对于很多没有走上社会或是刚刚步入社会的人来说,对社会上人际关系的复杂性的认识还不够,处理起来也非常头疼。我们经常说"高分低能",指的就是智商高,却情商低,这一类人往往不懂得怎么去和别人相处、沟通、交流。很多人说,他们在与自己比较熟悉的人交往时能表现得很自如,但在新环境中,或与不太熟悉的人交往时往往很被动、拘谨、畏缩。他们想关心人,但不知从何做起;想赞美人,可怎么也开不了口;心里明明想的是这样,嘴巴说出来时却词不达意;内心想表示温柔,言语却是硬邦邦的;交友的愿望强烈,然而总感到没有机会。交往中想表现自己却不能如愿,这些情况造成他们在人际交往的场合处于被动、孤立的境地,阻碍了和他人交往的顺利进行,也因不能恰当表达自己的想法而限制了自己的发展。如果今后走向社会仍对人际关系一无所知,那他们将无法适应未来的工作。

因此,要使自己的才能提升一个能量级,就必须学会与人交往,采取主动的、积极的方式,去逐步提高自己的人际交往能力。交往能力的提升是有规律可循的,是有技巧可学的,可以在社会化过程中的系统训练习得,既可从他人的成功中学习,也可从他人的总结中学习,还可以在自己不断的探索中学习。

人际交往技巧就如一剂润滑油,它可以助你在交往中如鱼得水、应对自如,增进彼此了解,缩短心理距离,建立良好的人际关系。人际交往技巧很多,但对于即将步入社会或是刚刚步入社会的年轻人来说,从既有利于他在校期间建立起一个良好的学习环境,又对他毕业后建立一个良好的工作环境有借鉴意义这两个角度考虑,主要介绍以下几个方面的技巧。

## 一、当我们首度会面——初次交往的技巧

### (一)"首因效应"在人际交往中具有先入为主的作用

第一印象在人际交往中有着强烈的定向作用,人们往往凭借第一印象来判断、评价和了解一个人。心理学研究发现,与一个人初次会面,45秒钟内就能产生第一印象,这个第一印象会在头脑中占据主导地位,并直接影响到对此人以后的一系列评价。因此,我们与某人的交

往,在很大程度上依赖于有关的心理活动第一次出现时注意和兴趣的强度。唐代诗人崔护《题都城南庄》就是千古传颂的关于美好第一印象的诗作:"去年今日此门中,人面桃花相映红。人面不知何处去,桃花依旧笑春风。"道出了作者在桃花丛中寻春偶遇光彩照人的少女,一年之后对其美好印象的回忆及故地重游的感慨。

印象是客观事物在人的头脑里留下的迹象或形象。社会交往中研究的印象主要指对人的印象。人与人初次接触便留下初次印象。初次印象是第一次接触某人时,由对方谈吐、表情、相貌、姿态、身体、仪表、性别、年龄、服装等直接获取的信息,并对对方职业、身份、兴趣、爱好、能力、气质、性格等情况做出初步分析与判断。

心理学上有"首因效应"现象,是指最初接触到的信息所形成的印象对我们以后的行为活动和评价的影响,实际上指的就是"第一印象"的影响。在首因效应的经典实验中,美国心理学家卢钦斯(A. Ladins,1957)用编撰的两段文字作为实验材料,描写了一个名叫吉姆的男孩的生活片段,第一段文字将吉姆描写成热情并外向的人,他与朋友一起去上学,走在撒满阳光的马路上,与店铺里的熟人说话,与新结识的女孩子打招呼等;另一段文字则相反,把他描写成冷淡而内向的人,说吉姆放学后一个人步行回家,他走在马路的背阴一侧,他没有与新近结识的女孩子打招呼等。在实验中,卢钦斯把两段文字加以组合:

第一组,描写吉姆热情外向的文字先出现,冷淡内向的文字后出现。

第二组,描写吉姆冷淡内向的文字先出现,热情外向的文字后出现。

第三组,只显示描写吉姆热情外向的文字。

第四组,只显示描写吉姆冷淡内向的文字。

卢钦斯让四组人分别阅读这四组文字材料,然后回答一个问题:"吉姆是一个什么样的人?"结果发现:第一组有78.1%的人认为吉姆是一个热情、外向的人;第二组有82%的人认为吉姆是一个冷漠、内向的人;第三组有95%的人认为吉姆是一个热情、外向的人;第四组有97%的人认为吉姆是一个冷漠、内向的人。

此实验有力地证明了首因效应的先入性,并且这种先入为主的第一印象是人的普遍的主观性倾向,它会左右对某人以后一系列特性所做出的解释。这是一种优先效应,当不同的信息结合在一起的时候,人们总是倾向于重视前面的信息。即使人们同样重视了后面的信息,也会认为后面的信息是非本质的、偶然的,人们习惯于按照前面的信息解释后面的信息,即使后面的信息与前面的信息不一致,也会屈从于前面的信息,以形成整体一致的印象。在生活节奏如同飞驰列车的现代社会,很少有人会愿意花更多的时间去进一步了解、证实一个留给他不美好第一印象的人。

所以,我们在与别人发生最初接触时,应该尽量给别人留下美好的第一印象。人与人初次直接接触,可分为无意接触和有意接触。无意接触指个体在无思想准备的情况下与他人相识,具有很大的随机性,如在车站、商场、舞会、影院、旅社等公共场所,因种种原因不得不与他人交往。无意接触到的人也许和你只是擦肩而过,大多不会留下什么深刻的印象。有意接触是指事前有思想准备,会见有目的性,如学生找老师询问毕业论文写作事宜,记者采访新闻人物,双方因公事约定会面、会谈等。在有意接触中,某些具有刺激性的信息,可能使人产生极端性印象,即极坏的印象或极好的印象,令人终生难忘。这就需要靠我们的能动性来给对方创造出美好的印象。

> 在人与人的交往中,若形成的初次印象是正面的、良好的,双方便希望继续交往、增进关系;若形成的印象是负面的、不好的,可能双方就会拒绝继续交往,使关系了结。

## (二)初次交往的技巧

与陌生人初识,第一印象至关重要。偶一不慎,礼貌欠周,常常会导致某次交往的失败,甚至对你的前途产生不良的影响,因此要尽量利用好并抓住每个机会。如何在求职、工作、交友等人际关系场合给人留下良好印象?心理学家卡耐基在其著作《怎样赢得朋友,怎样影响别人》一书中总结出了给人留下良好的第一印象的六种途径——真诚地对别人感兴趣;微笑;多提别人的名字;做一个耐心的听者,鼓励别人谈他们自己;谈论符合别人兴趣的话题;以真诚的方式让别人感到他很重要。借鉴卡耐基的总结,我们谈几点初次交往的技巧。

1. 始终保持微笑

第一印象的好坏决定于初见时的第一眼感觉,而人与人初次见面时,表情就是决定印象好坏的最大因素。心理学认为"微笑"就是"接纳、亲切"的标志,当你向初次交往的对象展示微笑时,等于告诉对方"我对你很友好,没有敌意",甚至传达出"我挺喜欢你"的信息,就能消除对方的警戒心。反之,如果你一直板着脸孔,对方就会感到紧张,认为你在拒绝他,难与你亲近。

著名的沃尔玛的"八颗牙的微笑"是这样诠释的:"我希望你向我保证,无论什么时候,当客户与你的距离在十米之内时,你应该微笑着注视他的眼睛,问他是否需要你的帮助。"

所以,请不要吝啬你的笑容,用你流露着笑意的双眸和表情,向初次见面的朋友表现友善,表示好感,让其成为你们进一步沟通的催化剂。

2. 用心牢记对方姓名并能脱口而出

卡耐基发现,人对自己的名字看得惊人的重要。他说:一种简单、明显、最重要的获得好感的方法,那就是记住他人的姓名,使他人感觉对于别人很重要。在初次交往的场合,如果在相互介绍后,你能用心记住对方姓名,并在接下来的整个交往过程中,都能随时叫出对方的姓名,那么,你也将得到对方的好感。

例如有经验的教师在每一门课开始的第一堂课上,常常会和学生先来个相互认识。这时,教师会尽量记住尽可能多的学生的名字,记住他们的相关信息。在提问或课间交流时,当教师貌似随意地叫出学生的名字时,就能看到从学生的眼睛中流露出的惊喜之情。也许,学生并没有想到,老师初次见面就能在众多学生中记住了他的名字。更有趣的现象是,这些学生在以后的学习中,会更愿意和教师交流,在课堂上的发言也更为积极,对这门课程的学习兴趣也会更浓。就是这么一个小小的技巧——喊出每个学生的名字,就可以拉近师生的距离,使师生关系更融洽。

3. 主动向对方打招呼

人际交往本质上是一个互动的过程,但许多时候互动链的运行需要有人激发。事实上,许多交际成功的人往往会主动激发,开启人际互动链。即他们往往首先向别人发出友好的信号,主动关心别人,主动帮助别人,主动与人打招呼……以此打开了人际交往的局面。

而我们在很多社交场合,常常看见这样的人和这样的场景:他们面对陌生人手足无措,不停思量着、担心着自己的主动会不会换来别人无应答的难堪局面,就这样错过了初次交往的时机,成为被群体遗忘的"边缘人"。

总是被动地等待别人的接触,往往在交往中处于被动状态。其实,首先与人打招呼,主动与人说话,这都是很容易做到的小事,俗话说:"一回生,二回熟。"从天气、现场的氛围、对方的衣着等最基本的交谈内容说起,一句"你这件衣服很漂亮,我也很喜欢这个品牌的衣服"或"听你的口音,你是××人吧,我也是"这样的话语,就能使彼此因相同的兴趣爱好产生共鸣,因同族或同伴意识而亲密地联结在一起,就像声学中的"同频共振"规律一样,使你的"固有频率"与他的"固有频率"相一致,在无形中让对方对你产生亲切感,使心理距离缩小,双方便很容易增进情谊、结成朋友了。

对于陌生人来说,你先开口向对方打招呼,就等于你将其置于一个较高的位置,一定能叩开交际的大门。人际关系是互动的,不要总是消极地等待别人来主动关心自己,而要主动地与周围的同学、朋友交往沟通。开放自我是有感染性的,你对别人开放,别人也会对你开放。当你走出自我封闭的死圈子的时候,你会发现,你变成了一个平易近人的人,每个人都愿意与你交往。

4. 围绕对方、根据场合展开话题

要想在初次交往后能留下愉快的记忆,说的技巧也十分重要。初次见面就受大家欢迎的人,大多是掌握了社交口才技巧的人。其中,若能够围绕对方展开话题,从内容上适应对方的心理需要、知识经验、双方关系及交往场合,和中老年人谈健康长寿,和少妇谈孩子和减肥,和孩子谈喜羊羊和灰太狼、花园宝宝……就能吸引和抓住对方,在短时间内使对方喜欢上你,使交往关系密切起来。

我们都有这样的经验,当某人谈起自己的得意之事时,总是眉飞色舞、滔滔不绝。是的,每个人都有自觉得意的事情,但是,再得意、再值得骄傲和自豪的事情,如果没有他人的询问,自己也不会主动提及。所以,当你的开场白成功吸引对方注意后,在随后更进一步的交谈中,可以引导对方谈得意之事,对方一定会欣喜万分,并敞开心扉畅所欲言,越谈越开心,越说越兴奋,你们的关系也会越来越融洽。

初次交谈也要讲究"因时制宜"、"因地制宜",根据时机、场合展开话题。《中庸》说:"国有道,共言足以兴国;国无道,其默足以容。"进谏或保持缄默都是合宜的处事方法,但朝臣采取哪种方法才可产生较理想的效果,却取决于他们身处的国家是有道还是无道之国,所面对的是贤君还是昏君。现代社会的社交场合亦是,该说时不说,见面时不及时问候,分手时不及时告别,失礼时不及时道歉,对请教不及时解答,对求助不及时答复。该止时不止,在热闹喜庆的气氛中唠唠叨叨诉说自己的不幸,在别人悲伤忧愁时嘻嘻哈哈开玩笑,在别人心绪不安时仍滔滔不绝发表宏论……这些正是犯了不合时宜的错误。设想一下,假如你在社交中遇见了这些人,你会对他产生什么样的印象呢?

在初次交往中也有些不好的交谈对话方式,应当引以为戒:

一不要使用土语和方言,切忌平平淡淡、滥用辞藻、含含糊糊、干巴枯燥。

二不要随意打断他人谈话,扰乱他人思路。

三不要因为自己注意力不集中,迫使他人再次重复谈过的话题。

四不要连珠炮般地连续发问,以致他人难以应付。

五不要对他人的提问漫不经心,言谈空洞。

六不要当别人对某话题感兴趣时,你却感到不耐烦,立即将话题转移到自己感兴趣的方面上去。

七不要初次见面就争论不休,产生敌意。

八不要追问自己不必知道或别人不想回答的事情,给别人留下恶劣的印象。

另外,我们还可以借鉴心理学家提出的交往中的"SOLER"技术,来增加我们初次交往的成功率。S(SIT)代表"坐要面对别人";O(OPEN)表示"姿势要自然开放";L(LEAN)的意思为"身体微微前倾";E(EYES)代表"目光接触";R(RELAX)表示"放松"。在社交场合,有意识地运用"SOLER"技术,目光正视对方,善用眼神交流,既不显得过分热情,一见如故,也不过于拘谨,谨小慎微;既不骄傲自大,也不卑躬屈膝。不卑不亢、坦诚大方才是与陌生人相处的最佳选择,可以有效地增加给别人的好感,让别人更好地接纳自己,给人留下良好的第一印象。

当然,人通过初次接触而获得的第一印象,并不一定代表认识的正确性。"试玉要烧三月满,辨材须待七年期",对人的认识要有一个时间过程,若有缘相知相交,我们应该用发展变化的观点看待人。

> 在交友、求职等初次社交活动中,技巧的得当运用,可以让我们展示一种极好的第一印象,而更深层次的交往还需要我们提高自身谈吐、举止、修养、礼节等各方面的素质。

## 二、当矛盾阻隔你我——消除矛盾的技巧

在我们交往的人中,他们或开朗或深沉,或含蓄或坦率,或豁达或慎重,其个性是丰富多彩、千差万别的。身处其中的你,面对这个世界上个性丰富多彩的人群,无论喜欢与否,你都要面对,都要与其相处。接触多了,有时候难免会产生摩擦和矛盾。当矛盾阻隔了你我,不可避免会造成交往的困难。下面介绍几种消除矛盾的技巧。

### (一)让他一下又何妨

在一项大学生"你最不愿和什么样的人交往"的调查中,多数人的回答是:(1)只为自己着想,不为他人着想的人;(2)不考虑别人感受的人;(3)以自我为中心、自高自大、盛气凌人的人;(4)爱嘲笑别人的人。可见,没有人愿意与自私、心胸狭隘的人打交道。

我们每个人都有自己的气质和性格特点,不同的成长背景和生活习惯,同时还具有很强的个性,互不服输,如果一方居高临下、盛气凌人、发号施令、颐指气使,那么他很快便会遭到孤立。如果能互相理解谦让,大家的关系就容易融洽。

《周易·谦卦》中说:"谦:亨,君子有终。"真正有修养的人,能够安行于谦道,终身不改。清朝康熙年间有个大学士名叫张英。一天张英收到家信,说家人为了争三尺宽的宅基地,与邻居发生纠纷,要他用职权疏通关系,打赢这场官司。张英阅信后坦然一笑,挥笔写了一封信,并附诗一首:千里修书只为墙,让他三尺又何妨?万里长城今犹在,不见当年秦始皇。家

人接信后,让出三尺宅基地。邻居见了,也主动相让,结果成了六尺巷。这个化干戈为玉帛的故事流传至今。

"君子成人之美,不成人之恶,小人反是。"(《论语·颜渊》)在一定意义上,成人之美就是成己之美,特别是在双方发生矛盾之时,让他一下又何妨,正所谓与人方便,与己方便。

谦让这种美德,善加运用可使我们的交往更加融洽,但如果是带有某种目的、不纯洁的谦让,就是一种虚伪的人性悲哀。佛经记载了这样一个故事:有一位高僧和一位居士在一起吃饭,桌上有一大一小两碗面,高僧将大碗的推到居士面前,居士却不客气地把面吃掉了。高僧为此有了意见,他觉得居士应该将大碗再推回来,这是恭敬的表现。可是居士却一点谦让的行为都没有。这样对吗?居士说:"我再将您推给我的大碗面推到您的面前,那不是我的本愿。既然不是我的本愿,我为什么要那样做呢?难道您把大碗让给我是真心吗?如果不是真心的,那您为什么要这样做呢?"高僧听到居士的回答惭愧地吃完了面前的小碗面条。

这则故事告诉我们,谦让应发自内心,不能虚情假意,拘泥于形式的谦让是虚伪的表现,坦诚真心的谦让才是做人的根本!

所以,谦让应该是诚心而又纯洁的,若像上面讲到的高僧所为,就违背了谦让的本质。与人交往,应该发扬谦让这一大家风范,不要光看自己的优点而盛气凌人,也不要只见自身弱点而盲目自卑。

> 用争夺的方法,我们将永远得不到满足,而用谦让的方法,我们可能会得到比我们期望还要多的东西。

## (二)以宽宏豁达之心待人接物

当你与朝夕相处的朋友有了误会,或是受到别人不公正的对待、不为人所接纳时,你的表现是怎样的,焦虑烦恼,大吵大闹,干脆绝交,这些都不是最好的办法,只会使自己在交往中处于不利地位且影响以后的交往。显然,这不是你想要的结果,想保持良好的人际关系,你必须有一颗宽容大度的心。

做一个宽宏豁达的人是有一定难度的,在日常的交往中要注重这种品质的培养,以求更好地适应生活、适应社会。在彼此之间发生冲突或不协调时,切忌以自我为中心,要处处替他人着想,学会换位思考,将心比心,多问问"如果我站在他的位置上,我会怎么样"。站在对方的角度去理解和处理问题,不计较对方的态度,不计较对方的言辞,并勇于承担自己的行为责任,做到"宰相肚里能撑船"。"宽,则得众",误会、委屈都会随之烟消云散,别人也将欣然接受你,做到互相的谅解和彼此的适应。

有位哲人说得好:"谁想在厄运时得到援助,就应该在平时宽以待人。"如果我们以宽厚的心理解他人,接纳他人,尊重他人,就可以化干戈为玉帛,化仇敌为朋友,就会除掉生活中的很多障碍,人生的道路自然就会越走越宽,甚至还可以让自己的人生得到意想不到的收获。在澳大利亚,许多求职者接到落聘通知书,也要写一封感谢信,感谢公司给他们提供了笔试或面试的机会,使他们获得了求职的经验。很多公司也会保留落聘者的简历,当他们再需要人才时,那些写有感谢信的人首先进入视野之内,并极有可能获得聘用。

以容己之心容人,以克人之心克己。宽容克制是个人或某个群体对自身力量充满自信心的一种体现,是人与人交往中能化解矛盾、隔膜、怨恨甚至仇视的溶解剂,是填平人际间的沟沟壑壑、创造出心心相印的奇迹的法宝。如果你想得到尊重,就必须先做到去尊重别人;如果你想得到真诚,就必须先做到真诚待人;如果你想得到宽容和理解,就必须先理解和宽容别人,宽容别人的失误、错误、甚至敌意,理解他们的方式方法。

瑞典的乔治·罗纳先生就因宽容克制之心,颇富戏剧性地改变了自己人生的困境。

乔治·罗纳在维也纳从事律师工作,在第二次世界大战时逃到瑞典。他身无分文,急需找到一份工作。他会好几种语言,所以想找个进出口公司担任文书工作。大多数公司都回信说,因为战争的缘故,他们目前不需要这种服务,但他们会保留他的资料。其中有一个人却回信给罗纳:"你对我公司的想象完全是错误的,你实在很愚蠢。我一点都不需要文书。即使我真的需要,也不会雇用你,你连瑞典文字都写不好,你的信错误百出。"

罗纳收到这封信时,气得暴跳如雷。这个瑞典人居然敢说我不懂瑞典话!他自己呢?他的回信才是错误百出呢。于是,罗纳写了一封足够气死对方的信。可是他停下来想了一下,对自己说:"等等,我怎么知道他不对呢?我学过瑞典语,但它并非我的母语。也许犯了错,我自己都不知道。真是这样的话,我应该再加强学习才能做好工作。这个人可能还帮了我一个忙,虽然他本意并非如此。他表达得虽然糟糕,但不能抵消我欠他的人情。我要写一封信感谢他。"

罗纳把写好的信揉掉,另外写了一封:"你不需要文书,还不厌其烦地回信给我,你真是太好了!我对贵公司判断错误,实在很抱歉。我写那封信是因为我在查询时,别人告诉我你是这一行的领袖。我不知道自己的信犯了文法上的错误,我很抱歉并觉得惭愧。我会进一步努力学好瑞典语,减少错误。我要谢谢你帮助我成长。"

几天后,罗纳又收到回信,对方请他去办公室见面。罗纳如约前往,并得到了一份工作。

所以,请时刻记住,大多数人并不是故意侮辱或伤害我们,并不是故意制造矛盾,到处树敌。正如水珠会从鸭子的背部滑落一样,你也让那些误解、那些争吵、那些矛盾、那些摩擦从背上滑落吧。唯宽可以容人,唯厚可以载物。宽容了,理解了,可能会得到一个朋友,而不宽容,甚至得理不饶人,你只会树敌,给自己学习、工作和生活的道路上筑起一个不易逾越的障碍。

> 宽以待人。正是以宽广的胸怀,宽容的气度,大度豁达难容之事,消除误解,化解敌意,使心灵得到净化和升华,使我们获取友谊和赢得信任。

## (三)诚心给他人背后的赞美

心理学研究表明,人都偏好正性刺激。也就是说,人们都喜欢听表扬的话,情感的相悦性有助于建立良好的人际关系。美国著名心理学家威廉·詹姆斯说,人性最深的需要是渴望得到别人的赞赏。人们会因为受到称赞而使自尊心得到满足,对称赞他的人产生心理上的接近和好感,为良好的人际交往提供了心理条件。

真诚坦白地直接赞美别人，固然能取得效果，但是背后的赞扬，更会使人高兴，也最有效果。美国前总统罗斯福有一个叫布德的副官，他对颂扬和恭维，曾有过出色而有益的见解：背后颂扬别人的优点，比当面恭维更为有效。有时，当面的赞语，说得不当可能会被认为是奉承、是讨好；然而在背后说这些相同的好话时，被赞美者就容易接受、容易领情。

在《红楼梦》中有这样一段描写：本来宝玉就是一个追求自由，受不得半点约束的人，史湘云、薛宝钗却用心良苦地劝宝玉好好学习，以后做官，宝玉对此大为反感，对着史湘云和袭人说："林姑娘从来就没有说过这样的混帐话！要是她也说这些混帐话，我早就和她生分了。"恰巧黛玉此时走到窗下，听到了宝玉对自己的赞美，"不觉又惊又喜，又悲又叹"。之后宝玉和黛玉二人互诉衷肠，更加亲密无间。

宝玉对黛玉的称赞，在黛玉看来，因为是背着她说的，不知道自己会听到，这种赞美就是发自内心的。如果宝玉当着黛玉的面说这样的好话，生性多疑的黛玉可能会认为宝玉是在讨好她或打趣她。

由此可见，背后说别人好话明显要比当面恭维别人效果好得多。你完全不用担心你所赞美的人会听不到你的赞美，相反，你在背后对对方的赞美，很容易就会传到对方的耳朵里，对方也会因此对你另眼相待。德国历史上的"铁血首相"俾斯麦，为了拉拢一位敌视他的议员，便有计划地在别人面前赞美那位议员。俾斯麦知道，那些人听了自己对议员说的好话后，一定会把他的话传给那位议员。后来，他和那位议员成了无话不说的政治盟友。

我们在现实中，也常常看到这样的现象：当父母希望孩子用功读书时，采用整天当面教训孩子的方法，很难获得好的效果，但是，假如孩子从别人嘴里知道父母对自己的期望和关心，父母在自己身上倾注了很多心血时，便会产生极大的动力；当下属的人，平时上司在面前说了很多勉励的话，但还是没有多大感触，但当有一天从第三者的口中听到了上司对自己的赞赏后，深受感动，从此更加努力工作，以报答上司对自己的"知遇"之恩。脾气较差的A君和B君向来不和，后来A君变得和气亲切，两人和睦相处，究其原因，只因B君在背后这样评价了A君："A君人挺好的，温柔大量，人缘不错。"

张华自三年前从一所重点大学毕业后，就一直在奥美化妆品公司销售部工作，她和部门经理一直保持着良好的关系。但在公司的一次月末总结会上，部门经理根据经验发表了对一新客户订单的意见，虽然没有大方向上的错误，但张华觉得做法有点保守。于是她就抓住这个表现自我的机会，以充分的理由提出了与部门经理不一样的意见。没想到，祸根就此种下。在之后的工作中，她明显感觉到部门经理的刻意疏远，一些已经在操作的单子中属于她的工作量也在明显减少，并常常遭到部门经理的责骂。面对这个局面，张华非常苦恼，她希望自己和部门经理的关系能够恢复如初，但不知道该怎么处理。

这是职场新人在与上司交往过程中所遇到的问题中的一个典型案例。如果张华感觉到上司对自己的信任在发生变化，而自己还希望继续留在这家公司，那么必须想办法把这个矛盾化解掉。我们常常听到一些员工在私下闲聊时一起说上司的坏话，借以发泄工作中的不满和压力。而此时的张华最好能采取相反的方式，即背着部门经理说她的好话，向周围的同事赞美她的为人处世、工作能力等方面，表明自己因得到这样的上司的帮助，才能在工作中不断进步。当这样的赞美传到部门经理耳中，若她是一个具备一定度量、处事成熟的上司，一定会对张华产生心理上的好感，从而也会自省，重新接纳张华，使两人的矛盾得以消除。

背后赞美的技巧，特别是用在化解两人之间的矛盾时，常常起到使矛盾迎刃而解的强大作用。当一方见到对方用赞赏表达了豁达的胸怀，心里自然会有所触动，从而减少了相互的摩擦和人际冲突,达到情感相悦。

> 既然矛盾已经产生,责备和批评只会带来更大的怨恨和不满,何不试试以夸奖的方式,尤其是背后的夸奖和赞美,从而解开彼此之间的心结,消除彼此之间的矛盾。

## 三、当尴尬不期而至——以幽默化解尴尬的技巧

每个人都希望在社交应酬中从容不迫,洒脱大度,但是在现实生活中我们会经常遇到一些尴尬的场面,聊天时无意刺到了别人的忌讳;不巧讲了使别人难堪的话;喜欢说大话的人被别人戳穿了……尴尬会使你进退两难,尴尬会使你失掉机会,尴尬会使你掉价,尴尬会使你无法优雅,尴尬会使你不舒服、不自在、不潇洒。

遇到突如其来的尴尬事,如何应付? 如何做到冷静处理,缓和气氛,以免造成更大的麻烦? 运用你的智慧和幽默感,就可随时将眼前的窘境化解。

### (一) 以宽容和理解为基础的幽默

幽默首先需要很高的修养和健康的心态,能够宽容和理解这世界上的一切人、一切事。以宽容和理解为基础的幽默,不但能缓和紧张的气氛,而且能最快最好地解决问题,使局面重新得到控制,化解令人尴尬的处境。

德国著名的霍夫曼将军有一次到慕尼黑去视察军队。慕尼黑的军官俱乐部当晚举行宴会,欢迎他的到来。在大家举杯喝完酒后,一个中士服务员来给将军斟酒。由于紧张和激动,中士居然一下子把酒洒到了将军的秃头上去了。当时,在场的军官和士兵都十分紧张,不知道将军将如何大发雷霆,来惩罚那个可怜的中士。中士也吓得脸色发白,脸上不自觉地流下了一道道汗水。这时,只见霍夫曼将军拿出口袋里的手帕,擦了擦脑袋,笑着说:"小伙子,我这脑袋已经秃了二十年了,你这个方法我也用过的,谢谢你。可还是得告诉你,根本不管用!"就在大家一阵哄笑声中,那个中士也终于恢复了平静,他感激地向将军敬了个礼,流着眼泪退了下去。这时,大厅里响起了一片热烈的掌声……

如果不是霍夫曼将军善用幽默,不知道那个可怜的中士会陷入怎样的尴尬和自责中,而将军一句宽宏大量的玩笑话,赢得的则是全体将士们的尊重! 在场的人闻声大笑,尴尬局面即刻被打破了。霍夫曼将军的幽默,既展示了自己的大度胸怀,又维护了自我尊严,消除了耻辱感。

> 幽默绝对是善意的,它首先是对他人一切过失的原谅,然后才是对自我困境的一种自嘲和解脱。

## （二）自嘲式幽默

有时,陷入难堪是由于自身的原因造成的,如外貌的缺陷、自身的缺点、言行的失误等。幽默一直被人们称为只有聪明人才能驾驭的语言艺术,而自嘲又被称为幽默的最高境界。自嘲者勇于拿自身的失误、不足甚至生理缺陷来"开涮",对丑处、羞处不予遮掩、躲避,反而把它放大、夸张、剖析,然后巧妙地引申发挥、自圆其说。以此来应付窘境,很容易找到可下的台阶,而且多会产生幽默的效果。

一位胖子不慎摔倒,他不慌不忙地站起来说:"如果不是这一身肉托着,还不把骨头摔折了?"一句妙语,说得在场的人哈哈大笑。自然,这胖子也在笑声中免去了难堪。身材矮小的,不妨说"浓缩的都是高科技";长相丑陋的,不妨说"我很丑但我很温柔"……如果能结合具体的交际场合和语言环境,把自己的难堪巧妙地融进话题并引出富有教育启迪意义的道理,则更是妙不可言。

某老师广东口音较重,普通话不过关。有一次上语文课,讲到某一问题要举例说明时,他把"我有四个比方"说成了"我有四个屁放"。一时间,教室里像炸开了锅,学生笑得不可收拾。老师灵机一动,吟出一首打油诗:"四个屁放,大出洋相。各位同学,莫学我样。早日练好普通话,年轻潇洒又漂亮。"老师的机智幽默赢得了学生的热烈掌声。

由此可见,适时适度的自嘲,能制造宽松和谐的气氛,不失为化解尴尬的很高明的一种手段,更不失为一种良好修养,一种充满魅力的交际技巧。

> 自嘲者对着自己的某个缺点猛烈开火并妙趣横生,就凭这份气度和勇气,别人也不会让你孤独自笑,会陪你一笑解难堪。

## （三）自我调侃式幽默

不小心的措辞,有时也会造成尴尬的局面。而在错话出口之后,机智地将话题引向自己,通过对自己的善意攻击来缓和尴尬的气氛,同时又能不露痕迹地照顾到被无意伤害的对方的自尊心。

某寝室,八位新生按年龄排大小。老七心直口快,对老八说:"好啦,你排在最末,是咱们寝室的宝贝疙瘩,你又姓王,以后就叫你'疙瘩王'啦。"说者无心,听者有意,原来老八长了满脸的青春痘,每每深以为恨,此时焉能不恼?顿时,寝室陷入尴尬境地。老七见惹来了风波,心中懊悔不已,表面上却不急不恼,揽镜自顾道:"'蜷在两腮分,依在耳翼间,迷人全在一点点。'咳,老八,我这真是'一波未平,一波又起'呀!"老八听了,不禁哑然失笑。原来,老七也长了一脸的雀斑。

老七化解尴尬的手段堪称高明,在无意中冒犯他人造成他人尴尬后,马上含蓄地进行一番自我调侃,并巧借余光中的诗句点明了自己也是面生雀斑。其"一波未平,一波又起"之语,既是对自己面部雀斑分布形状的自嘲,又是对自己口没遮拦惹来风波的含蓄自责,因而博得了老八谅解的一笑,也化解了当时尴尬的气氛。

> 没有豁达、乐观、超脱、调侃的心态和胸怀,即无法运用幽默化解周遭的尴尬。

## （四）以其人之道还治其人之身式幽默

尴尬境地,有时是有人故意挑起的事端,如果本意恶劣,而且过分,你完全可以以幽默为武器予以还击。幽默素材最好取材于对方话题,以其人之道还治其人之身,刺一刺无理取闹的小人,让其自吞苦果,将尴尬不知不觉地转移到挑起事端者身上。

英国诗人乔治·英瑞出身于一个木匠家庭,他在上流社会中从不隐讳自己的出身。

有个贵族子弟嫉妒他的才华,想在众人面前出出他的洋相。就高声问道:"对不起,请问阁下的父亲是不是木匠?"

"您说得很对。"乔治回答。

"那他为什么没把你培养成木匠?"

乔治微笑着,很有礼貌地反问:"对不起,阁下的父亲是绅士吗?"

"那当然。"这位贵族子弟傲气十足地回答。

"那他怎么没把你培养成绅士呢?"

这位贵族子弟偷鸡不成反蚀一把米,只好悻悻而去。乔治的幽默既给对方上了一堂"损人必损己"的课,又达到了维护尊严的目的。

> 幽默并非生活中的"聪明",而是一种具有理智性、健康性与趣味性的心态,一种机智地摆脱尴尬处境的应变能力,一种含着笑去面对冲突的力量。

## 四、当需要别人的认同或帮助时——说服的技巧

在生活中,要别人帮助你,要别人心甘情愿地为你做事情,要别人买你的产品,要改变别人对某一事物的看法,要解除别人的抗拒点,要领导你的团队,等等,都需要有非常强的说服力和说服技巧。说服是一门艺术,体现出一个人的涵养、智慧及社交能力。说服更是一门技术,能够运用好的说服技巧,恰当地运用说服技巧,就很容易达到说服他人的目的。下面介绍一些主要的说服技巧:

## （一）情理兼济

中国有句古话:动之以情,晓之以理。晓之以理的前提是动之以情,先动之以情,缩小自己与对方感情的差距,让他觉得你是在与他同心而交,在此基础上,晓以大义,申之利害,便能收到比较理想的效果。

人际交往与沟通

秦汉之际，刘邦率兵攻破函谷关，入咸阳，灭了秦朝。他进入秦朝皇宫，见宫室富丽堂皇，美女珍宝不计其数，于是流连忘返，想留在宫中，享受一下做皇帝的快乐。跟随刘邦出身草莽的樊哙知此，气冲冲地责问："沛公，你是想得天下，还是想当富家翁？此室中所有，皆秦所以亡天下也，沛公赶快回霸上，千万别留在宫中。"刘邦听了，大为反感，脸上露出不悦之色，不予理睬。不一会儿，张良也来对刘邦说："只因秦王贪暴，不得人心，你才取得了今天的胜利，我们既然为天下除去暴君，理应以俭朴为本，现在刚进咸阳，若又像秦王一样享乐，岂不等于重蹈覆辙？况且，良药苦口利于病，忠言逆耳利于行，希望您能听从樊哙的劝说。"刘邦终被说服，还军霸上，揭开了楚汉战争的序幕。

张良与樊哙同为劝说刘邦，但因两人说话的方式不同，而效果也大相径庭。刘邦率先破秦入关，正功成名就、志得意满之时，逆耳忠言是很难听进去的。而出身草莽的樊哙全然没有意识到这些，一阵责备中含讥讽，令刘邦反感，故而对他的意见置之不理。而张良的批评则从分析秦国为何灭亡和刘邦为何得胜入手，然后总结说明贪图享乐的后果，最后肯定了樊哙意见的合理性。张良的分析恰到好处地扣住了刘邦的心理状况，强调刘邦所关心的问题，再加上语气委婉动听，虽是批评意见，刘邦也欣然接受。

> 说服的过程，实际上就是一个情感互融的过程，以情动人比以理服人的效果更佳。

## （二）晓以利害

两利相权取其重，两害相权取其轻，趋利避害，这是人之常情。当你说服人时，应该顺应人类这一本性，晓以利害，分析得失，从而提高说服的力量。

世界闻名的希尔顿饭店王国创始人希尔顿在事业刚刚起步时，资金缺乏，举步维艰。在修建达拉斯的希尔顿饭店时，他面临短缺100万美元资金的窘况。希尔顿找到卖地皮给他的房地产商人杜德，对他说："如果我的房子停工待料，附近的地皮价一定会大大下降；假如我宣传一下，说饭店停工是因为位置不好而另选新址，那你的地皮可就卖不了好价钱了。"借此说服杜德按他的要求将饭店盖好，然后再由他分期付款买下。杜德权衡希尔顿说到的利害关系后，接受了希尔顿提出的条件。

希尔顿在资金匮乏、进退维谷的两难困境中，能巧借他人之手助己之力，正是运用了晓以利害的技巧，上演了一场成功说服的好戏。

> 晓以利害，以刚制刚，切记程度不能过分，否则会弄巧成拙。

## （三）先柔后刚

说服对方，宜先柔后刚，即从对方的优点出发，再指出其存在的问题。"小王，过去的一年你的业绩增长不错,不过……"职场中,上司常常用这个方式提出下属在工作中的不足之处,不论上司的第一句话如何肯定你,他谈话的重点却是后一部分,这样的说话方式,是为了让你更加容易接受他后面提出的观点,从而说服你做出相应的改进。

先使用赞美,然后使用小小的批评,最后再去赞美——这是被日本的管理人员广泛应用的"三明治"说服法。

你身边有个比较粗心的同学,下课后经常会把手机、水杯或雨伞等东西落在教室,你要怎样帮助这位同学改掉这个毛病?现在给你四个选择:一是直接告诉对方"你呀真马虎,又把手机(或其他东西)落教室了"。二是每一次发现对方出现此类问题,就帮他把东西带回,并随意提醒一下"这是不是你的东西,落在教室的"。三是装作什么都不知道,让对方在要使用的时候自己醒悟。四是帮他把东西带回来,然后找一个适当的场合告诉他:"你办事效率高,点子也多,如果能再细心些,处理好例如忘带走手机之类的小事,你一定会更出色的。"你选哪个呢?

给你一个小小的提示:采取婉转指正的方式,不失为说服的一个好技巧。现在,遇到类似的事情,你知道该怎么办了吧?

> 既然我们在融洽的时候使人改变主意、承认错误都不容易,那么用指责的方法想让人改变观点就更不容易了。当你与别人有分歧或发现别人有错误时,要学会用婉转的方式提醒别人。

## (四)以故事说理

用一个恰当的故事为例子说服别人,让听者感同身受,是发人深省、耐人寻味而又很有力量的技巧。这个技巧用在那些自信自负、冥顽不化的人身上,效果比较明显。

美国的《独立宣言》字字珠玑、脍炙人口、广为流传,对推动美国的革命起到了巨大的作用。它与独立战争一样,永载史册。这篇文章出于才华横溢的杰弗逊之手,杰弗逊对自己的文笔颇为自负,认为自己写出来的东西无可挑剔,往往动一字就像割掉他身上的一块肉一样。

富兰克林是起草这个文件的负责人,他是杰弗逊的密友,了解杰弗逊是个才华横溢,而又十分自信、自尊的人,说服他可不是件容易的事,但拟写《独立宣言》这么重大的事,必须臻于完美,达到力透纸背、振聋发聩的效果,所以非得说服他反复修改草稿不可。于是他巧妙地向杰弗逊讲述了一个故事:

有一个青年人开了一家帽店,他拟了一块招牌,上写"约翰·汤姆森帽店,制作和现金出售各式礼帽",还在招牌下面画了一顶帽子。他觉得这块招牌很醒目,洋洋得意地等着朋友们的赞赏。

但是他的朋友们却不以为然,一个人说"帽店"一词与后面的"出售各种礼帽"语义重复,可以删去。

一个朋友认为"制作"一词可以省略,因顾客只要帽子式样称心,价格公道,质量上乘自然会买,至于是谁制作,他们并不关心。再说约翰并非久负盛名的制帽匠,人们更不会注意。

又一个朋友认为:"现金"两字纯属多余,一般到商店购物,都是用现金的。

经过几次修改,招牌只剩下"约翰·汤姆森,出售各式礼帽"的字样和那顶礼帽的图案了。

尽管这样,还有一个朋友不满意,他认为帽子决不会白送,"出售"二字可以删去,还有"各式礼帽"与图案也重复了,可以不要。经过删改,只有"约翰·汤姆森"的名字和那个图案了。

几经修改,招牌变得十分简洁明了,因而也就更加醒目。年轻的帽店店主非常感激朋友们的宝贵意见。

杰弗逊听了这则故事,感觉到稿子是修改出来的,因此广泛听取公众的建议,把《独立宣言》修改得好上加好。从这层意义上说,《独立宣言》是杰弗逊的杰作,更是富兰克林的成果。

> 从不容动一字,到广泛听取公众修改建议,这是杰弗逊的高明,更是富兰克林采取以故事讲道理这一说服技巧的胜利。

## (五) 攻心为上

站在他人的立场上分析问题,为他人着想,以心换心,征服其心,从思想上使其赞同你的看法,接受你的要求。

某精密机械工厂生产某项新产品,将其部分部件委托小工厂制造,当该小厂将零件的半成品呈示总厂时,不料全不合该厂要求。由于迫在眉睫,总厂负责人只得令其尽快重新制造,但小厂负责人认为他是完全按总厂的规格制造的,不想再重新制造,双方僵持了许久。总厂厂长问明原委后,便对小厂负责人说:"我想这件事完全是由于公司方面设计不周所致,而且还令你吃了亏,实在抱歉。今天幸好是由于你们帮忙,才让我们发现竟然有这样的缺点。只是事到如今,事情总是要完成的,你们不妨将它制造得更完美一点,这样对你我双方都是有好处的。"那位小厂负责人听完,欣然应允。

> 用兵之道,攻心为上,攻城为下,心战为上,兵战为下。说服亦是。

说服他人的技巧还有许多,这里就不一一陈述。但有一点需强调,我们在说服时应想方设法调节谈话的气氛,让语言来一点幽默诙谐,讲究一点语言艺术,说服就会收到更好的效果。比如去公园散步,一丛金菊开得正艳,欲伸手掐下一朵,无意间瞥见插于花丛中的字牌:"采时花溅泪,踏过草揪心",伸出的手便会触电似地缩回,原本想从草坪走个捷径的念头也立即打消。同样是警示,同样是指正,"感谢不吸烟"就比"禁止吸烟"婉转许多,艺术许多,令再刁蛮的烟民也会会心一笑,自觉遵守。

以和颜悦色劝说的方式代替命令,并给人以维护自尊和荣誉的机会,说服也就容易成功;

反之,盛气凌人的架势、声色俱厉的棒喝,教育人、说服人的效果往往适得其反,多半是要失败的。

## 五、当无能为力之时——拒绝的技巧

大千世界,人的要求各种各样。面对各种各样的要求、请求、恳求、哀求,如何拒绝?

一位同事突然开口,让你帮他做一份难度很高的工作。答应下来吧,可能要连续加几个晚上的班;拒绝吧,又担心会得罪人。在现实的工作和生活中,很多人都很顾面子,不愿意去得罪别人,害怕损害自己在别人心目中的形象和威信,害怕失去友情和人缘。所以,对于别人所提出的一些力不能及的请求,往往感到左右为难,不知所措,常常违心地顺从别人,导致自身的某些需要得不到满足、自己的某些要求得不到伸张,从而产生自我挫败的心理。

热情地帮助别人,对别人的困难有求必应,是应该的。但是,每个人都会受到时间、生理极限、国家法规、自身能力、主观情感等各种限制。这些限制使得我们助人时要懂得取舍,对于我们情感上排斥、能力不及的事情,我们必须拒绝。当然,硬性说"不",例如像"我们每天都一样地工作,凭什么要我帮你的忙"这样的语言,肯定有伤人情面之嫌,容易让对方恼羞成怒,记恨于心。很多时候,因拒绝对方而和对方反目成仇的,大多数并非完全出于拒绝,而是未采用合适的方法和相应技巧来拒绝,拒绝的语言和方式触犯了他人的尊严,造成对对方的伤害,引发怨恨、不满和对立,使对方长时间耿耿于怀,不能忘记,甚至导致人际关系的破裂。

我们避免不了拒绝的发生,却可以在拒绝时采取适当的方法、得体的方式,以减少对方不悦和失望,以寻求其谅解和认同为基本原则,从而最大限度地避免因为拒绝而树敌。下面几种拒绝的技巧,教你以柔克刚,巧妙周旋,采取迂回战术达到拒绝的最佳效果,无论对于象牙塔内的大学生,还是职场上的员工,同样适用。

### (一)耐心聆听再拒绝

当别人向你提出请求时,你应首先耐心倾听他的诉说,请对方把处境与需要,讲得更清楚一些,用心弄懂对方的理由和要求,并站在对方立场上思考,显示出你已明白这个请求对他的重要性,让他先有被尊重的感觉,在你婉转地表明自己拒绝的立场时,也比较能让对方了解到你的拒绝不是草率做出的,而是在认真考虑之后才不得已而为之的。切忌在他人刚开口时即予以断然拒绝,不容分辩,过分急躁的拒绝最易引起对方的反感。

> 即使下一步你的反应是拒绝,也请你耐心听完他的叙述。因为,倾听是对人最好的尊敬。

### (二)说明拒绝的理由

不要只用一个"不"字就想使对方"打道回府",而应给"不"加上合情合理的注解,使对方明白自己的拒绝并非是毫无理由,也不只是出于借口,而是确有一些无可奈何的原因,确有某种难以说出的苦衷。最好具体地说出理由及原委,以请求对方的谅解,切忌编造理由来拒绝。

人际交往与沟通

职场上人际关系复杂，深不可测。但是，这种人际关系也有其简单、明快的原理，那就是每个人都希望自己能得到他人的关心与了解，并在工作中希望获得别人的理解和支持。因此在职场上，我们因为各种原因而不能配合对方时，一定要明确说明自己的理由，不要只是以"我很忙"打发别人。

小李正在忙着整理下午重要会议的资料时，他上司对他说："这份文件急着要，请现在处理。"这时，小李应该准确地向上司说明下午重要会议的资料必须尽快完成，然后让上司判断哪个工作更急迫。

> 劳累的人生是因为不懂得怎么放弃，交往失败的教训之一是不懂得如何拒绝。

### （三）拒绝时先扬后抑

不好正面拒绝时，可采取迂回的战术，先表示同情、理解甚至同意，而后再巧妙拒绝，使拒绝之辞委婉而含蓄。或先对对方表示肯定而后拒绝，表示自己的情非得已："你的要求并不过分，问题在于……"；或先表示理解，再表示自己的无能为力："是的，我能理解为什么事情会那样，但是……"；或是换位思考，站在对方立场谈拒绝的理由："你没错，假如我站在你的位置上，我也会这样说，但……"在故宫博物院，一批美国客人纷纷向导游提出摄像拍照的请求，导游诚恳地说："从感情上讲，我非常愿意帮助大家；但在严格的规章制度面前，我又实在无能为力。"虽然是拒绝，但游客在心理上却比较容易接受。

> 先扬后抑的拒绝，好比同样是药丸，外面裹上糖衣的药，就让人容易入口，比直接说"不"让人容易接受。

### （四）用温和且抱歉的语气来拒绝

当一个人遇到坎坷，碰到困难时，往往对人情世态最为敏感，最需要得到关怀和帮助，这时哪怕是一个笑脸，一个体贴的眼神，一句温暖的话语，都能让人感到振奋。所以，当有人向你提出帮助请求时，你应该从听对方陈述要求和理由，到拒绝对方并陈述理由，都始终保持一种和蔼的态度和面貌，对于他人的请求，无能为力的，或迫于情势而不得不拒绝的，一定要加上"实在对不起"、"请您原谅"等歉语，这样，便能不同程度地减轻对方因遭拒绝而受的打击，并舒缓对方的挫折感和对立情绪。

切忌以高高在上的态度拒绝对方的要求，不要对他人的请求流露出不快的神色，更不要蔑视或忽略对方，这些失误都是没有修养的具体表现，会让对方觉得你的拒绝是对他抱有反对态度的机械反应，从而对你的拒绝产生逆反心理。

## 第八讲 你需要:学习交往的技巧

> 和蔼的态度、抱歉的语气,说明你一直抱有一颗愿意相助之心,最终不得已的拒绝,实属无奈之举,对方定会明白、理解。

### (五)拒绝后提出替代建议

你的拒绝,必定给请求者造成一些麻烦,影响他的计划的正常进程,甚至使他的计划搁浅。这时,你若为对方指出处理其请求的其他有效的建议或替代方案,让对方知道你拒绝的是他的请求,而不是他本身,就会减轻对方对你的怨恨心理。若你的指引帮他找到更适当的支援,还会得到他的感激。

你的同学在考试前向你提出想在考场上得到你帮助的要求,直接的拒绝很可能伤害到对方自尊,你可以这样拒绝:"如果这次我'帮'了你,老师可能会怀疑你的成绩,不如考试前我帮你勾画一些复习的要点吧。"同时,在复习期间主动关心对方的复习进度,那么对方就会觉得你还是关心他的,并了解到你的苦衷与立场,也就不会生气了。

> 拒绝的过程中,除了技巧,更需要发自内心的耐性与关怀。若只是敷衍了事,对方其实感觉得到。

把握好以上几点技巧后,我们在具体场合,再根据具体的情况需要来采取具体的拒绝策略,就能成功地拒绝他人的不情之请,而且还能把拒绝带来的遗憾缩小到最低限度,既不伤对方的自尊与感情,又取得对方的谅解和支持,非但不损害你在别人心目中的形象和威信,反而会提高你在别人心目中的地位,让你在社交中立于不败之地。

佛语云:千年前的一万次回眸,换来今生的擦肩而过。茫茫人海,滚滚红尘,我们于千百次寻找选择后匆匆赶来相会,就是为了一个美好的人生。而人生的美好是人情的美好,人生的丰富则是人际关系的丰富。通过本讲的学习,你会发现,与人交往并非深不可测。所有的人都可以通过不断的学习和实践,使交往的技巧臻于娴熟。一句真诚的话语,一次放松的谈心,一个会意的笑容或眼神,都可以换来健康、乐观、平和的心境,营造出宽松和谐的人际空间。对大学生来讲,不但能有效释放内心苦闷、缓解精神压力,保持乐观的人生态度,形成积极向上的优秀品质,而且能为你走上社会、事业成功打下良好的心理基础,建立有效的人际网络。

关键是,要有不断提高这方面能力的意识,通过学习掌握人际交往的技巧。

曾有一位青年人拜访年长的智者。青年问:我怎样才能成为一个自己愉快、也能使别人快乐的人呢?

智者说:"我送你四句话,第一句是:把自己当成别人,即当你感到痛苦、忧伤的时候,就把自己当作别人,这样痛苦自然就减轻了;当你欣喜若狂时,把自己当成别人,那么狂喜也就变得平和些。第二句话是:把别人当成自己,这样就可以真正同情别人的不幸,理解别人的需要,在别人需要帮助的时候给予恰当的帮助。第三句话:把别人当成别人,要充分尊重每个人的独立性,在任何情形下都不能侵犯他们的核心领地。第四句话是:把自己当作自己。"

青年问道:"如何理解把自己当作自己,如何将四句话统一起来?"

智者说:"用一生的时间、用心去理解。"

这句话,同样赠给每一位渴望在人际交往上获得成功、渴望自己快乐也能使别人快乐的同学,人际交往的关键,就在于你的"运用之妙,存乎一心"。

【问题思考】

1. 你去面试时,该如何给面试官留下良好的第一印象?

2. 林琳和好朋友因为一件莫名其妙的小事吵了一架。过了几天,大家无意中碰面,气虽然都消了,但双方都拉不下面子,于是继续冷战,结果越闹越僵,导致最后形同陌路。林琳回想起来非常后悔,却不知道该怎么挽回这段友谊。如果时间可以回头,如果你是林琳,你会用什么方法挽回和朋友的友谊?

3. 小芸刚刚参加工作,作为一名新人,为人随和热情,大家都有意无意地喜欢找她帮忙。可是小芸常常因为帮助别人而落下了自己的工作,她害怕得罪人,不敢拒绝,为此很苦恼。如果你是小芸的朋友,可以教她一些拒绝的技巧吗?

### 第八讲 你需要：学习交往的技巧

## 学习了本讲，你需要制订、实施自我能力促进计划

| 第 一 阶 段 ||
|---|---|
| 目标 | 我的目标： |
| 问题 | 我目前存在的主要问题是： |
| 行动 | 为实现阶段目标，我马上要做的事情是： |
| 评价 | 行动成效检查评价（　年　月　日）：<br>促进显著（　　）　有所促进（　　）　促进不明显（　　）<br>原因分析： |
| 提升 | 鉴于已取得的收获，下一步我需要做的事情是： |
| 第 二 阶 段 ||
| 目标 | 我的目标： |
| 问题 | 我目前存在的主要问题是： |
| 行动 | 为实现阶段目标，我马上要做的事情是： |
| 评价 | 行动成效检查评价（　年　月　日）：<br>促进显著（　　）　有所促进（　　）　促进不明显（　　）<br>原因分析： |
| 提升 | 鉴于已取得的收获，下一步我需要做的事情是： |
| 第 三 阶 段 ||
| 目标 | 我的目标： |
| 问题 | 我目前存在的主要问题是： |
| 行动 | 为实现阶段目标，我马上要做的事情是： |
| 评价 | 行动成效检查评价（　年　月　日）：<br>促进显著（　　）　有所促进（　　）　促进不明显（　　）<br>原因分析： |
| 提升 | 鉴于已取得的收获，下一步我需要做的事情是： |

王蓝毕业后进入一家规模不大的股份制公司工作,有老员工悄悄告诉他:"老总和副总不合,站哪边,你看着办吧!"王蓝一番思考后,决定中立,专心做好本职工作。因为公司小,老总和副总经常会越级交待工作。虽然任务重,但王蓝为了做到两边不得罪,宁可自己加班加点。但两位领导似乎都不领情,常常是王蓝前脚刚迈出总经理室,就被隔壁的副总经理叫去,换个角度、换套说辞再骂一遍。部门经理悄悄跟他说:"小王,你两边都帮,可就等于谁都不帮啊!"

——如果你是王蓝,遇到这样的交往困境,你会怎么解决?

# 第九讲

# 你需要：解决交往的危机

《尚书》中说："惟天地万物父母，惟人万物之灵。"意思是说，天地是万物的父母，人类是万物之灵。作为万物之灵的"人"敏感复杂，矛盾纠结，而人与人之间的关系也是最为复杂最难以处理的。一旦人际关系处理得不好，就很容易产生人际交往危机，并由此产生许多负面影响。

你成绩优秀，你年轻漂亮，你才干超群，你背景显赫，但或许因为你具有这些优势，而使别人感觉到处于弱势，使别人感觉到你危及到了他们的地位、利益、名气、权威等，于是对你产生一定的防范或嫉恨，这种心理往往带来在语言上、行为上对你的攻击，或者在其他方面给你设置障碍甚至打击，于是你的社交危机出现了。

你和某人只想做普通的朋友，但或许你的交往方式让别人产生了误解，在别人看来你们交往过密了，已经超出了普通朋友的范畴，这就让别人产生了误会，于是你的社交危机出现了。

你们是朋友，你们也是竞争对手，当这种竞争关系处理得不好时，你们的友情将经受考验，于是你的社交危机出现了。

当别人有求于你，而你不能或不愿去满足其需求和愿望时，他对你产生了不好的想法，于是你的社交危机出现了。

……

诸如此类，林林总总，不一而足的人际交往危机在我们的人生中经常不经意地出现，有时甚至会让我们措手不及。那么当这些麻烦出现的时候，我们又该怎么办呢？

人际交往危机主要是指在与他人相处和交往的过程中表现出的不适、自闭、逃避、自恋、自负，以及难以调和与他人关系的不良心理状态和行为表现。危机产生的源头大概可以分为三种：一种是外部的（比如这件事确实是对方的过错，他不道歉，我就绝不原谅他）；一种是自身的（比如这件事确实是自己的过错，导致对方从此与自己绝交）；还有一种既有内因也有外因，即双方都有错，或者是双方都没有错。在这个世界上，人和人对事物的看法总不可能是完全一样的，而有很多事情是无所谓对与错的，比如我们和家人、朋友常常会为了一些小事情而争执，事实上双方可能都有道理，却依然产生了冲突，并且有可能会影响常态的人际关系。

外部原因我们较难控制，但可以从自身原因出发，先想想自己是否在想法或者行为上出现了偏差或者错误，找出症结所在，这样才能有针对性地解决所遇到的危机。

## 一、人际交往危机产生的原因及避免方法

我们先来看一则笑话,甲说:"新搬来的邻居好可恶,昨天晚上三更半夜跑来猛按我家的门铃。"乙说:"的确可恶!你有没有马上报警?"甲说:"没有。我当他们是疯子,继续吹我的小喇叭。"

事出必有因,如果能先看到自己的不是,答案是不是就会不一样?

### (一) 不良的个性心理特征引发的交往危机及避免方法

我们先来听一听小美的故事。

小美是一个做事麻利、个性开朗、聪明伶俐、活泼外向的女孩子,她善于言辞、乐于交际,而且自信满满,善于表现自己。从各方面说来,小美都是一个不错的女孩子,同时很讨主管喜欢。年终公司聚餐搞活动,各部门自由组合参加,小美的主管吃惊地发现本部门居然没有人愿意和小美一组,小美几次主动要求加入,都被以"人数够了"为由婉拒了。而其他部门也对小美的热情显得不太理睬。为什么会出现这样的情况呢?

主管经过了解和分析,发现原来是因为小美的人际交往出现了危机,而这很大程度上是由她的个性造成的。

原来,小美虽然聪明伶俐,但心胸不够宽广;办事泼辣,却失之于厚道。她伶牙俐齿,又争强好胜,常常因为一些小事与别的同事争吵,得理不让人,无理辩三分,同事说不过她,只能退避三舍。而且小美过于自信,总认为自己都是对的,喜欢指手画脚地指责别人,言语尖刻,伤了别人的自尊心而不自知。久而久之,部门里不是怕了她,就是讨厌她。慢慢地,小美"尖酸刻薄"的名声就传了出去,导致公司里其他部门的人也对小美避而远之。

实际上,小美以自我为中心,好胜、自信到了固执、尖刻的言行,就是心理学上所说的"嫌弃型个性特征",只是常常被她直率开朗、活泼外向的表象所掩盖,但和她长时间相处的部门同事却能够时时处处感受到。所以,小美虽然有时候能获得主管的喜爱,平时也能和大家谈笑风生,但真正的人缘却不佳。

很明显,处处争强、自以为是、很少顾及他人感受的小美缺乏一种尊重他人、待人友好、与人合作的素质和修养,很难与人融洽、和谐相处。"嫌弃型个性特征"是她个性中的很大弱点,如果不能尽快纠正,在需要协调和合作的社会中会处处碰壁。像小美这一类盛气凌人的类型往往有较好的成长阅历,一直是家庭、学校、社会的宠儿,走进大学后仍然被关注,造成其心理上的优越感,肯定自己,否定他人。

与小美这一类个性形成鲜明对比的,还有一类容易引发交往危机的不良个性心理特征是自我封闭。

受成长环境的影响,有的人不愿意与他人交往,喜欢独来独往,不合群,主要表现为人际敏感。我们每个人的生活习惯、性格、兴趣等方面都是有差异的,在人际交往过程中不可避免地会发生一些摩擦、冲突和情感损伤,这就难免引起一部分人的不快。比如远离父母到外地求学的学生,本来远离父母就有一种孤独感,一旦人际关系发生冲突,这种孤独感就会进一步加剧,从而产生压抑和焦虑,表现出人际交往心理障碍。有的人则是因为语言表达能力较差,害怕与他人沟通思想感情,把自己的内心情感世界封闭起来,他们经常处于一种要求交往而又害怕交往的矛盾之中,很容易导致孤独、抑郁或自卑。还有些是因为性格上的不合群,不被

他人理解,所以就不与他人接触,久而久之就产生了一种受冷落或性格孤僻的心理倾向。

以上这两种不良的个性心理会造成两种不良的后果,就是不善交往和交往不善。

不善交往是不主动并且不知道如何与他人交往。他们在与别人交往时,总喜欢把自己的真实思想、情感和需要掩盖起来,他们往往持一种孤傲处世的态度,只注重自己的内心体验,他们的行为和习惯有时令人难以理解。这一类人交往的失败就在于他们在心理上建立了一道屏障,把自我封闭起来,无法与别人沟通。因此,只有增加自我的"透明度",敞开自己的心扉,用热情、坦诚才能去赢得别人的理解。其实,这种适当的自我坦露还可以增加一个人的吸引力。

而交往不善的人不是不交往,而是在交往的方式、态度和程度上把握不好,对他人造成了伤害。因为比较关注自己,对别人的感受不在意,甚至以伤害别人、抬高自己为乐趣,缺乏基本的道德修养,不尊重别人,自我定位偏高,所以引起他人的反感。

所以,要改变不良的个性特征,必须要在人际交往中清醒地认识到:第一,交往是双向的,没有交流就没有了解。开放自己,才能更有效地接近他人。第二,交往是平等的,尊重他人,才能尊重自己。在与他人进行交往时,要把双方放在平等的位置上,既不能觉得低人一头,也不能高高在上。在交往中要对自己有信心,对别人要有诚心,平等互利的交往才可能持久。第三,交往是有选择性的。交往的双向性,决定了交往的互动性和选择,并不是所有的人都适合你,要选择能够与你产生共鸣的人作为交往对象,一厢情愿会造成两败俱伤。第四,对交往的期望值不要太高。不要希望每个人都能成为你的知心朋友。"人生得一知己足矣",有层次的交往可以避免因感情投入过多而回报较少造成的心理失落感。

## (二)对自我评价的认知失调引发的交往危机及避免方法

对自我评价方面的失调主要有两种情况:一种是过高地评价自己;另一种是过低地评价自己。

前者会产生自傲心理,认为自己在任何方面都优越于他人,在与人交往中总是不自觉地扮演领导者的角色,从来不站在别人的角度去体会别人的感受,甚至从不尊重和理解他人。这一类人自我感觉奇好,喜欢抛头露面,招摇过市,在各种场合都希望自己是中心,对别人的反感缺乏敏感。因此常常在不经意中伤害了别人,造成了人与人之间的冲突和摩擦。

后者表现得较为自卑,觉得自己在社会工作、经济、家庭乃至相貌等方面不如别人,有强烈的失落感,缺乏乃至丧失自信心和进取精神,总觉得自己低人一等,自己瞧不起自己。在生活中,他们缺乏对自己的正确评价,往往对自己过于苛求,估计太低。如有些青年人感到自己的身体、相貌缺乏魅力,或感到自己能力欠缺,产生自卑心理,然而事实上,他们并不一定是没有魅力、能力差,或事业成就低下,反而是自己期望过高,不切实际,对别人的话过于敏感,总是认为别人看不起自己。其实,在他们深层的心理体验里则是自己看不起自己,他们害怕挫折、失败,特别是在权威、强者或一些强词夺理的人面前,总是感到手足无措,有时则表现出一种戒备和敌对情绪。在与人交往中,他们往往会自惭形秽,不敢主动与人交流,害怕交往失败,于是,封闭自我,缩小人际交往圈子。

对于这两类人,首先要学会正确地认识自己,对自己进行正确的评价。过于自傲者要看到自己的缺点与不足,正确看待别人的长处,学会欣赏他人;过于自卑者要看到自己的优点与长处,树立信心,学会欣赏自己,接纳他人。

每个人都有缺点,正像每个人都有优点一样。如果你只注意别人的缺点,那你就会拥有敌人,就会陷入可怕的人际危机之中。如果你多注意别人的好处,用同情和仁爱去影响别人,使别人能看到自己的缺点,从而慢慢改正,你就会拥有信赖你、爱戴你的朋友,你的生活中就会充满了温暖、和平与快乐,人际危机也会在潜移默化中被巧妙地化解。

### (三)对他人认知偏差引发的交往危机及避免方法

有这样一则笑话:

父子两个人看到了一辆十分豪华的进口轿车,儿子不屑地对他的父亲说:"坐这种车的人,肚子里一定没有学问!"父亲则轻描淡写地回答道:"说这种话的人,口袋里一定没有钱!"

——你对他人的看法与认知,是不是也反映出你内心真正的态度呢?

我们的社会经历有限,我们的心理不够成熟,我们喜欢用理想化的眼光去看待别人,我们对事物的认知总是难以做到客观与真实。由于人际交往中双方都是多变量的人,双方的评价都具有极强的主观性,再加上认知条件的种种限制,不仅是很难把握被认知者的心理,而且对自己的心理有时也很难把握。因此,人际交往中认知偏差的机会必然增多。

有那么几天,不少同事很兴奋,因为公司里调来了一位新主管,据说这是个能人,专门被派来整顿业务的。可是,随着日子一天天过去,新主管却毫无作为,每天彬彬有礼地进办公室后,便躲在里面难得出门,那些本来紧张得要死的"不良分子",现在反而更猖獗了。

"他哪里是个能人嘛!根本是个老好人,比以前的主管更容易唬!"

大家对新主管下了结论。

四个月过去后,就在真正努力的员工为新主管感到失望时,新主管却发威了——"不良分子"一律开革,能人则获得晋升。下手之快,断事之准,与四个月内表现保守的他,判若两人。

后来年终聚餐的时候,新主管在酒过三巡之后致辞:"相信大家对我新到任期间的表现,和后来的大刀阔斧,一定感到不解,现在听我说个故事,各位就明白了。我有位朋友,买了栋带着大院的房子,他一搬进去,就将那院子全面整顿,杂草、树一律清除,改种自己新买的花卉,某日原先的屋主造访,进门大吃一惊,问那最名贵的牡丹哪里去了?我这位朋友才知道,他竟然把牡丹当草给铲了。

后来他又买了一栋房子,虽然院子更加杂乱,他却是按兵不动,果然冬天以为是杂草的植物,春天里开了繁花;春天以为是野草的,夏天里成了锦簇;半年都没有动静的小树,秋天居然红了叶。直到暮秋,他才真正认清哪些是无用的植物,而大力铲除,并使所有珍贵的草木得以保存。"

说到这儿,主管举起杯来:"让我敬在座的每一位,因为如果这办公室是个花园,你们就都是其间的珍木,珍木不可能一年到头开花结果,只有经过长期的观察才认得出啊!"

这个故事名为《且慢下手》。我们在交往中往往会不自觉地利用"首因效应"、"光环效应"和"刻板印象"等去评价他人,对他人做出有偏差甚至错误的评价。为了避免这些认知偏差的出现,我们需要对这些效应有基本的了解,并有意识地在以后的交往中尽量避免。

首先要注意首因效应。这是不可小觑的第一印象,又称为有色眼镜,是指直接用感觉层次中的局部认知替代知觉层次中的完整认知的错误过程。在心理学上,第一印象又叫初次印象,指两个素不相识的陌生人第一次见面时所获取的印象。

在生活和工作中,人们往往比较重视第一印象。比如面试的时候,会有人告诫你:"注意给面试官留下良好的第一印象!"比如初次约会的青年男女,大多是衣冠楚楚,彬彬有礼。人们常说的"先入为主"就是说第一印象往往会带给人比较深刻的印象。在人际交往中,人们往往根据初次见面时对方的仪表、风度、性格、态度所留下的印象来做出判断,并以此作为今后交往的基础。

这种现象,其背后是心理学的首因效应原理。由于首因效应,使人类有一种特性,就是对任何堪称"第一"的事物都具有天生的兴趣并有着极强的记忆力,承认第一,却无视第二。在生活中,人同样对第一情有独钟,你会记住第一任老师、第一天上班、初恋等等,但对第二的印象往往大打折扣。很多人的思维方式是根据经验,通过第一印象就武断地把某人归类:他是这样的,是这一类人,她是那样的,是那一类人。所以我们在对别人的判断上要防备首因效应,不要为对方的第一印象所迷惑,造成认识的偏差。俗话说:"路遥知马力,日久见人心。"第一印象并不是完全可靠的,还应在继续交往中冷静、细致、全面地分析对方,才能做出更准确的判断。

其次要注意投射效应。心理学研究发现,人们在日常生活中,经常不自觉地把自己的心理特征(如个性、好恶、欲望、观念、情绪等)归属到别人身上,认为别人也具有同样的特征,心理学家们称这种心理现象为"投射效应"。

在人际交往中,投射效应主要有两种情形。一是当他人的年龄、职业、性别、社会地位、身份特性与自己相同时,投射效应就容易产生。这主要是因为人们总是评价与自己相同的人,习惯于与这些人进行比较。另一种情形是,当一个人意识到自己的某些不称心的特性时,就会把自己所不喜欢,或不能接受的自己的性格、态度或欲望,转加到别人身上,说是别人有这种恶习或恶念。

我们先来听一听这样一个小故事。

一天晚上,在漆黑偏僻的公路上,一个年轻人的汽车抛了锚:汽车轮胎爆炸了!

年轻人下来翻遍了工具箱,也没有找到千斤顶。怎么办?这条路半天都不会有车子经过,他远远望见一座亮灯的房子,决定去那个人家借千斤顶。在路上,年轻人不停地在想:

"要是没有人来开门怎么办?"

"要是没有千斤顶怎么办?"

"要是那家伙有千斤顶,却不肯借给我,那该怎么办?"

……顺着这种思路想下去,他越想越是生气,当走到那间房子前,敲开门,主人刚出来,他冲着人家劈头就是一句:"你那千斤顶有什么稀罕的。"弄得主人丈二和尚摸不着头脑,以为来的是个精神病人,"砰"的一声就把门给关上了。

这是一个笑话,比喻有些人以己度人,把自己消极的想象投射到对方身上,以为对方会对自己不友好,结果真的导致了对方的不友好。

我们也许遇到过这样的事:在走廊上向别人点头致意,对方却置之不理;和别人打招呼,对方却悄无声息。遇到这种情况你可能会想:"他这是什么意思?不尊重我啊?还是对我有意见?"其实对方很可能在专心想一件事,或者因为近视眼而没有注意到你而已。如果你在拥挤的公共汽车上被别人踩到了脚而对方却没有道歉,你会愤怒地觉得对方是个无理的家伙。可是当你穿过拥挤的人群准备下车时,狠狠地踩了别人一脚,却因为要下车而来不及道歉时,你心里就会为自己辩解说:"太挤了,实在没办法。"

人与人之间很多误解都是这一类的。其实你的很多想象是没有根据的,对于别人,当没有足够的证据时,我们还是不要轻易下判断为好。可能事情的背后有我们想破脑袋也想不到的原因。

生活中还有些人由于投射效应,而把自己的喜好、价值观强加给别人,这是很容易引起抵触和对抗的。为了避免投射效应,我们就需要学会换位思考,也就是设身处地地站在对方的立场上去看事物。

再次要注意定势思维。在人际交往中,心理定势有一个常见的表现就是当一个人看到他人时,常常会不自觉地按其年龄、性别、职业、民族等特性对其进行归类,并根据已有的关于这类人的固定形象,作为判断其个性的依据。这样形成的印象,就是"刻板印象"。有这样一个笑话:如果你的前面是一位发怒的重庆女孩,后面是万丈深渊,那么,奉劝你还是往后跳吧!这是因为重庆女孩的泼辣"盛名远播",一提到重庆女孩,首先浮上脑海的就是"泼辣"二字。但事实上,重庆女孩也有很多很温柔的,而其他地方的女孩也有很多是泼辣的。

最后要注意近因效应。喜新厌旧似乎是人的本性。"近因"是指最后的印象,它也会给人的认知活动造成强烈的影响。在人际交往中,人们往往更重视"新"的信息,而不太重视旧的信息,就是说新近的信息比以前得到的信息对于交往活动具有更大的影响。

可能有人会想,当首因和近因相矛盾时,是首因效应唱主角,还是近因效应更胜一筹呢?心理学家经过研究发现,当两种矛盾的信息连续出现时,首因效应突出,而当两种信息间断出现时,近因效应更为明显;在与陌生人交往时,首因效应影响较大,而在与熟人交往时,近因效应则有较大影响。

近因效应在日常生活交往中是比较常见的。比如在与朋友的交往中,有时多年的友谊会因一次小别扭或误会而告终;夫妻之间吵架,一气之下,可能完全忘记了对方过去的好处和相互的恩爱,一心只想离婚。所以在办离婚手续的地方,工作人员往往规劝夫妻过一段时间再来办,而原来要离婚的夫妻在冷静下来之后又不想办了。

既然近因效应容易引起"一着不慎,满盘皆输"的后果,所以在人际交往中,我们应该认真对待与老朋友的每一次交往,特别是每一次交往最后几分钟的表现。我们无法预料到底哪一次交往能发生近因效应,但只要有一次表现得有点异样或特别,那么,这一次交往就可能会产生近因效应。因此,每一次交往都要小心行事,切不可因为是老朋友而"忘乎所以",否则对方只要稍一计较或想歪了,以前的友情就会灰飞烟灭。

人们在与老朋友、老熟人相处时,总是在最后即将告别时表现出足够的热情和使对方满意的行动,这样就可以更好地保持老朋友间的友谊。一对恋人,每周见一次面,在分手时,总是恋恋不舍,告别后还三步一回头,两步一相望,此番"万般风情"自会引起双方对下一次约会的无限期待。这都是对近因效应的绝妙注释。

职员调动工作前几天的勤奋工作,大学毕业前一两周对同学的友好和对老师的留恋,这些都是重视近因效应的表现。

在和人交往中,为了避免不良的近因效应,我们要谦虚为怀,以诚相待。如果对方对我们产生了一点误会,改变了对我们的印象,我们应当做到虚怀若谷,在对方心平气和时坦诚进行交谈,解除其中的误会,不要激化矛盾。

有一些第一印象不为他人所赞赏的人,他们本着"失之东隅,收之桑榆"的心愿,通过一段时间的努力,结果是"十年不鸣,一鸣惊人"。这个惊人之"鸣",使他人心甘情愿地改变了对此人的评价并对其抱有特别的好感,也是近因效应的神奇所在。

"首因效应"会使我们对人的第一印象难以忘怀,同时会遮盖蒙蔽他人的缺点,使得我们对他人的认知失调。"光环效应"是一种以点代面、以偏概全的社会心理效应,这种以个别推断总体的光环作用,容易造成对人缺乏真实的、全面的认知。"刻板印象"是人们对某一类人或事物产生的比较固定、概括而笼统的看法。由于我们在人际交往过程中,没有时间和精力去和某个群体中的每一位成员都进行深入的交往,而只能与其中的一部分成员交往,因此,我们只能"由部分推知全部",由我们所接触到的部分,去推知这个群体的"全体",故容易造成对他人认知的失调。所以,当你匆忙地准备对一个人进行评价时,不妨"且慢"!

### (四) 对人际关系的认知过度理想化引发的交往危机及避免方法

很多人对人际关系的复杂性和多样性缺乏足够的心理准备,特别是刚入校门的大学生和刚刚走入职场的新鲜人。他们一接触到人际交往中的矛盾或不足,就感到与自己的理想相差甚远,因此产生了失望与不满的情绪。有些人认为一个人际关系好的人,一定是与周围任何人没有任何隔膜、被周围所有的人喜欢的人。于是,有人为了建立"和谐"的人际关系,不惜一切代价去讨别人欢心,博取别人的好感。有些人则认为良好的人际关系是建立在自己对周围的人喜欢的基础上的,一旦发现自己周围的人都是自己讨厌的人,就离群索居,孤芳自赏。还有一类人觉得只要做好自己的工作,其他事情就都不用管了,少表现,不惹事,不说话,人际关系自然就会好了。这几类人都是缺乏对良好人际关系的正确认知,常生活在不满和忧虑的情绪状态中。一旦自己所追求的目标无法实现,就会导致人际关系紧张,严重影响身心健康,而且还会影响自己的职业生涯。

我们来看看小张是怎么做的:

在初入职场的时候,小张曾经听师兄说过,要在单位里站稳脚跟,首先要保持谦虚的态度,按照上司的要求努力完成手头上的工作就行了,其他的事情尽量少管,以免引来不必要的麻烦。刚刚开始职业生涯的小张深信不疑地照做了。于是,在会议以及活动策划方面,他大多时候都保持沉默,除非领导问他有什么观点和想法,否则他往往扮演"闷葫芦"的角色。

开始的时候,小张的工作开展起来还算顺利。然而,渐渐地,小张发现身边的同事与他交流的时间越来越少,无论是吃饭,还是周末的活动,很少有同事会主动邀请他参加,于是,他开始与同事产生了距离。同时在一些项目的推广上,领导也不再了解小张的看法,便直接就把任务交给其他人负责了。眼看着在单位里工作也快三年了,与他一同上岗的同事,或跳槽,或晋升,而自己的职业发展仍然在原来的水平线上。是自己的能力有缺陷还是职场情商不足,小张感到困惑不已。

实际上,"多做事,少说话"这种处理职场人际关系的原则在一定程度上还是可以接受的,这些忠心于企业的员工与爱表现自己的员工相比,不会很容易地被老板"炒"掉,因为他们不存在在公众场合抢上司风头的危险。可是就职业发展而言,这种做法确实有着很大的阻碍。所以,多与同事和上司沟通,是解决类似小张所面临的职业交往问题的最佳办法。对于一些平常很少与上司接触的职业人来说,如何自然地进行交谈,把握好时机是相当重要的技巧,像汇报自己的工作进展,或者进行工作总结都是一些不错的交流机会。

### (五) 因网络引发的交往危机及避免方法

一封邮件可以制造出轰动全国白领界的"邮件门",一张网络帖子可以令你黯然"自动辞职",你以为只是你与同事的私人点对点聊天,也可以被曝光作为处分甚至"炒鱿鱼"的"呈堂证供"。网络时代,科技便利了我们的工作流程,然而同时,科技也令世界变得没有边界,甚至没有个人秘密。电子媒介在现代社会的无孔不入很有可能让你一不小心就深陷交往危机之中。

第一，由社交网络引发的职场交往危机。

这里所说的社交网络即社交网络服务，是英文 SNS（Social Network Service）的翻译，中文直译为社会性网络服务或社会化网络服务，意译为社交网络服务。社交网络包括硬件、软件、服务及应用等。

像开心网、Facebook 这类 SNS 实名制社交平台有着泄露个人资料的巨大危机，理应被大家所重视。曾经有一件真人真事，一位员工在客户处见到了一些他认为非常不合理的现象，于是义愤之下把这故事写上了开心网。虽然随后他便觉得不妥，十分钟后便自行删帖，但这个帖子已经被熟人转帖，流传了出去。客户跑到公司告状，他只能在公司的"遗憾"下自动辞职。

为了避免这种危机的发生，最好的办法是平时要谨言慎行，不要说不该说的话、做不该做的事。

除了这一类直接引爆的人际交往冲突外，社交网络平台还会悄悄地引发另一种交往危机。这种危机来得平缓而且不令人察觉。

第二，因网络造成情感疏远从而引发交往危机。

坐在办公室里的办公人员大多习惯于通过网络处理各项事务。即便是咫尺之隔的同事，有什么事也都习惯于沉默快捷地在对话框里敲出句子，而不会站起身来越过隔板开口说话。但是，有时候太依靠这种机器的交流也是很危险的。很多公司的员工都有这样的体验：一旦公司网络瘫痪，或是机器中毒，整个办公室就会人人坐立不安。

网络给我们提供了一种低成本、快捷的交往方式，让在职场中的人们交际"距离"越来越近，而在现实中人与人之间的距离，却似乎变得更远了。你是否离开了网络就会变得不会与人交往？你是否对社交越来越恐惧？你是否与同事的距离越来越远？你是否正不自觉地陷入交往危机中？在职场中，团队的沟通与交流是成功的保障，与同事、客户保持良好的关系不能只靠网络。在离开网络的时候不妨多进行面对面的沟通与交流。

人的时间是有限的，在网络上交流的时间越多，与身边的人的交流自然就会减少，这就导致了不能很好地处理现实中的人际关系与矛盾。当习惯了网络交往的方式和语言后，在现实世界中反而会难以适应，因此逃避日常现实。一个被网络交流占据了大部分甚至是绝大部分业余时间的人，又有多少时间和精力来进行人际沟通，改善人际关系呢？

人本主义心理学家马斯洛指出，当人的基本生理和安全的需要得到满足后，就要寻求社交（爱与归属）需要和尊重需要的满足，而这些需要离开现实社会的交往是很难得到充分满足的。人际之间的情感需要人与人之间的社会交往特别是直接的交往来维持。

社会心理学家的研究结果表明，人际之间的整体交往信息是 55% 面部 + 38% 音调 + 7% 语言。当人与人之间的直接交往和互动增多时，就会增进了解、理解和同情。在虚拟社会，人际之间面对面的交往被人与电脑的接触所取代，这就使现实社会中亲朋好友的感情联系淡化了。情感的疏远造成了人际关系的疏远与紧张，很容易引发交往危机。

> 人际交往的前提是，能够站在对方的立场上，想对方所想，理解对方的需要和情感。这样，两个人才能在内心实现真正的沟通，也更容易达成谅解和共识。

## 二、人际交往危机出现时的应对方法

我们在社会交往中,都希望自己能被每一个人所接纳和认可,和每一个人的关系都保持一种良好的状态,但客观事实往往是不遂人愿的。很多时候,我们无法用简单的对与错、是与非去分辨人际交往中出现的问题和冲突,哪怕我们已经尽力避免因自身问题而导致危机的产生,但人际交往危机依然会频频出现,而我们无法阻止它的发生。我们无法判断在这样的交往危机中,谁一定是对的,谁一定是错的,或者哪种行为一定是错的,哪种行为一定是对的。那么人际危机出现时,我们又应该如何解决呢?

我们先来看看《西游记》中的两个人际交往案例。

第一个案例是"孙悟空和唐僧的人际冲突"。

众所周知,孙悟空有两个师傅,一位是菩提祖师,他是孙悟空的武学老师;一位是唐僧,他是孙悟空的佛学老师。孙悟空与菩提祖师的相处甚是融洽,虽然在开始时孙悟空对师傅有些怨言,但两人很快就心心相通,再无口角。至于孙悟空和唐僧,中间可是波折不断,唐僧曾几次三番要赶孙悟空走,甚至念了好几次紧箍咒,也就是说,唐僧和孙悟空的人际交往曾经出现过数次重大的危机,几乎要决裂了。

在《西游记》第十四回"心猿归正,六贼无踪"中,孙悟空杀了六名强盗,唐僧恼怒他杀生,絮絮叨叨地数落了几句,而以孙悟空的性格,是最受不得别人的气的,所以直接一声"老孙去也"便消失无踪了。这是《西游记》中唐僧和孙悟空发生的第一次人际冲突。那么这次人际危机产生的原因是什么呢?

孙悟空认为:直接干掉坏人,免得他们骚扰别人。唐僧则认为:只要吓跑坏人就行了,以后让他们重新做人,弃恶从善。所以,这一次冲突的原因是两个人的行为理念和解决问题的方法不同,仅从理念上来说,我们很难判断孰是孰非。

那么孙悟空和唐僧的这次交往危机又是如何化解的呢?

话说孙悟空别了唐僧后,就去邻居东海龙王家中串了个门儿,并且把和唐僧之间的这次冲突向老龙王倾诉了一番。老龙王也没有评论谁对谁错,只是请孙悟空喝茶。这时,孙悟空突然看见墙壁上挂着一幅《圯桥进履》的画。孙悟空就好奇地问:"这画的是什么?"老龙王回答说:"坐在桥上的老者是黄石公,捧着鞋的少年是张良。黄石公坐在桥上,忽然鞋掉到桥下,就叫张良下桥捡鞋。张良恭恭敬敬地把鞋递给黄石公。就这样,黄石公把鞋掉了三次,张良捡了三次。黄石公认为张良品德好,有修养,就教授他兵法。后来张良成为汉朝的开国功臣之一。"

讲完故事后,老龙王趁机又规劝孙悟空:"大圣啊,你也不妨学学张良是如何尊重老师的,只有这样,你才能西天取经,才能修成正果啊!"

孙悟空听了老龙王的一席话之后,就一个筋斗回到唐僧身边了。

所以,这次危机的解决首先在于孙悟空的觉悟——要尊重师傅。每个人都有自己的师傅,在无关是非与原则的问题上,下级服从上级,下属服从领导,学生服从老师,是和谐人际关系建立的重要标准之一。我们与老师相处,首先要尊重老师。当老师批评我们时,我们不能公开与老师顶撞,更不能一气之下,离开学校。尊重是一种修养,是一种品质。一个真正懂得尊重别人的人,才能赢得别人的尊重。尊重别人是建立良好关系的基本前提。

在现实之中,存在许多类似孙悟空这样的员工,他们头脑灵活,能力很强,正直自信,一向我行我素,不擅长奉承,不盲从,敢于辩驳,但这样就容易给别人留下不愉快的印象。因此这类员工,在与别人交往的过程中要学会尊重对方。

其次,面对交往冲突,自己犯了错误要勇于承认,及时改正。人不可能不犯错,错了就错了,任何改正都是进步。大体说来,孙悟空也是一个知错能改的学生,所以他再次回到了取经之路上。

第三,要学会正确对待别人的过失,提意见的时候要委婉。这个世界上不存在没有缺点的人。你的领导、老师、父母长辈等都不是完美的,观点不正确,或是太严厉,这都是可能的。如果要提意见,那么语气要委婉、时机要恰当。如果被冤枉了,不能当面顶撞。在"孙悟空三打白骨精"的故事中,我们都知道唐僧是错误的,但是尽管他是错误的,在大庭广众之下与你的上司争辩是非,只会恶化关系,不如暂且忍忍,等大家都心平气和再说。在面对长者和上级时,应该照顾到他们的自尊心和面子。

第二个案例依然来自《西游记》,我们要说的是"唐僧和他的取经团队"。

在这个团队中,唐僧是团队中最受尊敬、最核心的人物,他事业心强,信念坚定、执著,他的精神面貌影响着整个团队的士气。

孙悟空是团队中的骨干,他本领高强、神通广大,同时是一位人际关系大户,渠道广泛,资源丰富。但个别情况下有情绪急躁、不服管教的现象。

猪八戒好吃懒做,不思进取,得过且过,没什么大本事,不过日常工作完成得不错。他还可以调节团队气氛,可以说是团队中的一个活宝。

沙僧是非常忠诚的团队成员,任劳任怨,甘愿奉献,不计个人得失,只顾埋头做事,但是应变能力稍差。

这几个人的人际关系总体来说是和谐的,当然在漫长的取经路上也会出现一些人际交往的危机,如我们前面说到的孙悟空与唐僧。总的说来,这个取经团队中产生危机的诱因主要有以下几种。

性格:性格的差异导致交往中的冲突。比如孙悟空就十分看不惯猪八戒好逸恶劳、贪图美色、自私自利、胆小怕事的性格,经常捉弄他。而唐僧也看不惯孙悟空冲动的个性。

语言与行为习惯:比如唐僧的絮絮叨叨和经常做老好人的行为习惯,猪八戒的偷懒取巧与爱贪小便宜就让孙悟空非常不满。

虚荣心理:比如猪八戒就经常因这种心理而被妖魔鬼怪所利用。

外界影响:比如白骨精差点儿让这个团队散了伙。

但是纵然在人际关系上遭受了众多考验,唐僧和他的团队还是一路西行,最终获得了成功。这四个人中少了任何一个人恐怕都难以完成去西天取经的伟大使命,那么如果这四个人是同一类型行不行呢?答案当然是否定的。因为从管理学的角度看,唐僧师徒取经团队是完美的。他们在一个个不利的条件下,频频利用"团队精神"战胜困难和妖魔。所谓团队精神,简单来说就是大局意识、协作精神和服务精神的集中体现。团队精神的基础是尊重个人的兴趣和成就,核心是协同合作,最高境界是全体成员的向心力和凝聚力,反映的是个体利益和整体利益的统一,并进而保证组织的高效率运转。团队精神的形成并不要求团队成员牺牲自我,相反,挥洒个性、表现特长保证了成员共同完成任务,而明确的协作意愿和协作方式则产生了真正的内心动力。

通过以上两个案例,我们可以看出,一个团队能够保持和谐完整,面对人际关系危机能够迅速解决的秘诀就是信任、互助、相容、沟通等,这些也正是交往中的核心要素。所以,如果你遇到了交往危机,不妨考虑以下的方法。

## （一）面对人际交往危机，要学会宽容与主动

为人应当心胸宽大，绝不可斤斤计较，更不可与人比高低、争强弱。善于做人者，一定要有"宰相肚里能撑船"的度量，把自己的开阔胸怀充分展示出来，这样才能赢得别人的尊敬，即使危机出现时，也能够顺利地解决。

有一个男孩有着很坏的脾气，经常得罪别人，眼看朋友越来越少，于是他的父亲就给了他一袋钉子，并且告诉他，每当他发脾气的时候就钉一根钉子在后院的围篱上。

第一天，这个男孩钉下了37根钉子。慢慢地每天钉下的数量减少了。

他发现控制自己的脾气要比钉下那些钉子来得容易些。

终于有一天，这个男孩再也不会失去耐性、乱发脾气了，他告诉他的父亲这件事，父亲告诉他，现在开始每当他能控制自己的脾气的时候，就拔出一根钉子。当他能拔出所有钉子的时候，就去找他的朋友们道歉。

一天天地过去了，最后男孩告诉他的父亲，他终于把所有钉子都拔出来了。

父亲握着他的手来到后院说："你做得很好，我的好孩子。但是，看看那些围篱上的洞，这些围篱将永远不能回复到从前。你生气的时候说的话将像这些钉子一样留下疤痕。如果你拿刀子捅别人一刀，不管你说了多少次对不起，那个伤口将永远存在。"

人与人之间常常因为一些彼此间的无法释怀而造成永远的伤害。就像战国时"将相和"的故事，假如蔺相如在廉颇羞辱自己以后，马上针锋相对，怒目相向，就会使彼此的矛盾空前激化，不但他本人失去一位忠实的朋友，而且将会给整个赵国带来严重的危害。"金无足赤，人无完人。"我们自己身上都有缺点，别人当然也一样。所以如果用非常严格、苛刻的标准来衡量，对别人的缺点看得太清楚的话，那就会发觉天底下没有一个"好人"，也没有一个值得交往的人。只有睁一只眼、闭一只眼，宽厚大度，才能获得更多的友谊，愿与你交往的人也就越来越多，当人际关系发生危机时，也更容易找到解决之道。

当人际交往冲突出现时，不管是不是自己的错，暂且学会先退一步吧！要学会主动地先跟对方说一声"对不起"。

有时，人际冲突还没有爆发，我们就已经意识到了自己在人际交往中面临着危机。很多刚刚步入职场的年轻人都会抱怨"为什么人际关系那么难处理？我要怎么样才能融入这个团队"。尤其是那些非常内向的人，比如陈小燕。

又到周末，陈小燕很无聊，却找不到人相陪，于是她自己跑到了郊外，想散散心。结果她在郊外闲逛的时候居然遇到了意想不到的人——她所在部门的人除了领导，六个同事都在一起。同事们很不好意思，讪讪地说觉得陈小燕平时都不跟他们玩，所以这次大家出来郊游就没有叫她。陈小燕觉得非常悲哀，原来在大家眼里，她不只是可有可无，还非常不受欢迎。想想平时自己的表现，当大家一起闲聊时，她很少参与，即使是聊一些热火朝天的八卦新闻，她也只是听听，很少发表意见，时间久了，大家就都不理会她了。

人的个性是比较难改变的，如果你觉得自己能够接受这样的性格和交往现状，那么你需要做的是尽可能从事一些技术类的工种，这样才能够扬长避短。如果不能改变工作，同时也希望自己有良好的职场人际交往，那么最重要的就是要主动，主动地帮助别人，主动地找别人交流与沟通，让时间证明你身上的可贵品质。

最后还是要回到前面说的宽容。如果陈小燕发现同事集体把她忽略了——部门聚会却没有通知她确实是同事的不是，于是生气地抱怨同事，那么结果只能使她和同事的关系越来

越糟糕。相反,她以宽容的态度去接受反而能使同事认识到她的修养与宽容。当然,更重要的是要反省自己的性格,主动地去改变。

大度待人是促使人际关系和谐发展、消解矛盾和冲突的一剂良药。如果我们都能从自己做起,开始宽容地看待他人,相信你一定能收到意想不到的效果。帮别人开启一扇窗,也就是让自己看到更宽广的天空。

## (二)面对人际交往危机,要以最快的速度及时化解

这个故事说的是一个人和一只狗。

在美国阿拉斯加,有一对年轻人,他们婚后不久,太太便因难产而死,留下了一个孩子。

年轻的男主人既忙于生活,又忙于看家,因为没有人帮忙看孩子,他就训练了一只狗,那狗聪明听话,能照顾小孩,咬着奶瓶喂奶给孩子喝,抚养孩子。

有一天,主人出门去了,叫它照顾孩子。他到了别的乡村,因为遇到了大雪,当天不能回来。

第二天男主人赶回家,狗立即闻声出来迎接主人。男主人把房门打开一看,到处是血,抬头一望,床上也是血,孩子不见了,狗在身边,满口也是血,主人看到这种情形,以为狗性发作,把孩子吃掉了,大怒之下,拿起刀来向着狗头一劈,把狗杀死了。

之后,他忽然听到孩子的声音,又看到孩子从床下爬了出来,于是他抱起孩子仔细检查,发现虽然孩子身上有血,但并未受伤。

他很奇怪,不知道究竟是怎么一回事,再看看狗身,腿上的肉没有了,旁边有一只狼,口里还咬着狗的肉;狗救了小主人,却被主人误杀了,这真是天下最令人惊奇的误会。

让我们设想一下,如果这只狗是一个人,这样的误会还会发生吗?

我想大多数人会说"不会"。是的,因为人会说话,会沟通,会告诉男主人事情的真相。

这个故事告诉我们,有了误会,要尽快解释,以免一发不可收拾。

误会的事,往往是人在不了解、无理智、无耐心、缺少思考、未能多方面体谅对方、没有反省自己、感情极为冲动的情况之下所发生的。误会一开始,人就一直只想到对方的千错万错,因此,误会越陷越深,弄到不可收拾的地步,人对无知的动物小狗发生误会,尚且会有如此可怕严重的后果,人与人之间的误会,则其后果更是难以想象。误会是一堵冰冷的墙,它隔开了彼此的感情交流;误会是一颗不定时炸弹,说不定什么时候就会把大家炸得人仰马翻。一个小小的误会也常会造成严重的后果,而且误会往往越积越深。所以,双方不妨心平气和地坐下来,坦诚相见,进行真诚的沟通,让误会早日消除。人与人之间产生误会时一定要以最快的速度想办法消除,不要等到无法挽回时再后悔自责。

更多的时候,我们面对的不是误会,而是危机确确实实出现了。

小葳是个漂亮干练的女孩子,作为公司老板的秘书已经工作四年了,工作极少出现问题,老板对她很是欣赏。有一次,公司接到了一个大项目,小葳负责通知各部门主管召开公司大会的时间和地点,并说明会议很重要,所有的人都不能缺席。可是开会那天,小葳偏偏迟到了,全公司的人都将目光注视到她的身上……

小葳遇到的情况是很多"优秀员工"都遇到过的,不管上司怎么看待此事,当事人却会一直处在自责和歉疚的情绪中。但这并不是聪明人的做法。如果你以后遇到类似的情况,在重要的会议上迟到了,你可以这样做:拒绝不断内疚的心理,大大方方地向在场的所有人进行正式的道歉,并且尽快进入会议的状态中。在会议结束后,给你的直属上级发一条短信,或者更

正式一些,写一封电子邮件,将迟到的原因写明确,请求对方的谅解。有一点很关键,万不可编造理由,如路上塞车。就算你睡过了头,也比"塞车"这个理由更加顺理成章。最重要的一点是,千万不能拖拖拉拉,等过了两三天才想起来要道歉。

## (三)面对人际交往危机,要学会换位思考

有一位妻子正在厨房炒菜,丈夫在她旁边一直唠叨不停:"慢些!小心!火太大了!赶快把鱼翻过来!油放太多了……"

妻子脱口而出:"够了!我懂得怎样炒菜!"

丈夫平静地回答道:"我只是要让你知道,我在开车时,你在旁边喋喋不休,我的感觉如何……"

其实,学会体谅他人并不困难,只要你学会换位思考,愿意认真地站在对方的角度和立场看问题。

换位思考就是完全转换到原来对方的位置思考,从而更理解人、宽容人。

《圣经》中记载了这样一个故事。有一次,大家要砸死一个妓女。耶稣说:"可以,谁没有犯过错误,就可以动手。"结果在场的每个人都问心有愧,最后谁也没有砸她。

为什么所有的人在耶稣的这个问题前都变得不敢动手了呢?因为没有一个人有动手的资格——只要想到自己原来也犯过错,就能同情这位妓女了。

很多人在面对人际冲突的时候,总是立足于自我的立场,考虑更多的是自己的利益和需要,却很少从别人的立场来看问题,觉得别人不理解自己,以至于矛盾越来越深。所以,当你面对人际交往危机时,要学会换位思考四部曲。

第一步:如果我是他,我需要的是……

第二步:如果我是他,我不希望……

第三步:如果我是对方,我的做法是……

第四步:我是在以对方期望的方式对他吗?

想想吧:

当我犯了过错时,我希望别人批评我吗?

不希望!我希望得到原谅。

当我做得不好时,我希望别人嘲笑我吗?

不希望!我希望得到鼓励。

当我遭受挫折时,我希望别人幸灾乐祸吗?

不希望!我希望得到帮助。

当我情绪低落时,我希望别人冷落我吗?

不希望!我希望得到安慰。

当我总是听不懂时,我希望别人觉得我烦吗?

不希望!我希望得到耐心。

通过换位思考,可以让我们了解别人的心理需求,感受到他人的情绪,将沟通进行到底;通过换位思考,可以让我们揣摩到对方的心理,达到说服对方的目的;通过换位思考,可以让我们欣赏到他人的优点,并给予对方真诚的鼓励,使团队和谐高效。

用别人对自己不好的方式来对别人,是小肚鸡肠;用自认为好的方式对待别人,是自作多情;用希望别人对你的方式来对别人,是将心比心;用别人期望的方式来对待别人,是善解人

意。为对方着想,是最朴素也是最高超的技巧。

王玲作为部门主管被公司外派去接受培训,带回了很多的相关资料,并把一部分资料放在自己办公桌的书报栏里。小勇是个职场新人,他主动提出想透过这些珍贵的资料多学些专业知识,就把资料借走了。但是不幸的是,小勇回家时不慎将背包落在了出租车上,而那些没有复本的资料也随之没有了下落。

小勇此时该怎么办?

作为一名员工,把东西弄丢了,该如何向自己的主管交代? 这一类的问题解决起来虽然有不小的难度,但也并非无药可救。小勇此时就站在主管的立场设想,出现问题,领导肯定希望第一时间知道,并且,领导肯定希望自己的员工已经想到一些办法去解决问题,而不是等着领导去想办法。所以,小勇首先在第一时间将"丢失"事件告知主管,并真诚道歉;第二步,尽可能地想办法弥补,看看还有什么办法可以把资料要回来,比如马上与培训方联系,重新要来一份备份;如果这一步执行起来有难度,还可以尽快地买一些相关的资料,当作礼物送给主管。身为主管,相信王玲会以宽容的态度对待自己的下属,并能换位思考,理解小勇的过错与歉疚,说不定,小勇果断、迅速处理问题的方式还会让主管看到他的闪光点。

## (四)面对人际交往危机,要学会主动沟通

春秋战国时期,耕柱是一代宗师墨子的得意门生,不过,他老是挨墨子的责骂。有一次,墨子又责备了耕柱,耕柱觉得自己真是非常委屈,因为在众多门生之中,大家公认耕柱是最优秀的学生,但又偏偏常遭到墨子指责,让他很没面子。

这是一个故事的开头,出自《墨子·耕柱第四十六》。在这个故事继续下去之前,我们先来假设一下这个故事的几种结局。

结局一:故事中的墨子因为要教很多的学生,一则因为繁忙没有心思找耕柱沟通,二则没有感受到耕柱心中的愤恨,耕柱也没有主动找墨子进行沟通,双方一直以这样的模式过下去。

结局二:耕柱心中愤恨,墨子虽然感觉到耕柱心有怨言,但他也没有主动找耕柱交谈以打消其不满的情绪,双方依然以这样的模式过下去。

这两种结局的后果是:双方无法消除误会,甚至可能使误会加深,最终分道扬镳。

结局三:耕柱深感不平,采取了消极抗拒的措施,甚至远走他方。

这种结局的后果是:墨子会失去一个优秀的可塑之材,耕柱则不可能再从墨子身上学到什么。

结局四:在耕柱主动找墨子沟通的时候,墨子要么推诿很忙没有时间沟通,要么不积极地配合耕柱的沟通。

这种结局的后果是:双方不欢而散。墨子失去了一名优秀的学生,其学问不可能产生深远的影响。耕柱恨上加恨,心中愤恨日久生怨,说不定还会做出很极端的事情。

结局五:墨子主动与耕柱沟通,然而耕柱却不积极配合,也不说出自己心中真实的想法。

这种结局的后果是:双方并没有消除误会,甚至可能使误会加深,最终分道扬镳。

所幸的是,墨子不愧为一代宗师,而耕柱也不愧是他的优秀弟子。这个故事的真正结局是这样的:

有一天,耕柱愤愤不平地问墨子:"老师,难道在这么多学生当中,我竟是如此差劲,以至于要时常遭您老人家责骂吗?"

墨子听后,毫不动肝火:"假设我现在要上太行山,依你看,我应该要用良马来拉车,还是

用老牛来拖车?"

耕柱回答说:"再笨的人也知道要用良马来拉车。"

墨子又问:"那么,为什么不用老牛呢?"

耕柱回答说:"理由非常的简单,因为良马足以担负重任,值得驱遣。"

墨子说:"你答得一点也没有错,我之所以时常责骂你,也只因为你能够担负重任,值得我一再地教导与匡正你。"

所以,当人与人之间的关系出现危机时,根据故事中的结局一、结局二和结局三,我们知道,首先应该有主动沟通的精神。根据结局四和结局五,我们知道,沟通是双向的,而非单向的。不必要的误会都可以在双向沟通中消除。

小王经过多年的努力,当上了一个部门的主管,在业务的拓展方面有着自己独到的见解,只要她认为可行的方案必定会坚持到底,对于企业每月定下的工作任务,她都十分投入。

在小王看来,在达到工作目标的同时一定要减少工作失误,即使是一个很小的细节,她也会很详细地向员工了解清楚,以避免产生不必要的差错。严谨的态度确实让她所带领的部门出错的几率降低,部门的工作业绩也保持着平稳的发展状态。可是,同事与她的关系却并没有因眼前的业务成绩而变得融洽起来,相反,相互之间的交流和沟通越来越少。

她发现他们开始慢慢地远离自己,甚至表现出一种抗拒的情绪。这不利于提高部门的凝聚力,刚开始时小王也尝试着寻找话题增加与同事们相互交流的机会,主动融入同事的圈子里。可是每次他们都只是相当被动地回答她的提问,上下级间不协调的状态似乎没有什么改变。渐渐地,小王也在这种状态中沉默了。

如果你是小王,你会怎么做?

对于部分管理者来说,要完成工作任务不是一件困难的事情,然而如何处理好上司和下属的关系,让整个团队的工作有更好的表现,却让他们不知所措。

实际上,小王最大的问题是在工作中过于坚持自己的看法以及容易纠缠细节问题,给身边同事传达出不信任的信息,忽视了别人的意见,即使是在刻意与同事交流时,似乎也不是发自内心希望成为身边同事的朋友,所以她最后还是选择了放弃。要改变这样的困境,她只有加强与人沟通的主动性与技巧。面对人际交往危机时,一个人能够与他人主动、积极、准确、及时地进行沟通,才能够拥有牢固的、长久的人际关系。

## (五)面对人际交往危机,要用真诚的态度来化解

在人际交往中,唯有真诚才能获得信任。

张小宁大学毕业后到了一家企业工作,因为缺乏经验,不慎泄露了一位客户的信息。张小宁因此被客户投诉并离职,再次成为求职大军中的一员,后来好不容易得到了一个面试的机会。但是,面试官却提出一个让他两难的问题:"你在上一家企业工作的时间不到五个月,请问是什么原因让你如此迅速地离开那家企业的?"

是照实回答还是临时编一个谎言? 在回答这个问题之前,我们先来看一个关于秦桧后人的著名故事。

秦大士是南京士子,自幼聪明好学,23岁考中举人,而且写得一手好字,才华过人。乾隆十七年,他参加科举考试,被评卷大臣们一致推为一甲一名。乾隆也对他的文章非常赏识,觉得今科状元非此人莫属。但是,当乾隆看到秦大士的籍贯时,不由地犹豫起来。他想起了另外一个人——北宋大奸臣秦桧。乾隆心想,两人籍贯相同,姓氏相同,这个秦大士会不会是秦

桧的后代呢？万一是真的就麻烦了，奸臣的后代怎么能当状元呢？传出去岂不是天大的笑话？

于是乾隆当即召见秦大士，开门见山地问："你是不是秦桧的后代？"

世上真有那么巧的事，秦大士确实是秦桧的后代。

秦大士趴在地上，汗如雨下。他面临着两难选择：要么如实相告，前程肯定完了；如果矢口否认，就卖掉了祖宗，不但不孝，而且犯了欺君大罪，这是不忠，弄不好脑袋要搬家。无论哪种选择，都是死路。

秦大士思索片刻，索性壮起胆子高声说道："皇上，一朝天子一朝臣。"

在当时的情境下，这短短的七个字，含义实在是太丰富了。首先，他对皇帝的疑问不置可否，等于默认了自己是秦桧的后代，但又不明说，给双方留下了一条退路；第二层意思更妙，一朝天子一朝臣，只有北宋那样的昏君才会让奸臣当道，而大清朝现在有您这样的一代明君，怎么可能出现奸臣呢？

秦大士绕开了皇帝的问题，直接阐述自己的观点，又顺带拍了皇帝的马屁。不露声色，恰到好处。乾隆何等聪明，哪会听不出弦外之音？更加欣赏他的过人才智，当即龙颜大悦，欣然钦点秦大士为新科状元。秦大士巧妙地化解了危机，成为清朝第43位状元，被授翰林编撰。

张小宁的情况和秦大士类似，撒谎是万万不可取的，没有人希望自己的员工或下属是一个不诚实的人。试想如果秦大士撒谎的话，事后被皇帝查知，欺君之罪是必死无疑。当然，张小宁也不能很老实地说"我因为工作泄密被开除"，就像秦大士如果只说"是"，那么他的前途肯定就完了。所以，对于张小宁来说，最好的做法就是把原因陈述清楚，最后告诉对方，自己因为这次教训，以后必不可能再犯类似的错误，以真诚的态度换取面试官的谅解。

秦大士的故事其实还没有完，他虽然过了与皇帝的交往危机，但他还面临着天下百姓的舆论危机。就像张小宁，如果他进入公司后，同事知道他以前的事，自然会有些非议。巨大的信誉危机导致了巨大的人际交往危机，这该如何化解？

答案当然是"真诚的态度"。

秦大士高中状元之后，高调做的第一件事，竟是前往杭州西湖祭拜岳飞。在岳飞墓前，看到秦桧夫妇的塑像被反绑双手，长跪于此，秦大士写下了流传千古的名句："人自宋后羞名桧，我到坟前愧姓秦！"情真意切，立场鲜明。此联传出，人们顿时对秦大士刮目相看，无不肃然起敬，终于相信，秦桧的后代跟秦桧的确不一样。

自秦桧之后，秦家后代陷入了数百年的信誉危机，终于被秦大士成功化解了。

我们看到，秦大士对于祖先犯下的错误没有刻意隐瞒，更没有百般抵赖、护短，而是勇于担当，牢记教训，时时警醒。他说到了，也做到了。秦大士一生为官清廉，造福百姓，至今传为佳话。两百多年后的今日，在南京长乐路的秦大士故居门前，前来参观与缅怀的人依然络绎不绝。

回到现代的职场案例，张小宁该怎么做，答案显而易见。

## （六）有时"糊涂"可以让你避免很多危机

年轻的时候，我们总是希望自己聪明，智商高；历尽世事后，又总是用郑板桥的"难得糊涂"来自嘲自解，以期达到心理的平衡。其实，"聪明"主要针对接受新知识、新事物上的智力而言，"糊涂"主要是针对人际交往、处理事情的态度与方法而言。

那么，我们在处理人际关系的时候，到底是聪明好还是糊涂好呢？历史与经验告诉我们：

## 第九讲 你需要：解决交往的危机

大事小事都聪明——少；大事聪明小事糊涂——好；大事糊涂小事聪明——糟；大事小事都糊涂——了。

在处理大事小事上都表现得聪明、精明的人，自古以来很少，所以，这些少数人成了伟人，成就了永载史册的辉煌事业。大事小事都糊涂的人，难有作为，一了百了。相当大比例的人都在大事与小事之间或聪明或糊涂或聪明糊涂交替进行，也因此演绎出许多悲欢故事。

大事糊涂小事聪明为什么糟糕呢？有史为例，三国时期的杨修就是如此。

杨修才思敏捷，灵巧机智，是曹操的主簿，也就是今天所说的参谋。曹操一代枭雄，对谋略了然于胸，在他手下当差，必要加倍小心。

有一回修缮花园，落成后，曹操看了一眼，什么也没说，直接在园门上写了个"活"字。工匠们不解其意。杨修看了，就说门字里面一个"活"字，就是说园门设计太阔了，改小就行了。过后曹操来检查，看到园门如他所愿改了，很高兴，一打听，说是杨修解出来的。曹操虽然表面上称好，但心底却很忌恨。

有一天，塞北有人给曹操送了一盒精美的酥（奶酪），想巴结他。曹操想考考周围文臣武将的才智，就在酥盒上竖写了"一合酥"三个字，让使臣送给文武大臣。杨修看到盒子上的字，就拿餐具给大家分吃了。后来，曹操问其故，杨修从容回答说："盒上明明写着'一人一口酥'，岂敢违丞相之命乎？"曹操虽然言笑如常，心头却很妒忌杨修。

曹操生性多猜疑，生怕人家暗中谋害自己，常说自己梦中好杀人。有一天，曹操在帐中睡觉，故意让被子掉在地上，一名近侍过来捡被子，曹操即刻跳起来拔剑把他杀了，复上床睡。睡了半天起来的时候，假装做梦，问谁杀了近侍。大家以实情相告。曹操痛哭，命厚葬近侍。人们都以为曹操果真是梦中杀人，唯有杨修又识破了他的意图，临葬时指着近侍尸体而叹惜说："丞相非在梦中，君乃在梦中耳！"曹操听到后更加厌恶杨修。

后来，曹操出兵汉中，打了好几个败仗，对前进还是后退犹豫不决。正思忖间，厨子送来鸡汤进补。这时部下来请示晚上值班的口令，曹操随口便道："鸡肋。"杨修这次又犯了卖弄聪明的老毛病，他一听口令是鸡肋，立马就让军士们快点收拾东西准备回家。杨修说："鸡肋食之无味，弃之可惜，跟现在的战况一样。不如先收拾好，免得到时慌乱。"曹操一追查，又是杨修自作聪明，顿时大怒，将他杀了。

如果你是领导，你喜欢杨修这样的下属吗？

恃才傲物、自命不凡、哗众取宠、自作聪明，这样的人并不少，他们或许有些才干，也或者很有才干，可就是得不到领导的重用，或者干脆就被领导弃之不用。试想有哪位领导喜欢自己身边有一位把自己的心事都琢磨得明明白白的"杨修"，时不时地把领导心里那些要藏起来的心事给抖搂出来的"杨修"。当一名员工只能给上司带来难堪和麻烦的时候，他的命运也就可想而知了。

努力把自己的价值发挥到最大化，这几乎是每个人的追求，但这其实是需要技巧的。有时候表演聪明容易，装傻却难。而每一位职场的成功人士都是绝顶聪明的，也都是把"傻"装得很好的人。

"水至清则无鱼"，装糊涂在人际相处中很重要。同事之间如果发生意见不一致的情况，争论一阵，见不出高低，便不必再争论了。没有多少原则性的大是大非，何必争个清楚明白呢？假糊涂是真聪明，很多时候，揣着明白装糊涂是一种人情的练达。

糊涂的哲学并不难理解，关键是如何做到"该糊涂时糊涂，不该糊涂时绝不糊涂"。要把握好这个度，那就是一种智慧、一门学问。"诸葛一生唯谨慎，吕端大事不糊涂"，原则、立场、态度、人生观、价值观问题千万不能糊涂!总之,"糊涂术"是一种机智,是一种大智慧,是一种优良的交际武器。如果运用得恰当,就可以帮助你获得良好的生存环境。

> 良好的为人处世态度和方式不但可以使你避免不必要的人际交往危机,还能使你成功地化解危机。

人与人之间的关系其实很微妙,没有人总能处理好各种情况下的人际关系,反之也一样,没有人总不能胜任人际交往。我们并不是孤独地活在这个世界上,我们需要与人交流,需要与人合作,需要与人交往。我们应当以正确、良好的心态来看待人际交往危机。人际交往危机并不是迫在眉睫的大灾难,人与人的交往不可能总是一帆风顺,我们总要面对危机,因此我们应当训练自己具备危机识别和处理的意识和能力,及早发现问题和解决问题,记住,未雨绸缪永远不会太晚,帮助别人永远不会太多。

【问题思考】

1. 小锋毕业后考进了一家小有名气的公司工作,正好公司的总经理是他的叔叔。同事知道后,开始有意无意地避开他,开玩笑似地说"你和我们不是同一个世界的",工作上也不喜欢和他合作。小锋很希望和部门同事搞好人际关系。如果你是小锋,你该怎么办?

2. 你和好朋友同时进入一家公司工作,你因为业绩突出而经常受到赞扬,他便因此经常被拿来和你作比较。他很生你的气,你又很珍惜这个朋友,你会怎么处理和他的人际关系呢?

3. 当人际交往危机出现时,你能想到什么解决的方法?

## 第九讲　你需要：解决交往的危机

**学习了本讲,你需要制订、实施自我能力促进计划**

| \ | 第 一 阶 段 |
|---|---|
| 目标 | 我的目标: |
| 问题 | 我目前存在的主要问题是: |
| 行动 | 为实现阶段目标,我马上要做的事情是: |
| 评价 | 行动成效检查评价(　　年　　月　　日):<br>促进显著(　　)　　有所促进(　　)　　促进不明显(　　)<br>原因分析: |
| 提升 | 鉴于已取得的收获,下一步我需要做的事情是: |
| \ | 第 二 阶 段 |
| 目标 | 我的目标: |
| 问题 | 我目前存在的主要问题是: |
| 行动 | 为实现阶段目标,我马上要做的事情是: |
| 评价 | 行动成效检查评价(　　年　　月　　日):<br>促进显著(　　)　　有所促进(　　)　　促进不明显(　　)<br>原因分析: |
| 提升 | 鉴于已取得的收获,下一步我需要做的事情是: |
| \ | 第 三 阶 段 |
| 目标 | 我的目标: |
| 问题 | 我目前存在的主要问题是: |
| 行动 | 为实现阶段目标,我马上要做的事情是: |
| 评价 | 行动成效检查评价(　　年　　月　　日):<br>促进显著(　　)　　有所促进(　　)　　促进不明显(　　)<br>原因分析: |
| 提升 | 鉴于已取得的收获,下一步我需要做的事情是: |

李萍毕业后在当地一家很有名气的公司工作。同一间办公室的林琳比她早来两年,因为刚刚工作,有些事情不太明白,时常会向林琳请教。林琳虽然表面笑脸相迎,可背地里却时常把她犯下的小错误告诉上司,并添油加醋地打"小报告"。于是,上司经常批评李萍,而且语气一次比一次严厉。平时自己犯些错误都是因为不熟悉公司工作,可经过林琳的"报告"却在上司心里留下了不太好的印象,这让李萍很懊恼。

——如果你是李萍,在工作中遇到这种情况,你会怎么办呢?

# 第十讲

# 你需要：预演职场的交往

在职场中，我们免不了要与各种人交往，包括与同一单位的上级、下级、平级同事的交往，与外单位的客户、顾客、病人、学生、竞争对手等的交往。良好的职场交往能力非常重要，它可以使自己的工作得到他人的支持，更好地完成工作，也可以使自己融入团体中，构成强有力的团队。而职场交往能力的提升是有规律可循的，从他人的成功中学习，从他人的总结中学习，也可以在自己不断的探索中学习。

所以，作为在校的大学生，我们应该努力学习和锻炼自己的职场人际交往能力，为未来的职场生活做好充分的准备。通过前面九讲的学习，你一定已经把握了很多人际交往的要领，在这一讲，我们就一起通过对一些典型场景的演练和相关知识的学习，提高自己的职场交往能力吧！

## 一、如何与上级交往

身为职场中人，与上司打交道是日常工作免不了的事。但如何与上司相处，里面却大有学问。我们先来看下面这个场景。

**场景：**

李阳去年从一所重点大学毕业后，应聘到华美贸易公司行政办公室工作。办公室主任老王是一个只有中专学历的中年男人，虽然学历不高，但人生经历非常丰富，实际工作能力很强。李阳自恃自己是名牌大学的毕业生，心里看不起老王，平时很少主动与之交流，对其布置的工作总是敷衍塞责。时间久了，老王对李阳的表现很不满意，跟公司老总汇报说李阳工作不积极，没有责任心。到年底，李阳的绩效评估被评为二等，奖金被扣除一半。李阳很不服气，认为是老王看自己不顺眼，诚心要整他。面对这个局面，李阳认为华美贸易公司并不适合自己的发展，于是心生去意，但又怕找不到更好的工作，因此，犹豫了很久都没有做出决断。李阳陷入了迷茫中。

**场景分析：**

这是大部分职场新人在与上司交往过程中遇到的一个问题。作为年轻员工，受教育程度较高，掌握知识较全面，思维活跃，接受新事物快，具有很多上司所不具备的专长和优势，都想尽快在工作中大显身手，施展才干，成就一番事业。但自命清高，常有怀才不遇之感，眼高手低，进而与上司形成摩擦，无疑会使自身成长的环境恶化，有碍自身的成长进步。

这个案例告诉我们以正确的心态去面对上司，学会与上司交往的原则与技巧，从而与上司建立起良好的交往关系，对于我们的职业发展是非常重要的。

## （一）与上级交往的原则

### 1. 学会欣赏自己的上司

我们常常可听到一些员工在私下闲聊时一起说上司的坏话，主要围绕着上司的为人处世、工作技能方面。比如这位上司工作能力不怎么样，不知道怎么当上上司的。是马屁拍得好，还是送礼送得多；是人长得帅气，还是上司的上级瞎了眼等。大家越聊，心里越不平衡，觉得跟着这样的上司工作真是莫大的耻辱。

在很多员工的眼中，上司总是一无是处：脾气不好，难以沟通，给员工穿小鞋，处理事情不公平，善于钻营，挑剔员工的工作，过于迁就客户，等等。下级看不起上司，抱着"你当年还不如我"这种不切实际的狭隘想法，其实是下级最自不量力的表现。须知能当上司者，必有其可赞之处。

汉高祖刘邦是中国历史上受非议最多的上司之一。在旁人看来，刘邦是一个没文化、没教养的地痞，却能够将个人能力远远超过他的韩信、张良、萧何团结在自己周围，战胜了项羽，创立了中国历史上延续时间最长的统一王朝。刘邦的成功之道在于他的领导艺术，知人善任，运筹帷幄。

很多人习惯拿自己的优点和上司的缺点对比。人无完人，上司有缺点很正常，只要不影响其工作才能的发挥，这类缺点不能作为管理者的缺点。作为下级，不应该滞留在研究上司是如何步入辉煌的，而应脚踏实地跟着上司干，这才是通向成功的门票。

> 一个上司能进入管理阶层，自然有他的过人之处，要学会欣赏和学习。

### 2. 有效地执行上司的命令

西点军校有一句校训，叫作："没有错误的命令，只有错误的执行。"这句话在职场中一样适用。如果上司的命令得不到执行，再好的创意和计划都是空想；如果员工不具备执行力或执行力较差，就不可能有较高的工作效率和业绩。

当上司决策错误时，你可以大胆地说出自己的想法，同时让你的上司明白，这只是建议。身为下级，你只能协助上司完成决策。当上司的决定不尽如你意，甚至与你的意见相反，而且你的建议无效时，应该放弃自己的意见，执行上司的决定。在执行中，如果证明决策确实是错误的，应尽可能地将损失降到最低。

但是，要注意，服从不是盲从，服从的前提是理解上司的意图，这样才不会发生建烟囱的笑话：上司给你一张图纸，让你挖井，结果你将图纸拿倒了，最后，建立起个大烟囱。这样的执行就是错误的执行。

> 执行力是工作中必不可少的能力，执行力决定成败。

## 3. 不要越位

赵林在某国企公司工作，由于他的管理才能和英语水平都比较出众，一年后就被提拔到经理助理位置上。事业顺利，赵林难免有些得意忘形，常常在一些商务活动中"抢镜头"，不过他的上司刘经理比较大度，不计较他的张扬。前段时间，一位英国客户来公司采购，公司派出刘经理、赵林及销售主管前去洽谈。谈判中，由于刘经理的英语水平有限，便让赵林协助解说。此时，赵林的表现欲高涨，他根据自己掌握的情况添油加醋，擅自报出公司的最低价格，承诺一个月的时间出样品，并对机器质量、签约时间等问题私自作答。一旁的销售主管也懂些英文，悄悄地告知了刘经理。刘经理当即中断了谈判，回去后就解除了赵林经理助理的职务。

赵林被解雇，完全是他自己造成的。他在谈判中自作主张，超越了自己的权限，完全无视上司的存在。这样一来，上司对赵林的信任降到了零点，无法再和他配合工作下去。所以在职场中，要切记自己的权限，千万不要"越位"。

> 下级应该时刻记住自己的权限范围，知道哪些事该做，哪些事不该做，把握好适度的原则，完成自己的职责，而不要越位。

## （二）重视与上级沟通的技巧

要与上级很好地交往，就必须善于和上级沟通。要做到这一点，就必须处理好和上司接触的每个环节。

### 1. 向上司请示和汇报的技巧

（1）明确向上司请示汇报的程序

第一，仔细聆听上司命令。如果上司明确指示你去完成某项工作，那你一定要用最简洁有效的方式明白上司的意图和工作的重点。弄清楚该命令的时间（when）、地点（where）、执行者（who）、目的（why）、做什么工作（what）、怎样去做（how）、需要多少工作量（how many）。在上司下达完命令之后，再简明扼要地向上司复述一遍，请上司加以确认。

第二，与上司探讨目标的可行性。上司在下达了命令之后，他希望下级能够对该问题有一个大致的思路，以便在宏观上把握工作的进展。作为下级，应该积极开动脑筋，对工作有一个初步的认识，告诉上司你的初步解决方案，尤其是对于可能在工作中出现的困难要有充分的认识，对于在自己能力范围之外的困难，应提请上司协调别的部门加以解决。

第三，拟订详细的工作计划。在明确工作目标并和上司就该工作的可行性进行讨论之后，你应该尽快拟订一份工作计划，再次交与上司审批。在该工作计划中，你应该详细阐述你的行动方案与步骤，尤其是对你的工作时间进度要给出明确的时间表，以便于上司进行掌控。

第四，在工作进行之中随时向上司汇报。在按照计划开展工作后，应该留意自己工作的进度是否和计划书一致，无论是提前还是延迟了工期，你都应该及时向你的上司汇报，让上司知道你现在在干什么，取得了什么成效，并及时听取上司的意见和建议。

第五，在工作完成后及时总结汇报。经过你和部门同事的共同努力完成了工作，作为部门主管的你仍不应该有松懈的理由。应及时将此次工作进行总结汇报,以便于在下一次的工作中改进提高。同时不要忘记在总结报告中提及上司的正确指导和下级的辛勤工作。

(2)要注意请示与汇报的基本态度

①尊重而不吹捧。作为下级,一定要充分尊重上司,在各方面维护上司权威,支持上司工作,这也是下级的本分。首先,对上司工作上要支持、尊重和配合;其次,在生活上要关心;再次,在难题面前解围,有时上司处于矛盾的焦点上,下级要主动出面,勇于接触矛盾,承担责任,排忧解难。

②请示而不依赖。一般来说,作为部门主管在自己职权范围内大胆负责、创造性工作,是值得倡导的,也是为上司所欢迎的。下级不能事事请示,遇事没有主见,大小事不做主,这样上司也许会觉得你办事不力,顶不了事。

③主动而不越权。对工作要积极主动,敢于直言,善于提出自己的意见。不能唯唯诺诺,四平八稳。在处理同上司的关系上要克服两种错误认识:一是上司说啥是啥,叫怎么着就怎么着,好坏没有自己的责任;二是自恃高明,对上司的工作思路不研究、不落实,甚至另搞一套,阳奉阴违。

2. 与各种性格上司交往的技巧

(1)控制型的上司特征和与其沟通的技巧。控制型上司性格特征:强硬的态度;充满竞争心态;要求下级立即服从;实际、果决,旨在求胜;对琐事不感兴趣。与其沟通技巧:对这类人而言,与他们相处,重在简明扼要,干脆利索,不拖泥带水,不拐弯抹角。

(2)互动型的上司特征和与其沟通的技巧。互动型的上司性格特征:善于交际,喜欢与他人互动交流;喜欢享受他人对他们的赞美;凡事喜欢参与。与其沟通技巧:公开赞美,赞美的话语一定要出自真心诚意,言之有物,否则虚情假意的赞美会被他们认为是阿谀奉承。

(3)实事求是型的上司特征和与其沟通的技巧。实事求是型的上司性格特征:讲究逻辑而不喜欢感情用事;为人处世自有一套标准;喜欢弄清楚事情的来龙去脉;理性思考而缺乏想象力;是方法论的最佳实践者。与其沟通技巧:省掉话家常的时间,直接谈他们感兴趣而且实质性的东西。

3. 说服上司的技巧

(1)选择恰当的提议时机。刚上班时,上司事情多而繁忙,快下班时,上司又会疲倦心烦,这都不是提议的好时机。要选择上司时间充分、心情舒畅的时候,在合适的场合提出改进方案。

(2)资讯及数据都极具说服力。对改进工作的建议,如果凭空而言,是没有太大说服力的。但如果事先收集整理好有关数据和资料,做成书面材料,借助视觉力量,就会加强说服力。

(3)设想上司质疑,事先准备答案。上司对于你的方案提出疑问,如果你事先毫无准备,吞吞吐吐,前言不搭后语,自相矛盾,当然不能说服上司。因此,应事先设想上司会提什么问题,自己该如何回答。

(4)说话简明扼要,重点突出。如果我们表达上有缺陷,过于冗长或艰涩,或易于产生误会,就很难引起上司对我们的兴趣,还很可能引起上司的反感。因此你在说服上司时,就要重点突出,简明扼要地回答上司最关心的问题。

(5)面带微笑,充满自信。在与人交谈时,一个人的对话语言和肢体语言所传达的信息各占50%。一个人若是对自己的计划和建议充满信心,那么他无论面对的是谁,都会表情自然;

反之,如果他对自己的提议缺乏必要的信心,也会在言谈举止上有所流露。

(6)尊敬上司,勿伤上司自尊。最后要注意一点,上司毕竟是上司,因此,无论你的可行性分析和项目计划有多么完美无缺,你也不能强迫上司接受。毕竟,上司统管全局,他需要考虑和协调的事情你并不完全明白,你应该在阐述完自己的意见之后礼貌地告辞,给上司一段思考和决策的时间。即使上司不愿采纳你的意见,你也应该感谢上司倾听你的意见和建议,同时让上司感觉到你工作的积极性和主动性。

> 下属只有保持与上级领导有效的沟通,产生良好的互动,方能提高自身工作效率与业绩。

## 二、如何与同事交往

俗话说,人上一百,形形色色。一个单位里,同事们的性格难免千差万别。有的待人和蔼可亲,非常友好,很容易相处;而有的却冷漠傲慢,心胸狭隘,简直让人难以与其相处。而对于这些很难相处的同事,我们又不能不理不睬——毕竟很多事情都要与他们配合,有的时候他们甚至还决定着我们的命运。怎样才能和他们顺利交往呢?我们先来看一下遇到以下两种情况你会如何处理。

**场景一:**

周洁是某知名大学的硕士研究生,毕业后到一家大公司上班。他头脑灵活,工作努力,并将自己大部分的时间和精力都放在了工作上面。虽然领导很器重他,但每次遇到调级提升总是没有他的份儿。后来周洁才知道,公司其实很想提拔他这样能干精明的人,但每次终因部门同事宋春的强烈反对而没有通过。面对这种情况,你又会怎么做呢?

**场景分析:**

宋春属于"心胸狭隘型"的人。他见到周洁年轻有为、精明能干,便妒忌并加以排挤。周洁不能顺利升职,自然十分懊恼,如果直接去找宋春理论,不但没有证据,反而会激怒宋春,更有可能出现其他严重的恶意中伤,到头来只能是两败俱伤。那周洁该怎么办呢?我们认为周洁可以通过各种途径用自己的真诚和热情去感化宋春,比如说,在宋春家人生病的时候去探望其家人,这样可以在一定程度上感化宋春,让他觉得非常温暖;在宋春生活或工作遇到困难时,周洁也可以给予及时、热情的帮助。这种以德报怨、大度宽容的做法一定能让心胸狭隘的同事深受感动。随着两人关系的逐渐融洽,心胸狭隘的同事一定会渐渐对你"宽容"起来,甚至把你当成好朋友看待。在这个场景中,一旦周洁少了宋春这个最大的障碍,他的升职自然是水到渠成了。

**场景二:**

刘波学的是市场营销,毕业后顺利进入一家外贸公司当业务助理。刘波的上司是四十多岁的业务主管老张,有着丰富的营销经验,由于资历较老,老张总是显得傲气十足,甚至有些骄横跋扈。他经常炫耀自己的辉煌业绩并用鄙夷的口气训斥他人,丝毫不把别人放在眼里。同部门的其他同事背地里总是抱怨老张自高自大、目中无人,但老张毕竟是老员工,大家也没什么办法,只能尽量远离他。刘波来到单位后也没少遭到老张的训斥。如果你是刘波,你会怎样与老张相处呢？

**场景分析：**

老张这种人属于"居功自傲型"，这类人的心理需要很简单，就是希望别人把他当作功臣来尊重和敬仰。而他们这类人之所以能居功自傲、盛气凌人，正因为他们是在单位已经工作多年并取得一定成绩的老员工，在商场摸爬滚打多年，经验极为丰富，才拥有骄傲的"资本"。面对这类人，躲避他们或者表示出明显的不满是不适宜的，但如果能把这些经验学来，必将受益无穷。刘波如果认识到了这一点并摸准了老张的心理，可以选择向老张请教。比如说，刘波可以先赞颂老张的能力，对其加以恭维，这样可以充分满足老张的自尊心，而后表达一下向老张学习的决心，将之奉为榜样。一个新员工对自己能如此尊重和崇拜，这一定能让老张这类"居功自傲型"的人找到"功臣"和"元老"的感觉，自然非常高兴。这时刘波再向老张请教营销之道，老张自然乐于传授。

看了以上两个场景，我们应该知道，身边的同事形形色色，对于难以相处的同事，对抗和逃避都不是和他们相处的最好办法。只有积极尝试着与他们更多地交往，分析出他们是属于哪种类型的人，再采用适当的方式与之交往，才能获得良好的效果。那么，同事到底有哪些类型？每种类型的同事我们又该如何与他们交往呢？

1. 应对口蜜腹剑的同事

口蜜腹剑是指嘴上说得很甜美，心里却怀着害人的主意，常用来形容两面派的狡猾阴险。遇到这类同事，最简单的应付方式是装作不认识他。每天上班见面，如果他要亲近你，你就要找理由马上闪开。能不做同一件工作，尽量避开不要和他一起做，万一避不开，就要学着写日记，每天检讨自己，留下工作记录。

2. 应对尖酸刻薄的同事

尖酸刻薄型的人，是在公司内较不受欢迎的。他的特点是和别人争执时往往挖人隐私、不留余地，同时冷嘲热讽无所不至，让对方自尊心受损，颜面尽失。

这种人平常以取笑同事、挖苦老板为乐事。你被老板批评了，他会说："这是老天有眼，罪有应得。"你和同事吵架了，他会说："狗咬狗一嘴毛，两个都不是好东西。"你去纠正下级，被他知道了，他也会说："有人恶霸，有人天生贱骨头，这是什么世界？"

尖酸刻薄型的人，天生伶牙俐齿，得理不饶人。由于他的行为离谱，因此在公司内也没有什么朋友。他之所以能够生存，是因为别人怕他，不想理他。但如果有一天遭到众怒，他也会被惩治得很惨。

如果他是你的同事，和他保持距离，不要惹他。万一吃亏，听到一两句刺激的话或闲言碎语，就装没听见，千万不能动怒，否则，是自讨没趣，惹鬼上身。

3. 应对挑拨离间的同事

同样是一张嘴巴，有人用来吹牛拍马，有人用来讽刺损人，有人用来挑拨是非、离间同仁。吹牛拍马是损人利己；尖酸刻薄是损人利己；挑拨离间是将公司弄得乱七八糟，人心惶惶，变文明为野蛮，人人自危，人人战斗。

这种类型的人，给公司带来的杀伤力非常之大且迅速，只要一不注意或处理不当，便可能灰飞烟灭，处处残迹。应付这种类型的人，只能防微杜渐，不让这类人进来，或一有发现就予以制止或消除。否则，后果不堪设想。

这种人做了你的同事，你除谨言慎行及和他保持距离外，最重要的是你得联络其他同事，建立联防及同盟关系，将他孤立起来，如果他向任何人挑拨和离间，不要为之所动，不要受其影响。

**4. 应对雄才大略的同事**

这一类型的人,胸怀大志,眼界开阔,而不计较一些小的得失。他在工作时,不忘充实自己及广结善缘。除了完成自己的工作外,他也会帮助别人和指导同事。每到一个地方,不论他是否已待很久,或已成为组织中的正式主管,他都能在极自然的情况下,影响人,控制群体的行为。俗话所说的"虎行天下皆吃肉",指的就是这种人。

雄才大略的人,见识往往异于常人,思维逻辑方式也有其个人风格。他在时机不成熟时,可以忍耐,不论是卧薪尝胆或是从你的胯下爬过,他都能欣然接受。但是,时机成熟,他愤臂而起,如大鹰冲天,没有人能与之争锋。

不是每一个雄才大略的人,都会成大功立大业。但是,做人处事自有风格,不卑不亢、不急不躁是他的本色。

有雄才大略的同事,如果大家利害一致,大可共创一番轰轰烈烈的事业。如一山不能容二虎,也可一相合纵挂六国相印,一相秦皇以连横合并天下,各取所需,各享盛名,而得其利。如果以上都行不通的话,你就全心全意地帮助他成功,自己多少也留下识才的美名。

**5. 应对翻脸无情的同事**

这类型的人最大的特征就是,翻脸如翻书。说翻就翻,一翻就是好几面。在他翻脸时,你不要问他理由,你不必述说从前对他的恩情和助益,他一个字都听不进去。翻脸无情的人,他似乎是得了一种"忘恩记仇病"。你对他的百般呵护,只要小事一桩不顺他的心,就全盘翻覆。这有如野心狼子,你养育愈久,对自己的危险就愈大。

翻脸无情的人发现,他利用这种方式来处理他的人际关系,简直是无往不利,处处占有便宜。他知道每次利用完别人,又找到新利用对象时,此时就可翻脸。反正每次翻脸的都是不同的人,别人不但记不住也无可奈何,只能自认倒霉!

如果有这种同事,大可不必和他一般见识,在没有利害关系的前提下,做好自己的本职工作即可。

**6. 应对敬业乐群的同事**

这一类型的人,由于工作态度和做事方法正确,颇受公司的肯定和同事的爱戴。凡是他在的单位及群体,都会有着不错的生产力和业绩。这一类型的人,会感染其他的工作同仁,让组织朝着正面的方向发展,给员工带来一个和谐的工作环境。

当公司顺利时,大家共同努力,共享成果;当公司不顺时,大家咬紧牙关,奋发图强,再创生机。平时他会主动地训练新手,培养团体实力;工作忙碌时,他又能影响同仁,相互支援,共渡难关。

这一类型的人,不论是你的主管、同事或下级,在和他们一起工作时,你都要学习他们敬业乐群的精神。

**7. 应对过于傲慢的同事**

与性格高傲、举止无礼、出言不逊的同事打交道难免使人产生不快,但有些时候你必须要和他们接触。这时,你不妨采取这样的措施:

其一,尽量减少与他相处的时间。在和他相处的有限时间里,尽量充分地表达自己的意见,不给他表现傲慢的机会。

其二,交谈言简意赅。尽量用短句子清楚地说明你的来意和要求,给对方一个干脆利落的印象,也使他难以施展傲气,即使想摆架子也摆不了。

8. 应对过于死板的同事

与这一类人打交道，你不必在意他的冷面孔，相反，应该热情洋溢，以你的热情来化解他的冷漠，并仔细观察他的言行举止，寻找出他感兴趣的问题和比较关心的事进行交流。

与这种人打交道你一定要有耐心，不要急于求成，只要你和他有了共同的话题，相信他的死板会荡然无存，而且会表现出少有的热情。这样一来，就可以建立比较和谐的关系了。

9. 应对城府较深的同事

这种人对事物不缺乏见解，但是不到万不得已，或者水到渠成的时候，他绝不轻易表达自己的意见。这种人在和别人交往时，一般都工于心计，总是把真面目隐藏起来，希望更多地了解对方，从而能在交往中处于主动的地位，周旋在各种矛盾中而立于不败之地。

和这种人打交道，你一定要有所防范，不要让他完全掌握你的全部秘密和底细，更不要为他所利用，从而陷入他的圈套之中而不能自拔。

> "求同存异，和平共处"，这是国家与国家之间解决争端的原则，也是职场中同事之间交往的原则。

## 三、如何与下级交往

在企业或是任何一个组织团体内，身为管理干部，除了要谨慎处理好与上司的人际关系外，处理好与下级的人际关系也是至关重要的，毕竟工作任务最终是通过下级的积极努力来完成的。

**场景：**

梁松是某技术公司的业务骨干，为人老实忠厚，一直以来与工友的关系都很融洽。由于业绩突出，上个月梁松被公司提拔为项目组组长，成为一名基层管理干部。起初，还风平浪静，但后面发生的一些事情，令梁松对自己的管理能力产生了怀疑。有一天，项目组来了个新员工，按惯例梁松要与该新员工谈话，并把他安顿下来。此时，正好有个下级A在问他问题。梁松说："先与新员工谈话。今天之内答复你。"但出乎梁松意料的是，下级A冲他喊："今天一定要答复，如果不答复，你等着瞧！"第二天，梁松找下级A谈话，说这样不好吧。下级A说："咱俩关系，谁跟谁啊，无所谓吧，这个就不用谈了，工作还很多，回去忙吧。"梁松很无奈。又有一天，梁松给下级B分配了一个工作，下级B说："这个我不会做，你来做吧。"在旁的下级C说："反正任务完不成，你先背着。我们是光脚的不怕穿鞋的。"

面对项目组的这一情况，梁松也想过一些对策，但由于顾虑太多，都没有付诸实际。有一次，在开展一项设备改造项目时，由于员工的责任心问题，很多人基础工作没做好，梁松在项目会上进行了批评，结果员工士气低落，影响了项目进度。到现在，项目组的这一局面依然没有改观，梁松一筹莫展。

如果你是梁松，你应该怎么做呢？

**场景分析：**

梁松还没有完成从一名普通员工向管理干部的角色转变。作为项目组组长，他的职责是制订工作计划，分配工作任务，协调、督促下级按要求完成工作任务。这需要他掌握并加强统筹协调能力,加强激励、说服甚至是批评下级的能力,而这些能力他都比较欠缺。要扭转项目组现在的局面,梁松首先要树立自己的领导地位,要明确下级各自的任务和责任,对于不能按要求完成任务的下级要坚决追究责任,以建立自己的威信;同时,要掌握与下级相处的一些方法、技巧,增强项目组的凝聚力。

作为一个上级,如何与下级交往呢?我们认为可以从以下几个方面着手:

## （一）学会赞美下级

从实用的角度讲,赞美下级不仅是只为他人着想,同时也是为自己的进步和成功着想。

1. 真诚地赞美下级可以使你获得下级的支持

常言道:"一个好汉三个帮。"与下级相处好了,自然得到的援助就多,中国古代就有"得道多助,失道寡助"的警世之言。赞美下级,只要是正确的、善意的、真诚的,都能博得对方的好感。每个人都喜欢赞赏我们的人,因为赞赏本身就表明了施者与受者在观念、标准甚至水平上的一致性,这种一致性很容易成为友谊、信任的纽带,把两个人的感情联系起来。因而从某种意义上讲,赞美也是人们沟通心灵,发展关系的杠杆。

1973年2月,美国前总统尼克松访华,当时随访的国务卿罗杰斯因尼克松没安排他参加与毛泽东主席的会见不满,并因此对中美联合公报的内容持有异议。周恩来总理了解这一情况后,主动到他们下榻的锦江饭店看望罗杰斯。周恩来说:"国务卿先生,我受毛泽东主席的委托,来看望你和各位先生。这次中美两国敞开大门,是得到罗杰斯先生主持的国务院大力支持的……当我们邀请贵国乒乓球队访华时,贵国驻日本使馆就开明地开了绿灯。这说明你们的外交官很有见地……""总理先生很英明的,"罗杰斯笑着说,"你想出邀请我国乒乓球队这一招,很漂亮。我真心佩服!这样一下子把两国遥远的距离拉近了。"这次交谈使罗杰斯和他手下官员的气消了大半,情绪高昂起来,促进了中美联合公报按时发表。由此可以看出,赞美就是心灵的雨露和阳光,一两句赞扬的话所起的作用是不可估量的。

2. 赞美下级可以使自己获得一种压力感和紧迫感,从而成为进步的动力

"最真诚的慷慨就是赞赏",我们懂得了赞赏具有不可思议的力量后,就要牢记歌德的这句名言,并遵照去做。如果你想和下级建立或加深感情,影响对方积极向上,那你就要对他表示赞赏。经过一段时间后,你和对方不仅会感情日益深厚,而且还会使他很愉快地接受你的意见和要求。其中的奥秘就是要运用心理学上的强化规律,而不是激发他人的自我防卫的心理。因为赞扬能使人自信心和价值感增强,无论何人于何时何地,只要在某种表现和行为的背后,有一个积极肯定和热情赞赏的信息刺激相随,那么做出这种行为的人就会把那个行为再做一次,甚至几次,而且会做得更好!这就是心理学上的强化规律,也就是赞赏之所以具有魔力的奥秘所在。

3. 真诚地赞美可以增强管理者的性情修养

真诚地赞美是心灵的自然流露,卡耐基说:"恭维是从牙缝中挤出来的。"学会真诚地赞美可以摆脱社会交往中不良的习气,使自己的情操和修养真正达到真、善、美的境界。赞扬的真实性(真诚)是指赞扬的内容一定要依据事实,不能胡编乱造,也不能任意夸大。人们喜欢得到赞扬,但只喜欢合乎事实的赞扬,而对不真实的赞扬却会反感。正像人们喜欢钱,却不会喜欢假钞一样。既然赞扬的本质是表达尊重和友爱,那我们表示赞扬就要有一种良好的态度,亲切和蔼,情意诚恳,在赞扬的时候,神情、手势要协调配合,尤其是眼神和面部表情要露出情意的恳切。

### 4. 赞美下级的注意事项

**第一，善于赞美下级之长。**

有人说："我曾赞美过下级，却没收到良好的效果。"这种情况很有可能发生，赞美也要讲究艺术，做到恰当、得体而又巧妙才会收到预期的良好效果。赞美下级，并不一定要完整概括、深刻分析，但一定要诚恳热情、真实自然，随时随地发现和赞美对方的"闪光点"和"兴趣点"，激发对方的"兴趣点"和"共鸣点"。

赞美要求感受性，不要评比性。感受性赞美是指你感受对方有什么优点和长处，你就赞美他的那个优点和长处，而不要拿下级的优点、长处去和别的下级的缺点、短处作比较。评比性的赞美不但会影响激励人心的效果，还会给人际关系带来消极的影响。比如：你作为一个领导干部对某人说："小张，你工作积极，干劲十足，真是好样儿的，比小刘强多了……"如果小刘是个表现极差的人，那么小张听了这话未必会高兴，因为比小刘强未必真强。如果小刘知道了领导说他不如小张，那就势必会影响人际关系。如有个推销员，一天的推销成绩只达到1000美元，是全公司最差的，但经理碰到他的时候，却热情洋溢地赞美他说："听说你昨天的营业额达到了1000美元，不错，确实不错。与前几天相比，这是了不起的成绩！我祝贺你，相信你继续努力会取得更好的成绩。"这是感受性赞美。如果他的上司说："你这次虽然比前几天有进步，但只卖了1000美元，实在太少了，这样下去可不行呀！"这话虽然符合事实，但不是感受性的赞美而是评比性的评价，只会使这个推销员灰心丧气。所以只有感受性的赞美才能表达尊重与友爱，才能收到良好的效果。

当然有人会说，下级实在一切平常，没有看出他有什么"闪光点"，那该怎么办呢？莎士比亚给我们出了个好主意："你希望某人具有某种优点，你就称赞那个人拥有你所希望于他的优点吧！"

**第二，赞美要公开而直接。**

赞美会产生两种积极的效果：一方面是提高或强化了对方的自信心和价值感；另一方面是建立或强化了交际双方之间的亲密感和信任度。甲对乙的好感往往引起乙对甲的好感，在一个组织里，领导的赞美还会强化职工的归属感、集体荣誉感。所以赞美就要公开而直接。一般来说，赞美下级越公开越好，这样积极的影响就越大；而批评忠告越秘密越好，尽量私下里谈。只有特殊情况例外，比如有人在会上攻击了你，而你为了缓和关系便当场对此人表示赞美，这就显得不够真实自然了。你可以以德报怨，但不宜公开直接，而要曲折迂回一些，要在无形之中征服人心。

> 美国心理学家威廉·詹姆斯说："渴望被人赏识是人最基本的天性。"真诚且恰当的赞美能有效地缩短人与人之间的心理距离。

## （二）学会批评

批评本身就不是一件令人愉快的事情，所以管理者应该注意自己在批评时的态度，即便有些个人成见，也要始终保持友善的气氛。因此批评下级也要掌握技巧。

1. 使用三明治批评法

即先使用赞美,然后使用小小的批评,最后再去赞美。如公司要求上班时间穿职业装,可是有一天员工小刘没有穿,你又不能不管。你应该这么说:"嘿,小刘,今天的发型很漂亮啊(第一步——赞美),如果配上咱们公司的职业装(第二步——其实是批评),你会更精神、更漂亮!(第三步——赞美)。"这种批评方式,就像三明治,在面包的中间夹着其他东西,故称为三明治批评法,被日本的管理人员广泛应用。使用了三明治批评法,效果就是不一样,每个人都会感到受激励。所以要学会使用积极正面的语言去形容消极负面的事情。如果你希望周围的一切欣欣向荣,就把一切你需要改变的,用积极正面的语言来进行沟通。

2. 批评要尊重客观事实

批评他人通常是比较严肃的事情,所以在批评的时候一定要客观具体,应该就事论事,要记住,我们批评他人,并不是批评对方本人,而是批评他错误的行为,千万不要把对下级错误行为的批评扩大到对下级本人的批评上。比如说,你让秘书校对文件并打印,结果文件上还是有一个错误没有发现,这时你应该对他进行批评,你可以说:"这个字你没有校对出来。"你也可以说:"你这个人怎么工作这么马虎、这么不负责任,这么大的错误都没有校正出来。"很显然,后一句是难以被对方接受的,因为你的话语让他很难堪,也许他只是一次无意的过失,你却上升到了责任心的高度去批评他,很可能把他推到你的对立面去,使你们的关系恶化,也很可能导致他在今后的工作中出更多的纰漏。

3. 不要伤害下级的自尊与自信

批评下级要把握一个核心,就是不损对方的面子,不伤对方的自尊。你批评时尽量这样说:"我以前也会犯下这种过错","每个人都有低潮的时候,重要的是如何缩短低潮的时间","像你这么聪明的人,我实在无法同意你再犯一次同样的错误","你以往的表现都优于一般人,希望你不要再犯这样的错误"。

4. 友好地结束批评

正面地批评下级,对方或多或少会感到有一定的压力。如果一次批评弄得不欢而散,对方一定会增加精神负担,产生消极情绪,甚至对抗情绪,这会为以后的沟通带来障碍。所以,每次的批评都应尽量在友好的气氛中结束,这样才能彻底解决问题。在会见结束时,你不应该以"今后不许再犯"这样的话作为警告,而应该对对方表示鼓励,提出充满感情的希望,比如说"我想你会做得更好"或者"我相信你",并报以微笑。让下级把这次见面的回忆当成是你对他的鼓励而不是一次意外的打击。这样会帮他打消顾虑,增强改正错误、做好工作的信心。

5. 选择适当的场所

不要当着众人面指责,指责时最好选在单独的场合。独立的办公室、安静的会议室、午餐后的休息室,或者咖啡厅都是不错的选择。

> 批评是一门艺术,既要实事求是又要不伤被批评者的自尊,其目的是促使被批评者的状态向批评者所期望的方向转变。因此,好的批评也是一种激励。

## (三)学会倾听

在第七讲中我们已经了解了倾听的重要性及倾听的技巧,在与下级的交往中,学会倾听是非常重要的,倾听是对下级最好的尊敬。真正的倾听,是要用心、用眼睛、用耳朵去听。不但要学会用耳朵倾听,还要学会用心去倾听。以下是与下级交往时要掌握的倾听的技巧:

1. 要有良好的精神状态

良好的精神状态是保证倾听质量的重要前提,如果沟通的一方萎靡不振,是不会取得良好的倾听效果的,它只能使沟通质量大打折扣。要努力维持大脑的警觉,而保持身体警觉则有助于使大脑处于兴奋状态。

2. 及时用动作和表情给予呼应

谈话时,应善于运用自己的姿态、表情、插入语和感叹词。如微笑、点头等,都会使谈话更加融洽。使用开放性动作,开放性动作是一种信息传递方式,代表着接受、容纳、兴趣与信任。这会让说话者感到你已经做好准备积极适应他的思路,理解他所说的话,并给予及时的回应,传达给他人的是一种肯定、信任、关心乃至鼓励的信息。

3. 必要的沉默

沉默是人际交往中的一种手段,它看似一种状态,实际蕴含着丰富的信息,它就像乐谱上的休止符,运用得当,则含义无穷,真正可以达到"无声胜有声"的效果。但沉默一定要运用得体,不可不分场合,故作高深而滥用沉默。而且,沉默一定要与语言相辅相成,才能获得最佳的效果。

4. 适时适度的提问

适时适度地提出问题是一种倾听的方法,它能够给讲话者以鼓励,有助于双方的相互沟通。要使下级对你感兴趣,那就先对下级感兴趣。询问下级喜欢回答的问题,鼓励下级谈论自己及他所取得的成就。不要忘记与你谈话的人,对他自己的一切,比对你的问题要感兴趣得多。

5. 不要随便打断下级讲话

当对方说话内容很多,或者由于情绪激动等原因,语言表达有些零散甚至混乱,你都应该耐心地听完他的叙述。即使有些内容是你不想听的,也要耐心听完。千万不要在下级没有表达完自己的意思时,随意地打断下级的话语。当下级流畅地谈话时,随便插话打岔,改变说话人的思路和话题,或者任意发表评论,都被认为是一种没有教养或不礼貌的行为。

总之,倾听需要做到耳到、眼到、心到,当你通过巧妙的应答把下级引向你所需要的方向或层次,你就可以轻松掌握谈话的主动权了。能做个耐心的听众是一件难能可贵的事。不管是在日常的社交过程中,还是在职业场合里,都要学会做一个耐心的听众,并且把你对说话者的尊重和诚意表现在脸上,你将会有意想不到的收获。

> 专心地倾听下级讲话,是你所能给予下级的最有效、也是最好的赞美。

## (四)学会授权

"授权"是上司在分配工作的时候,赋予下级相应的权力,准许他调度人手、资源和器材;同时在工作上,下级可以自行做出决定去完成任务。在管理中,合理的授权是组织运转的关键,可以有效地运用人力资源,使下级在职能范围内,有机会发挥他的本领,达到人尽其才的目的,可以使下级在推展工作上有自主空间,很容易产生投入感,起到激励员工、提高士气的作用。

管理者要实现合理授权,必须做到:

1. 掌握合适的授权时机

恰当的授权时机对于保证授权的有效性和组织运行的稳定性至关重要。当下级中有人比你更加了解某项业务时,当下级中有人处理某项业务比你更加老到、更加到位时,当下级中有人比你更加适合处理某项业务时,当下级中有人处理某项业务,比你亲自处理成本更低时,此类情况下授权较为恰当。

2. 授权必须负责任

不负责任的下放职权,不仅不会激发下级的积极性和创造性,反而会适得其反,引起他们的不满。高明的授权既要下放一定的权力给下级,又不能给他们不受重视的感觉;既要检查督促他们的工作,又不能使下级感觉到有名无权。

3. 必须是真正的授权

"用人不疑,疑人不用",授予下级某项权利后,只要处理的事务处在他的职权范围内就让其自行决断。这表明了上司对下级的信任。当然在授权时,要让下级明白自己的权利和要承担的责任。

> "给猴子一棵树,给老虎一座山",管理者只有做到知人善任,才能实现有效的授权。

## 四、如何与客户交往

职场人际交往除了我们上文提到的与本单位的上级、下级和平级同事的交往之外,还有一个重要的内容就是与外单位人士的交往,根据职业的不同,包括与客户、顾客、病人、竞争对手等的交往。本节将重点介绍与客户交往的技巧,我们先来看下面这个场景。

**场景:**

书店里,一对年轻夫妇想给孩子买一些百科读物,推销员过来与他们交谈。以下是当时的谈话摘录。

客户:这套百科全书有些什么特点?

推销员:您看这套书的装帧是一流的,整套都是这种真皮套封烫金字的装帧,摆在您的书架上,非常好看。

客户:里面有些什么内容?

推销员:本书内容编排按字母顺序,这样便于资料查找。每幅图片都很漂亮逼真,比如这幅,多美。

客户:我看得出,不过我想知道的是……

推销员:我知道您想说什么!本书内容包罗万象,有了这套书您就如同有了一套地图集,而且还是附有详尽地形图的地图集。这对你们一定会有用处。

客户:我是为孩子买的,让他从现在开始学习一些东西。

推销员:哦,原来是这样。这个书很适合小孩的。它有带锁的玻璃门书箱,这样您的孩子就不会将它弄脏,小书箱是随书送的。我可以给你开单了吗?

(推销员作势要将书打包,给客户开单出货。)

客户:哦,我考虑考虑。你能不能留下其中的某部分比如文学部分,我们可以了解一下其中的内容?

推销员:本周内有一次特别的优惠抽奖活动,现在买说不定能中奖。

客户:我恐怕不需要了。

**场景分析:**

这位推销员的失误之处在哪?非常显而易见:首先,他不明白客户购买此书的动机;其次,他没有掌握一些产品介绍的技巧;再者,他自始至终以自己为主,忽略客户的感受。客户在选购各类产品时,都会有其不变的大方向。例如,购买办公机器是为提高公务处理的效率,购买生产设备是为提高生产率等。顺着大方向去满足客户的要求,能使您的展示、介绍更加打动客户的心。如果不明白大方向,就要"不耻下问",弄清楚客户关注的利益点,接下来的介绍,就要时刻围绕利益点展开,附带进行一些附加利益的介绍。不能像以上场景中的推销员一样,始终按照自己的计划、步骤、节奏来介绍。正是这些失误导致了推销的失败。

从上面的场景中,我们可以发现,与客户交往是有技巧可循的,只要我们掌握了这些技巧,那么我们一定能达到与客户交往的目的。下面我们来看看与客户交往有哪些技巧。

## (一)交往前要做到有备无患

交往前必须要确定与客户交往的目的和意义,明确和客户交流的主题,并要准备好相关的资料和道具。例如你去拜访客户的主要目的是推荐卷烟新产品,那么今天你与客户交流的主题就是卷烟新产品,拜访出发前应准备好卷烟新产品和新产品的相关知识,出发前要能够做到对新产品知识了然于心,这样你和客户进行沟通时才能够做到有的放矢。

> 沟通前的充分准备至关重要,它能够提高你的自信心,是你与客户进行顺畅沟通的前提和保障。

## (二)交往中要做到礼貌先行

"礼貌先行",是交朋结友的先锋,要想得到别人的尊敬,首先要尊敬别人。人与人之间是平等的、相互的,只有你先尊敬别人,你才能得到别人的尊敬,也只有这样你才能获得与他人沟通、交流的机会,可以说礼貌待人是他人以礼相待的基础。不管是首次拜访见面还是早已打过交道,要多尊重别人的意见,要学会多用征求性的话语,如:"好吗""您看行吗""您觉得呢"等,让客户觉得你是一个非常有礼貌的人,这样他们才会愿意与你交往、合作。做任何一笔生意或发展任何一个客户,坦诚相待是关键。客户为什么会与我们合作?为什么要接受我们的产品和服务?不外乎于两个原因:其一,客户对我们的完全信任;其二,客户一定能从我们合作当中获得利益和好处,这也是相互之间合作的目的所在。任何一项业务,只要把握好这两个关键,成功的希望肯定很大。

> "礼貌先行",是交朋结友的先锋。有句古话:要想得到别人的尊敬,首先要尊敬别人。

## (三)学会提问

询问时应注意客户的态度和忌讳等,同时最好能够学会利用一些巧妙的问话,从客户口中探出自己想要得到的信息或把自己的一些想法和意见表达出来。对客户进行提问必须保持礼貌,不要给客户留下不被尊重和不被关心的印象。同时,还必须在提问之前谨慎思考,切忌漫无目的地信口开河。问题必须切中实质,不要无的放矢。你必须记住:与客户沟通过程中的一言一行都必须紧紧围绕着特定的目标展开,对客户提问时同样要有目的地进行,千万不要漫无目的地脱离最根本的目标。此外,尽可能地进行开放性提问,所谓开放性问题,就是不限制客户回答问题的答案,而完全让客户根据自己的喜好,围绕谈话主题自由发挥。如:"我们怎样做,才能满足您的要求?"、"您对这种产品有哪些看法?"就是开放性提问。进行开放性提问既可以令客户感到自然而畅所欲言,又有助于销售人员根据客户谈话了解更有效的客户信息。而且,在客户感到不受约束时,他们通常会保持放松和愉快的状态,这显然有助于双方的进一步沟通与合作。

> 大自然从不轻易泄露自己的秘密,她只会对我们的提问做出回答。
> ——沃纳·海森堡

## (四)学会倾听

前文中我们已多次阐述了"倾听"在交往中的重要作用,与客户的交往倾听同样很重要。你善于表达出你的观点与看法,抓住客户的心,使客户接受你的观点与看法,这只是你沟通成功的一半;而成功的另一半就是善于听客人的倾诉,让客户知道你在听,不管是赞扬还是抱怨,你都得认真对待。

## 人际交往与沟通

> 客户在倾诉的过程中，会为你认真倾听的态度所感动，会对你的人格加以认同，这才会为你下一步的解释工作奠定良好的基础。

### （五）学会换位思考

拜访客户时经常会遇到客户提出各种各样的要求，有些要求在你眼里看来甚至是无理取闹。可是，当你把自己作为一名客户来看时，你就会觉得他们的提法都是相当有理有据的。这就是所处位置的职责不同造成的。所以，与客户沟通时，应学会从客户利益出发去考虑问题，多想想如果自己就是客户是否能接受公司的一些经营策略和政策，是否能接受自己这样的服务方式，等等。经过这一系列换位思考的假设，相信许多客户的想法和反应也大都能被你预测到，你也就能够适当调整自己的沟通方式和方法，从而与客户进行更容易的沟通。

> 换位思考能够使你在工作方式和方法上获得不断改进，使你更容易开展各方面的客户工作，更加深入客户的心。

### （六）学会和不同类型的客户沟通

在职场中，我们面对的是众多的客户，每一个客户都有其不同的性格和办事风格，如何与形态各异的客户打交道，这也是职场中人与客户有效沟通的一个难点。与不同类型的客户进行有效沟通和交流，需要一定的方法和技巧。如果根据客户听别人说话时注意力的集中程度分类，可以把客户分为认真型、随意型、积极型、配合型等类型。比如与随意型客户沟通，这类客户**听人**谈话一般不够认真，常常忙于揣摩别人接下去要说什么，喜欢断章取义，而不想听别人的**完整**表述，而且他们易受干扰，甚至有些客户还会有意寻找外在干扰。对这种类型的客户，应**简明扼**要地表述，并清楚地阐述你的观点和想法，切忌长篇大论，以免客户心烦。

> 与客户沟通要学会根据客户的不同特点区别对待，力求顺应对方的特点，选择有共同点的话题，有了共同性，彼此间的冷漠就会渐渐地消退，而逐渐亲密起来。

### （七）加强联络

应将每一个客户当作是我们的好友、知己，保持联络、增进沟通，不要业务谈完之后，就把客户忘记了。等到有需要时再去找别人，那么，客户肯定不愿意与你合作了，因为他们会觉得你是一个薄情寡义之人。我们应该定期或不定期地与客户联络和交流,诸如电话问候、一起喝茶或其他之类的活动。一般关于问候和联系的内容及时间是根据你平时对该客户的了解而定的,包括客户的工作安排情况、爱好兴趣等。如果你能做到这一点,相信你再与客户联络时应该不会出现多大的问题。

> 与客户保持联络,客户才会时常想到你;只要客户会想起你,那么以后需要你们的产品,客户必会第一时间找你。

## (八) 其他必须注意的细节

一是拜访客户过程中,应保持适度的礼节和尽量使用规范性语言,不能因为和客户熟悉就不注意礼节或随便和客户瞎掰,免得引起个别客户的误会,产生不必要的麻烦。二是有诺必行,答应客户的事,说到一定要做到,千万不要夸大其辞或妄下断语,否则,会让客户对你产生不信任感。

【问题思考】

1. 如果你的上级是控制型的,在与他的工作交往中,你如何与他进行有效的沟通?
2. 如果你的同事经常向上司打你的"小报告",你该如何处理?
3. 作为销售部门的主管,你的属下小王这个月的工作业绩创造了公司新的纪录,你该如何对他进行表扬?

**学习了本讲,你需要制订、实施自我能力促进计划**

| 第 一 阶 段 | |
|---|---|
| 目标 | 我的目标: |
| 问题 | 我目前存在的主要问题是: |
| 行动 | 为实现阶段目标,我马上要做的事情是: |
| 评价 | 行动成效检查评价(　　年　　月　　日):<br>促进显著(　　)　　有所促进(　　)　　促进不明显(　　)<br>原因分析: |
| 提升 | 鉴于已取得的收获,下一步我需要做的事情是: |
| 第 二 阶 段 | |
| 目标 | 我的目标: |
| 问题 | 我目前存在的主要问题是: |
| 行动 | 为实现阶段目标,我马上要做的事情是: |
| 评价 | 行动成效检查评价(　　年　　月　　日):<br>促进显著(　　)　　有所促进(　　)　　促进不明显(　　)<br>原因分析: |
| 提升 | 鉴于已取得的收获,下一步我需要做的事情是: |
| 第 三 阶 段 | |
| 目标 | 我的目标: |
| 问题 | 我目前存在的主要问题是: |
| 行动 | 为实现阶段目标,我马上要做的事情是: |
| 评价 | 行动成效检查评价(　　年　　月　　日):<br>促进显著(　　)　　有所促进(　　)　　促进不明显(　　)<br>原因分析: |
| 提升 | 鉴于已取得的收获,下一步我需要做的事情是: |

# 自我测试

## 测试主题一：性格类型测试

### (一) 测试说明

人的性格各不相同。瑞士一位心理学家曾对人的性格类型进行了多年的研究,并把人在生活中、与人交往中的性格特点分为四类。他发现,相同类型性格的人更容易相互交往。了解自己的性格是属于哪种类型,可以在生活和工作中扬长避短,有助于改善人际关系,使生活更加愉快。当然,一个人可能同时具有两种或两种以上性格类型特点,但他所具有的主要特征,则代表其类型。下面的问题可以帮助你判断自己的性格属于哪一种类型。

### (二) 测试试题

1. 我给别人留下的深刻的印象可能是：( )
   A. 经验丰富　　　　B. 热情
   C. 敏感　　　　　　D. 知识丰富
2. 当我按计划工作时,我希望这个计划能够：( )
   A. 取得预期效果,不要浪费时间精力
   B. 有趣,并能和有关人一起进行
   C. 计划性强
   D. 能产生有价值的新成果
3. 我的时间很宝贵,所以我总是首先确定要做的事情：( )
   A. 有无价值
   B. 能否使人感到有趣
   C. 是否安排得当,按计划进行
   D. 是否考虑好了下一步计划
4. 对我来说,最满意的情况是：( )
   A. 比原计划做得多
   B. 对别人有帮助
   C. 通过思考解决了一个问题
   D. 把一个想法和另一个想法联系起来
5. 我喜欢别人把我看成是一个：( )
   A. 能完成工作任务的人

B. 充满热情和活力的人

C. 办事胸有成竹的人

D. 有远见卓识的人

6. 当别人对我无礼时,我往往：　　　　　　　　　　　　　　　　(　　)

A. 立即表现出不快

B. 心情不好,但能很快消除

C. 谴责对方

D. 不去理他,考虑自己的事

## (三) 测试评估

每一个问题有四个答案:A、B、C、D,在最符合你的情况的那个答案的对应格中填入4,其次填入3,再次填入2,最不符合的那一格填1。填好后,把六个问题中 A、B、C、D 四项相加,得出四个总分数。分数最高的一项,就是你的性格的基本类型。

| 答案<br>题号 | 1 | 2 | 3 | 4 | 5 | 6 | 总计 |
|---|---|---|---|---|---|---|---|
| A | | | | | | | |
| B | | | | | | | |
| C | | | | | | | |
| D | | | | | | | |

## (四) 测试分析

A. 敏感型。这类人精神饱满,好动不好静,办事爱速战速决,但是行为常有盲目性。与人交往中,往往会拿出全部热情,但受挫折时又容易消沉失望。这类人最多,约占40%,在运动员、行政人员和各种职业的人中均有。

B. 感情型。这类人感情丰富,喜怒哀乐溢于言表,别人很容易了解其经历和困难;不喜欢单调的生活,爱刺激,爱感情用事。讲话写信热情洋溢,在生活中喜欢鲜明的色彩,对新事物很有兴趣。在与人交往中,容易冲动,有时易反复无常,傲慢无礼,所以与其他类型的人有时不易相处。这类人占25%,在演员、社会活动家和护理人员中较多。

C. 思考型。这类人善于思考,逻辑思维发达,有较成熟的观点,一切以事实为依据,一经做出决定,能够持之以恒。生活、工作有规律,爱整洁,时间观念强,重视调查研究和精确性。但这类人有时思想僵化、教条,纠缠细节,缺乏灵活性。这类人约占25%,在工程师、教师、财务人员和数据处理人员中较多。

D. 想象型。这类人想象力丰富,爱憧憬未来,喜欢思考问题。在生活中不太注重小节,对那些不能立即了解其想法价值的人往往很不耐烦。有时行为刻板,不易合群,难以相处。这类人不多,大约只占10%,在科学家、发明家、研究人员、艺术家和作家中居多。

# 测试主题二：个性测试

## （一）测试说明

在社会这个大家庭中，每个人都与众不同，都有着自己独特的个性。你了解自己的个性吗？请以"是"或"否"诚实地回答下面的问题。

## （二）测试试题

A 组：

1. 你做任何事情，通常都是慢条斯理而且充满自信的。
2. 如果有人看着你做事，你会不高兴、不自在。
3. 你做白日梦的数量比你所认识的人做白日梦的数量多。
4. 你认为人与人之间，哪怕是同班同学也很难彼此信任。
5. 你比较喜欢做同样的熟悉的工作，而不喜欢负责的工作经常变化。
6. 你觉得存钱很容易。
7. 如果有人要求你改变自己的习惯和想法，你会觉得很难接受。
8. 你相信"事出必有因，不会空穴来风"这句话。
9. 你觉得，不经过熟人介绍，你不容易和陌生人交谈。
10. 你记过日记。

B 组：

1. 你喜欢去人多的地方旅游。
2. 你喜欢经常转换不同种类的工作。
3. 你较喜欢身体力行，而不是光看不做。
4. 你参加了一些协会或社团。
5. 你很难把注意力集中在细微的地方。
6. 你很难动怒而责怪其他人。
7. 如果遇上麻烦，你通常都会迎面痛击。
8. 你认为和大多数你所认识的人相比，自己是个口才很好的人。
9. 你比较喜欢来个"即兴式"的聚会或活动，而不喜欢经过安排的娱乐活动。
10. 你跟异性成员相处，一般都能泰然自若。

## （三）测试评估

请把 A 组与 B 组中回答"是"的答案分别加起来。如果你在 A 组中的"是"比 B 组中的"是"多，请看下面的"解释 A"；如果 B 组中的"是"较多，请看"解释 B"；如果两组的"是"都在 5 个以上，看"解释 AB"。

## (四) 测试分析

**解析 A：**

跟周围大部分的人比起来，你的确比较关心自己的思想与情感。你生性爱干净，几乎到了太过讲究的程度，尤其是在外表、习惯与饮食方面。同时，你也是敏感的人，会深受褒贬毁誉的影响，十分有良心。如果遇到尴尬的场合，你可能很容易脸红。

虽然你常常想维护自己的利益，但是你可能不会这么做，除非环境给你极大压力。

你是个自我中心型的人——过于关心自己的利益。不过，你的自我中心是属于内向型的，关心的是自己内心的满足，并非外在的荣誉与赞赏所带给你的好处。请注意，不要常常把自己搞得闷闷不乐。如果你经常走进人群，日子可能会更好些。试着伸出友善的手，多信赖大家一点吧！

**解析 B：**

没有人会说你是个自私自利的人，你做任何事都透露出一种随和的天性，而这种天性正反映出你对周围事物的兴趣所在。你喜欢的是户外运动、社交活动。

如果你多学会一点自我控制和推理，你的生活会更顺利。你容易行事冲动，而这种个性无疑带给你许多麻烦。因此，请冷静一点，不妨偶尔放轻松一下。

你不会因情感而受到困惑，原因之一是你不会让情感积压在心中，而是每当有什么情绪就表达出来。因此，你很容易摆脱一种情绪或者情感，而立即做出另一种情绪反应。

**解析 AB：**

你想在自我中心以及亲切随和的个性之间寻求一个适当的平衡点。也许你的日常生活环境已经调适得很好了。

你喜欢和"达官贵人"打交道，也许这能满足你稍微偏好社会名声的天性，这没什么好责备的。你有充沛的"冲劲"去要求自己的权益，不过，你的要求通常都是公平合理的。你难免会有触犯到其他人的时候，不过，你通常会替大家设想周到，了解他人的需求。

你是个"智慧型的自我中心者"。你知道你要的是什么，而且当你达到目的时，你会引以为荣。你本来是容易做得过火、自负或性情多变的，但是，你一般会极力克制这种倾向。

# 测试主题三：情商测试

## 🟢（一）测试说明

交朋友，是人际交往的重要内容。"我善于交朋友吗？"假如你对这一问题感到困惑，不妨试着做做以下这个小测试。根据自己的实际情况，对下面的 15 个测试题如实回答后，按后面的评分标准算出你的积分，再参照后面的结果分析，你就知道自己是不是善于交朋友了。

## 🟢（二）测试试题

1. 你和单位的同事处得相当和睦，这是因为： （　　）
   A. 他们很友好，经常主动帮助你
   B. 他们都表示喜欢和你相处
   C. 为了工作需要

2. 在一次联谊会或老乡会上，你会： （　　）
   A. 结交许多新朋友
   B. 希望别人主动来和自己聊
   C. 只是坐着看别人发言聊天

3. 最近正好处于情绪低落期，辅导员却安排给你一个艰巨的任务，你会： （　　）
   A. 请辅导员安排其他人
   B. 尽可能准备充分一些，想办法调动自己的积极心态
   C. 先接下任务再说

4. 你结交朋友的目的是： （　　）
   A. 在彼此帮忙中，共同进步
   B. 志趣相投，可以互说心事
   C. 无所谓，需要就交一个

5. 你会私底下和别人议论朋友的私生活吗？ （　　）
   A. 觉得不妥，所以尽量避免此话题
   B. 从不关心别人的私生活
   C. 茶余饭后，总得找点话题说吧

6. 当朋友在事业上有成就的时候，你会： （　　）
   A. 为了不让人家说自己高攀，疏远他
   B. 找朋友，要他给自己安排个好工作
   C. 为他高兴，以他为目标加倍努力

7. 当你的朋友在书城看到一本适合你的书，他会： （　　）
   A. 立即买下来送给你
   B. 打电话告诉你这个消息

  C. 从来没有类似情况,不知道
8. 你喜欢交什么地方的朋友? (　　)
  A. 国内各地的朋友都交
  B. 无所谓,最好是世界各地的朋友
  C. 我喜欢交同一个城市的朋友
9. 如果你的朋友在半夜打电话请求你的帮助,你会: (　　)
  A. 接到电话马上奔出去
  B. 问清原委,如果不是太严重就不去
  C. 为他打扰你的休息而恼火
10. 你给人的印象是: (　　)
  A. 非常有亲切感
  B. 一个有智慧的人
  C. 一个非常值得交的朋友
11. 在外地游玩,你会: (　　)
  A. 忙于工作,尽量做得完善
  B. 抽空拜访那边的朋友
  C. 游览那边的风景
12. 你觉得: (　　)
  A. 我喜欢赞美我多于批评我的朋友
  B. 忠言逆耳,我喜欢别人提出的批评
  C. 批评容易得罪人,而赞美又说不出口,所以对别人我通常保持中立
13. 如果朋友做了对不起你的事,你会: (　　)
  A. 非常生气,追究他的责任
  B. 人谁无过,宽容他
  C. 算了,最多以后不往来
14. 朋友喜欢开你的玩笑吗? (　　)
  A. 会啊,我们经常一起开玩笑的
  B. 从来不,我不喜欢被人开玩笑
  C. 偶尔,心情不好时,他们不敢开我玩笑
15. 你和你的好朋友同时被学校提名高额奖学金,但到头来只有一个名额而且还被好朋友占去了,你会: (　　)
  A. 没有办法,既然已经决定就面对现实
  B. 为朋友感到高兴,要求他分享
  C. 找领导理论,问清楚为什么我没得奖学金

## (三) 测试评估

| 答案<br>题号 | A | B | C |
|---|---|---|---|
| 1 | 3 | 2 | 1 |
| 2 | 3 | 2 | 1 |
| 3 | 1 | 3 | 2 |
| 4 | 3 | 2 | 1 |
| 5 | 2 | 3 | 1 |
| 6 | 1 | 2 | 3 |
| 7 | 3 | 2 | 1 |
| 8 | 2 | 3 | 1 |
| 9 | 3 | 2 | 1 |
| 10 | 2 | 1 | 3 |
| 11 | 2 | 3 | 1 |
| 12 | 3 | 1 | 2 |
| 13 | 1 | 3 | 2 |
| 14 | 3 | 1 | 2 |
| 15 | 2 | 3 | 1 |

## (四) 测试分析

36~45 分的人：你的交际能力相当强，无论在工作上还是生活中，你都是一个深受朋友欢迎的人。

26~35 分的人：你的人际关系处理得还可以。真诚对待你的朋友，学会体谅别人。

15~25 分的人：你是一个孤独且郁郁寡欢的人，如果你不放开胸怀接纳他人的话，你的朋友只会越来越少。

# 测试主题四：包容度测试

## （一）测试说明

人与人之间的交往，不但需要相互欣赏，同样需要相互包容。包容对方与你不同的甚至不被大家接受的观点、性格、习惯等，是你逐步走向成熟的标志之一。你对你的朋友足够大度吗？请做如下测试：

## （二）测试试题

1. 当你的朋友做出你极不赞成的事时：　　　　　　　　　　　　　　　（　　）
    A. 你会跟他断绝往来
    B. 你会把你的感受告诉他，但仍然和他保持友谊
    C. 你会告诫自己此事与自己无关，同他的关系依然如故
2. 你很难宽恕严重伤害过你的人：　　　　　　　　　　　　　　　　　（　　）
    A. 是的，很难原谅他
    B. 不是，可以原谅他
    C. 宽恕他不难，但不会忘记此事
3. 你多数朋友在性格上：　　　　　　　　　　　　　　　　　　　　　（　　）
    A. 都和你很相似
    B. 与你不同，而且他们之间也彼此不同
    C. 与你大体相同
4. 同学在教室外打球或玩耍使你不能集中精力学习时：　　　　　　　　（　　）
    A. 你会因同学玩得高兴而快乐
    B. 你会对他们发脾气
    C. 你会感到心烦
5. 若住宿时发现宿舍周围卫生很差：　　　　　　　　　　　　　　　　（　　）
    A. 你很快就能适应
    B. 你对自己所处环境一笑了之
    C. 你认为这个学校不讲卫生
6. 当你碰到有人不赞成你的观点时：　　　　　　　　　　　　　　　　（　　）
    A. 你会同他争论或发脾气
    B. 你喜欢争论，但能保持冷静
    C. 你避免同他争论
7. 当能力比你低的人对你的看法产生怀疑，同你争论时：　　　　　　　（　　）
    A. 你感觉不自在
    B. 你认为这是件好事

C. 你感到生气
8. 同宿舍同学的生活习惯会使你厌烦吗？ （ ）
   A. 经常
   B. 一点不会
   C. 有时
9. 你最赞成下面哪种做法： （ ）
   A. 我们不应该评论别人的想法和行为
   B. 人们应该对自己的行为负责,并承担后果
   C. 我们应该对别人的行为做出评价
10. 你是如何来看待感冒的？ （ ）
    A. 是身体炎症的征兆,一定要加以重视
    B. 小事,过两天就好了
    C. 给自己弄点药吃

### （三）测试评估

| 答案题号 | 1 | 2 | 3 | 4 | 5 | 6 | 7 | 8 | 9 | 10 |
|---|---|---|---|---|---|---|---|---|---|---|
| A | 0 | 0 | 0 | 0 | 0 | 0 | 0 | 0 | 0 | 0 |
| B | 2 | 2 | 2 | 2 | 2 | 2 | 2 | 2 | 2 | 2 |
| C | 1 | 1 | 1 | 1 | 1 | 1 | 1 | 1 | 1 | 1 |

### （四）测试分析

16～20分的人:你是一个非常有涵养,而且懂得包容他人的人。你的不同个性的朋友,将会给你带来想象不到的支持。

6～15分的人:你的包容度一般,继续努力。

0～5分的人:你是个不能包容别人的人,你同朋友的友谊不会持续太久,这还意味着一点小小的麻烦也会使你感到苦恼,你实际上在许多没有价值的微小事物上浪费了许多的感情,你很可能还以为自己是一个高度坚持原则的人呢,你要引起重视。

# 测试主题五：接纳他人的能力测试

## （一）测试说明

古语有云："海纳百川，有容乃大。"接纳别人，才能被别人接纳。接纳他人，拓宽人脉，无论对自己的事业还是个人生活都有着莫大的帮助。你也一定对自己接纳他人的能力非常关心。一起来测试一下：

## （二）测试试题

1. 你为他人做了好事之后，期望什么？　　　　　　　　　　　　　　　（　　）
    A. 无任何期望
    B. 希望对方以后平安顺利
    C. 希望对方知恩图报
2. "友情胜于爱情"你对这句话怎样看？　　　　　　　　　　　　　　　（　　）
    A. 不接受
    B. 十分同意
    C. 还不清楚
3. 你对朋友的癖好感兴趣是因为什么？　　　　　　　　　　　　　　　（　　）
    A. 与你的癖好相同
    B. 他的癖好与众不同
    C. 他有了这个癖好后显得更加可爱
4. 你有感冒之类的病后，怎样处理？　　　　　　　　　　　　　　　　（　　）
    A. 自己服药，坚持上课
    B. 独自休息，设法请假
    C. 到医院看医生，希望尽快能上课
5. 一个老乡生病后，你会：　　　　　　　　　　　　　　　　　　　　（　　）
    A. 打电话问候
    B. 利用业余时间照顾他，希望他早日康复
    C. 埋怨他，因为他的病取消了很多活动
6. 你和同学一起出外吃午餐，一般来说，有几个人和你一起？　　　　　（　　）
    A. 一个
    B. 最多两个
    C. 起码三个，越多越好
7. 听到一个有趣的故事后，你会：　　　　　　　　　　　　　　　　　（　　）
    A. 迫不及待地向朋友转述
    B. 笑一阵了事

C. 记在心中

8. 听到有人造谣中伤你,你会: （　）
   A. 勃然大怒,找人算账
   B. 置之不理
   C. 记在心中

9. 如果你还没有男(女)朋友,现在要你选一个,你喜欢哪种类型? （　）
   A. 具有幽默感的
   B. 争强好胜的
   C. 只关心我的

10. 同学聚餐,其中有你不喜欢的人,你会: （　）
    A. 打扮好,高兴赴约
    B. 勉强赴约
    C. 找个理由,拒绝赴约

## （三）测试评估

| 答案<br>题号 | A | B | C |
|---|---|---|---|
| 1 | 5 | 10 | 1 |
| 2 | 1 | 5 | 10 |
| 3 | 1 | 10 | 5 |
| 4 | 5 | 1 | 10 |
| 5 | 5 | 10 | 1 |
| 6 | 1 | 5 | 10 |
| 7 | 10 | 1 | 5 |
| 8 | 1 | 5 | 10 |
| 9 | 10 | 5 | 1 |
| 10 | 10 | 5 | 1 |

## （四）测试分析

30分以下的人:比较难以接纳他人,你要适度地调节自己的心态,尝试改变你自己了,否则,无论在工作还是交友上都会遇到相当大的麻烦。

31~70分的人:具有接纳他人的能力,但主观意愿阻碍了你人脉的拓展。

71~100分的人:你的心态非常好,一贯宽容待人,大家都非常愿意和你在一起。

# 测试主题六：表达技巧测试

## （一）测试说明

与别人建立开放、真诚、直接和适当的沟通需要进行良好的自我表达。自我表达的行为可以增加一个人选择的自由度。当一个人拥有选择的自由时，自尊自重的感受会取代压抑、委屈或愤怒等情感。请根据自己的实际情形回答以下问题。

## （二）测试试题

1. 当一个人对你非常不公平时，你是否让他知道？　　　　　　　　　　　　（　　）
　　　A. 从来没有　　B. 很少　　C. 有时　　D. 大多数　　E. 经常是
2. 看到不平，遇到不公，你是否能控制你的脾气？　　　　　　　　　　　　（　　）
　　　A. 从来没有　　B. 很少　　C. 有时　　D. 大多数　　E. 经常是
3. 在讨论或辩论中你是否觉得很容易发表意见？　　　　　　　　　　　　　（　　）
　　　A. 从来没有　　B. 很少　　C. 有时　　D. 大多数　　E. 经常是
4. 你是否易于开口赞美别人？　　　　　　　　　　　　　　　　　　　　　（　　）
　　　A. 从来没有　　B. 很少　　C. 有时　　D. 大多数　　E. 经常是
5. 你是否很难对别人的请求说"不"，揽下些自己实际不情愿做的事？　　　（　　）
　　　A. 从来没有　　B. 很少　　C. 有时　　D. 大多数　　E. 经常是
6. 当你有充分的理由退货给店方时，你是否迟疑不决？　　　　　　　　　　（　　）
　　　A. 从来没有　　B. 很少　　C. 有时　　D. 大多数　　E. 经常是
7. 你是否觉得别人在言行中很少表示不欢迎你？　　　　　　　　　　　　　（　　）
　　　A. 从来没有　　B. 很少　　C. 有时　　D. 大多数　　E. 经常是
8. 如果有位朋友提出一种无理要求，你能拒绝吗？　　　　　　　　　　　　（　　）
　　　A. 从来没有　　B. 很少　　C. 有时　　D. 大多数　　E. 经常是

## （三）测试评估

| 答案<br>题号 | A | B | C | D | E |
|---|---|---|---|---|---|
| 1 | 0 | 1 | 2 | 3 | 4 |
| 2 | 0 | 1 | 2 | 3 | 4 |
| 3 | 0 | 1 | 2 | 3 | 4 |
| 4 | 0 | 1 | 2 | 3 | 4 |
| 5 | 0 | 1 | 2 | 3 | 4 |

| 答案<br>题号 | A | B | C | D | E |
|---|---|---|---|---|---|
| 6 | 0 | 1 | 2 | 3 | 4 |
| 7 | 0 | 1 | 2 | 3 | 4 |
| 8 | 0 | 1 | 2 | 3 | 4 |

## （四）测试分析

1. 高度自我表达：分数相加，得分在 26～32 分之间，表示非常善于自我表达，经常能适当、及时地表露自己的意见和感受。

2. 中偏高度自我表达：分数相加，得分在 17～25 分之间，表示大多数时候能表露自己的意见和感受，但偶尔做不到。

3. 中偏低度自我表达：分数相加，得分在 9～16 分之间，表示偶尔能自我表达，但大多数时候不能表达自己的意见和感受。

4. 低度自我表达：分数相加，得分在 8 分以下者，表示非常不自我肯定，经常不能表露自己的意见与感受。

如果你的得分偏低，那么你可以在生活中提高自我表达的能力，以便有效地处理人际关系。以下是自我表达时可以参考的方法。

自我表达方法可以概括为：坚定的原则与温和的态度。

坚定的原则是指自我表达的内容一定要明确，不能模棱两可。一般来说，为了能够完整、准确地描述自己的意见，有效的自我表达通常要注意四个方面：①描述情境；②表达情绪；③提出意见；④征询讨论。例如，如果图书馆内有人在大声说话，你可以这样对他讲：你们的声音太大了，我无法专心看书，我认为图书馆不是说话的地方，或者你们可以到外面去讲话。

温和的态度是指自我表达的方式不能过于猛烈，否则会使对方很难接受你的意见，当然也不能过于软弱，否则对方根本不会把你的意见放在心上。要注意的方面包括：目光温和地接触，脸部表情放松，声调坚定平稳，说话流利明晓，保持适当距离，姿势自然，语气肯定等。

# 测试主题七：倾听技巧测试

## （一）测试说明

有时别人跟你讲话，你是不是觉得不能完全明白对方的意思？如果你接受口头信息有困难，你应该熟悉倾诉的过程，学习倾听技巧，这些都是形成良好的沟通习惯所必须的。你应尽量了解影响倾听的因素，避免低效的倾听。让我们先来测试一下。以下测试请在五分钟内完成。

## （二）测试试题

1. 与人交流时，我会与对方保持适度的目光接触。（　　）
   A. 是　　　　　　B. 不是　　　　　　C. 无法确定

2. 不同观念的人都愿与我交流情感。（　　）
   A. 是　　　　　　B. 不是　　　　　　C. 无法确定

3. 别人乐于向我诉说不幸。（　　）
   A. 是　　　　　　B. 不是　　　　　　C. 无法确定

4. 与人交流时，我会注意到对方所表达的情感。（　　）
   A. 是　　　　　　B. 不是　　　　　　C. 无法确定

5. 我能广泛地听取各种意见、看法。（　　）
   A. 是　　　　　　B. 不是　　　　　　C. 无法确定

6. 我能观察出与我交谈的人的语言和心理是否一致。（　　）
   A. 是　　　　　　B. 不是　　　　　　C. 无法确定

7. 我会听出交谈者讲话的实质和弦外之音。（　　）
   A. 是　　　　　　B. 不是　　　　　　C. 无法确定

8. 与人交谈时，我会以全身的姿势表达我在专注地听其讲话。（　　）
   A. 是　　　　　　B. 不是　　　　　　C. 无法确定

9. 我会向交谈者表达出我已经了解他的感情和意思。（　　）
   A. 是　　　　　　B. 不是　　　　　　C. 无法确定

10. 我会积极引导与我交谈的人把思想准确地表达出来。（　　）
    A. 是　　　　　　B. 不是　　　　　　C. 无法确定

11. 我会利用空隙时间整理出与我交谈者的主要思想。（　　）
    A. 是　　　　　　B. 不是　　　　　　C. 无法确定

12. 与人交往时，我不匆忙下结论，不轻易下判断。（　　）
    A. 是　　　　　　B. 不是　　　　　　C. 无法确定

13. 当别人讨论时，我不会把个人意见强加于人。（　　）
    A. 是　　　　　　B. 不是　　　　　　C. 无法确定

14. 别人讲话时我不急于打断对方或插话。　　　　　　　　　　　　　　（　　）
　　A. 是　　　　　　B. 不是　　　　　　C. 无法确定
15. 我听批评意见时不会激动,会耐心听对方讲完。　　　　　　　　　（　　）
　　A. 是　　　　　　B. 不是　　　　　　C. 无法确定
16. 我不会因为对讲话人有偏见而拒绝听他说话。　　　　　　　　　　（　　）
　　A. 是　　　　　　B. 不是　　　　　　C. 无法确定
17. 即使我对谈话的内容不感兴趣,我也会耐心地听。　　　　　　　　（　　）
　　A. 是　　　　　　B. 不是　　　　　　C. 无法确定
18. 当我听不懂对方的意思时,我会提出来。　　　　　　　　　　　　（　　）
　　A. 是　　　　　　B. 不是　　　　　　C. 无法确定
19. 与人交流时,我会不时地复述对方谈的主要内容。　　　　　　　　（　　）
　　A. 是　　　　　　B. 不是　　　　　　C. 无法确定
20. 在交往中,我不会一边听对方说话,一边考虑自己的事情。　　　　（　　）
　　A. 是　　　　　　B. 不是　　　　　　C. 无法确定

## (三) 测试评估

| 答案<br>题号 | 1 | 2 | 3 | 4 | 5 | 6 | 7 | 8 | 9 | 10 | 11 | 12 | 13 | 14 | 15 | 16 | 17 | 18 | 19 | 20 |
|---|---|---|---|---|---|---|---|---|---|---|---|---|---|---|---|---|---|---|---|---|
| A | 2 | 2 | 2 | 2 | 2 | 2 | 2 | 2 | 2 | 2 | 2 | 2 | 2 | 2 | 2 | 2 | 2 | 2 | 2 | 2 |
| B | 0 | 0 | 0 | 0 | 0 | 0 | 0 | 0 | 0 | 0 | 0 | 0 | 0 | 0 | 0 | 0 | 0 | 0 | 0 | 0 |
| C | 1 | 1 | 1 | 1 | 1 | 1 | 1 | 1 | 1 | 1 | 1 | 1 | 1 | 1 | 1 | 1 | 1 | 1 | 1 | 1 |

## (四) 测试分析

31~40分的人:你的倾听技巧极好。你懂得在倾听时和对方不时地互动,与你交流会有种意犹未尽的感觉,会有很多人愿意和你谈心。

11~30分的人:你的倾听技巧也挺好,但是你在倾听的时候不大注意一些细节,有时会让对方觉得你不在用心听。有时候,你要经常给对方一些反馈,让对方知道你对他的话是否理解了。

0~10分的人:你的倾听技巧不是很好,这可能和你的习惯有关系。你和别人说话的时候容易走神,往往会出现他说他的、你想你的这种情况。因此,你要努力改掉这个习惯,不然的话,大家就都不愿意和你交谈了。

# 测试主题八：你在班集体中的交往测试

### (一) 测试说明

班集体是同学们在学校期间共处的团体，在这个集体中的人际关系状况，每时每刻都在牵动着我们。每一个人都希望有一个和谐的人际关系，但是当人际关系出现问题时，几乎每个人都认为错误的原因在于对方，而不在自己。产生这种"交际失败怪对方"的现象，究其原因，主要是因为人们对于交际过程的复杂性缺乏足够的认识。测试一下吧！以下测试请在五分钟内完成。

### (二) 测试试题

1. 在与老师或领导对话时，我会感到紧张。　　　　　　　　　　　　　　　（　）
　　A. 是　　　　　B. 不是　　　　　C. 不清楚
2. 我害怕面对班集体表述自己的意见。　　　　　　　　　　　　　　　　　（　）
　　A. 是　　　　　B. 不是　　　　　C. 不清楚
3. 在新环境中，我可以接连好几天不说话。　　　　　　　　　　　　　　　（　）
　　A. 是　　　　　B. 不是　　　　　C. 不清楚
4. 一般来说，我是一个害羞的人。　　　　　　　　　　　　　　　　　　　（　）
　　A. 是　　　　　B. 不是　　　　　C. 不清楚
5. 在搞班集体活动(如秋游、晚会)时，我常感到寂寞。　　　　　　　　　（　）
　　A. 是　　　　　B. 不是　　　　　C. 不清楚
6. 我担心班上的同学对自己有坏印象。　　　　　　　　　　　　　　　　　（　）
　　A. 是　　　　　B. 不是　　　　　C. 不清楚
7. 我总尽力使自己得到其他同学的赏识。　　　　　　　　　　　　　　　　（　）
　　A. 是　　　　　B. 不是　　　　　C. 不清楚
8. 我经常暗自思慕异性。　　　　　　　　　　　　　　　　　　　　　　　（　）
　　A. 是　　　　　B. 不是　　　　　C. 不清楚
9. 我对自己的仪表缺乏信心。　　　　　　　　　　　　　　　　　　　　　（　）
　　A. 是　　　　　B. 不是　　　　　C. 不清楚
10. 不是不得已，我绝不求助于他人。　　　　　　　　　　　　　　　　　（　）
　　A. 是　　　　　B. 不是　　　　　C. 不清楚
11. 我和同学的关系能不断加深，多数是因为别人很主动。　　　　　　　（　）
　　A. 是　　　　　B. 不是　　　　　C. 不清楚
12. 参加集会我大多坐在熟人旁边。　　　　　　　　　　　　　　　　　　（　）
　　A. 是　　　　　B. 不是　　　　　C. 不清楚
13. 我喜欢与设备打交道而不是人。　　　　　　　　　　　　　　　　　　（　）

A. 是　　　　　　B. 不是　　　　　　C. 不清楚

14. 我喜欢网络聊天而不是打电话与他人联系。（　　）
    A. 是　　　　　　B. 不是　　　　　　C. 不清楚

15. 我常常担忧别人对自己有看法。（　　）
    A. 是　　　　　　B. 不是　　　　　　C. 不清楚

16. 我不轻易对别人做出评价。（　　）
    A. 是　　　　　　B. 不是　　　　　　C. 不清楚

17. 我心烦意乱时,是通过学习或独处来排解,而非与人交流。（　　）
    A. 是　　　　　　B. 不是　　　　　　C. 不清楚

18. 我在讲台上讲话常紧张,头脑一片空白,把熟悉的事都忘了。（　　）
    A. 是　　　　　　B. 不是　　　　　　C. 不清楚

19. 向大家讲话时,我不敢看听众的眼睛。（　　）
    A. 是　　　　　　B. 不是　　　　　　C. 不清楚

20. 我在演讲时,身体非常紧张和僵硬。（　　）
    A. 是　　　　　　B. 不是　　　　　　C. 不清楚

### (三) 测试评估

| 答案\题号 | 1 | 2 | 3 | 4 | 5 | 6 | 7 | 8 | 9 | 10 | 11 | 12 | 13 | 14 | 15 | 16 | 17 | 18 | 19 | 20 |
| --- | --- | --- | --- | --- | --- | --- | --- | --- | --- | --- | --- | --- | --- | --- | --- | --- | --- | --- | --- | --- |
| A | 0 | 0 | 0 | 0 | 0 | 0 | 0 | 0 | 0 | 0 | 0 | 0 | 0 | 0 | 0 | 0 | 0 | 0 | 0 | 0 |
| B | 2 | 2 | 2 | 2 | 2 | 2 | 2 | 2 | 2 | 2 | 2 | 2 | 2 | 2 | 2 | 2 | 2 | 2 | 2 | 2 |
| C | 1 | 1 | 1 | 1 | 1 | 1 | 1 | 1 | 1 | 1 | 1 | 1 | 1 | 1 | 1 | 1 | 1 | 1 | 1 | 1 |

### (四) 测试分析

31~40分的人：你是一个善于交际的人,积极运用你的交际手段,你会是一个受到同学们欢迎的人。

11~30分的人：你的交际能力一般,但不可否认,你是一个非常懂得理解他人的人。

0~10分的人：你是一个不善于交际的人。

# 测试主题九:合作能力测试

### (一) 测试说明

行为科学研究人员发现,在一个团队中,有75%的人与你截然不同,他们的言谈举止、处事方式等,都与你千差万别,但你的成功与否与他们有着至关重要的联系。从行为科学的角度看,团队中的每个人都是个性独特的少数派。不过问题的背后往往隐藏着机遇,跟个性迥异的人共事可能富有挑战性,但你可以化不利为有利,与这种人富有成效地合作,才能实现彼此互补,实现更大的目标。你的合作能力强吗?以下测试请在五分钟内完成。

### (二) 测试试题

1. 我喜欢在别人的领导下完成工作。　　　　　　　　　　　　　　(  )
　　A. 是　　　　B. 不是　　　　C. 不知道
2. 我不喜欢参加小组讨论。　　　　　　　　　　　　　　　　　　(  )
　　A. 是　　　　B. 不是　　　　C. 不知道
3. 与陌生人或自己不喜欢的人在一起讨论我会放不开。　　　　　　(  )
　　A. 是　　　　B. 不是　　　　C. 不知道
4. 我不喜欢与别人一起分担一项工作,觉得很不自在。　　　　　　(  )
　　A. 是　　　　B. 不是　　　　C. 不知道
5. 我感到与周围人的关系不和谐。　　　　　　　　　　　　　　　(  )
　　A. 是　　　　B. 不是　　　　C. 不知道
6. 我觉得,我的朋友数量没有其他人多。　　　　　　　　　　　　(  )
　　A. 是　　　　B. 不是　　　　C. 不知道
7. 很少有人可以让我真正信赖。　　　　　　　　　　　　　　　　(  )
　　A. 是　　　　B. 不是　　　　C. 不知道
8. 我经常感到孤独无助。　　　　　　　　　　　　　　　　　　　(  )
　　A. 是　　　　B. 不是　　　　C. 不知道
9. 我认可大合作大成就,小合作小成就。　　　　　　　　　　　　(  )
　　A. 是　　　　B. 不是　　　　C. 不知道
10. 我感到自己不属于任何圈子。　　　　　　　　　　　　　　　(  )
　　A. 是　　　　B. 不是　　　　C. 不知道
11. 我与任何人都很难亲密起来。　　　　　　　　　　　　　　　(  )
　　A. 是　　　　B. 不是　　　　C. 不知道
12. 我的兴趣和想法同周围的人不一样。　　　　　　　　　　　　(  )
　　A. 是　　　　B. 不是　　　　C. 不知道
13. 我常感到被人冷落。　　　　　　　　　　　　　　　　　　　(  )

    A. 是　　　　　B. 不是　　　　　C. 不知道
14. 没人很了解我。　　　　　　　　　　　　　　　　　　　　　　（　　）
    A. 是　　　　　B. 不是　　　　　C. 不知道
15. 分组讨论时我感到很紧张。　　　　　　　　　　　　　　　　（　　）
    A. 是　　　　　B. 不是　　　　　C. 不知道
16. 哪怕自己很累很忙,我也很难把手上的任务分配给其他人。　　（　　）
    A. 是　　　　　B. 不是　　　　　C. 不知道
17. 我感到与别人有距离。　　　　　　　　　　　　　　　　　　（　　）
    A. 是　　　　　B. 不是　　　　　C. 不知道
18. 我常感到羞怯难当。　　　　　　　　　　　　　　　　　　　（　　）
    A. 是　　　　　B. 不是　　　　　C. 不知道
19. 我经常希望得到朋友的问候。　　　　　　　　　　　　　　　（　　）
    A. 是　　　　　B. 不是　　　　　C. 不知道
20. 我只喜欢与谈得来的人接近。　　　　　　　　　　　　　　　（　　）
    A. 是　　　　　B. 不是　　　　　C. 不知道

## (三) 测试评估

| 答案\题号 | 1 | 2 | 3 | 4 | 5 | 6 | 7 | 8 | 9 | 10 | 11 | 12 | 13 | 14 | 15 | 16 | 17 | 18 | 19 | 20 |
|---|---|---|---|---|---|---|---|---|---|---|---|---|---|---|---|---|---|---|---|---|
| A | 0 | 0 | 0 | 0 | 0 | 0 | 0 | 0 | 0 | 0 | 0 | 0 | 0 | 0 | 0 | 0 | 0 | 0 | 0 | 0 |
| B | 2 | 2 | 2 | 2 | 2 | 2 | 2 | 2 | 2 | 2 | 2 | 2 | 2 | 2 | 2 | 2 | 2 | 2 | 2 | 2 |
| C | 1 | 1 | 1 | 1 | 1 | 1 | 1 | 1 | 1 | 1 | 1 | 1 | 1 | 1 | 1 | 1 | 1 | 1 | 1 | 1 |

## (四) 测试分析

31～40分的人:你是一个善于合作的人,你懂得在团队合作中如何更好地设法扬长避短,从而提高效率,号称"万人迷"。

11～30分的人:你是一个温文随和的人,虽然不会太主动,但对于别人的主动,你还是非常乐意合作的人,号称"随大流"。

0～10分的人:你是一个个性极强的人,你不喜欢与团队中的任何一个成员合作,办事喜欢独来独往,号称"独行侠"。

# 测试主题十：社交能力测试

## （一）测试说明

在人群中,有些人谈吐举止间透出无穷魅力,被大家前呼后拥;有些人则是对自己缺乏自信,做事做人唯唯诺诺。你想知道自己是怎样的一个人吗？请做下面的测试：

## （二）测试试题

1. 我上朋友家做客,首先要问有没有不熟悉的人也出席,如有,我的热情就明显下降。（    ）
   A. 是        B. 不是        C. 不知道

2. 我看见陌生人常常觉得无话可说。（    ）
   A. 是        B. 不是        C. 不知道

3. 在陌生的异性面前,我常感到手足无措。（    ）
   A. 是        B. 不是        C. 不知道

4. 我不喜欢在大庭广众面前讲话。（    ）
   A. 是        B. 不是        C. 不知道

5. 我的文字表达能力远比口头表达能力强。（    ）
   A. 是        B. 不是        C. 不知道

6. 在公共场合讲话,我不敢看听众的眼睛。（    ）
   A. 是        B. 不是        C. 不知道

7. 我要好的朋友很少。（    ）
   A. 是        B. 不是        C. 不知道

8. 我只喜欢与同我谈得拢的人接近。（    ）
   A. 是        B. 不是        C. 不知道

9. 到一个新环境,我可以接连好几天不讲话。（    ）
   A. 是        B. 不是        C. 不知道

10. 如果没有熟人在场,我感到很难与陌生人找到彼此交谈的话题。（    ）
    A. 是        B. 不是        C. 不知道

11. 如果要在"主持会议"与"做会议记录"这两项工作中挑选一样,我肯定挑选后者。（    ）
    A. 是        B. 不是        C. 不知道

12. 参加一次新的集会我不会结识多少人。（    ）
    A. 是        B. 不是        C. 不知道

13. 别人请求我帮助,而我无法满足对方要求时,我常感到无法处理。（    ）
    A. 是        B. 不是        C. 不知道

14. 不是万不得已我绝不求助于人,这倒不是我个性好强,而是感到难以对人开口。 （   ）
    A. 是　　　　　B. 不是　　　　　C. 不知道

15. 我很少主动到同学、朋友家串门。 （   ）
    A. 是　　　　　B. 不是　　　　　C. 不知道

16. 领导在场时,我讲话特别紧张。 （   ）
    A. 是　　　　　B. 不是　　　　　C. 不知道

17. 我不善于说服人,尽管有时我觉得自己很有道理。 （   ）
    A. 是　　　　　B. 不是　　　　　C. 不知道

18. 有人对我不友好时,我常常找不到对策。 （   ）
    A. 是　　　　　B. 不是　　　　　C. 不知道

19. 我不善于赞美别人,感到很难把话说得自然、亲切。 （   ）
    A. 是　　　　　B. 不是　　　　　C. 不知道

20. 别人话中带刺揶揄我,除了生气外,我别无他法。 （   ）
    A. 是　　　　　B. 不是　　　　　C. 不知道

21. 我最怕做接待工作,同陌生人打交道。 （   ）
    A. 是　　　　　B. 不是　　　　　C. 不知道

22. 参加集会,我总是坐在熟人旁边。 （   ）
    A. 是　　　　　B. 不是　　　　　C. 不知道

23. 我的朋友都是与我年龄相仿的。 （   ）
    A. 是　　　　　B. 不是　　　　　C. 不知道

24. 我几乎没有异性朋友。 （   ）
    A. 是　　　　　B. 不是　　　　　C. 不知道

25. 我不喜欢与地位比我高的人交往,我感到这种交往很拘束、很不自由。 （   ）
    A. 是　　　　　B. 不是　　　　　C. 不知道

## （三）测试评估

| 答案＼题号 | 1 | 2 | 3 | 4 | 5 | 6 | 7 | 8 | 9 | 10 | 11 | 12 |
|---|---|---|---|---|---|---|---|---|---|---|---|---|
| A | 0 | 0 | 0 | 0 | 0 | 0 | 0 | 0 | 0 | 0 | 0 | 0 |
| B | 2 | 2 | 2 | 2 | 2 | 2 | 2 | 2 | 2 | 2 | 2 | 2 |
| C | 1 | 1 | 1 | 1 | 1 | 1 | 1 | 1 | 1 | 1 | 1 | 1 |

| 答案＼题号 | 13 | 14 | 15 | 16 | 17 | 18 | 19 | 20 | 21 | 22 | 23 | 24 | 25 |
|---|---|---|---|---|---|---|---|---|---|---|---|---|---|
| A | 0 | 0 | 0 | 0 | 0 | 0 | 0 | 0 | 0 | 0 | 0 | 0 | 0 |
| B | 2 | 2 | 2 | 2 | 2 | 2 | 2 | 2 | 2 | 2 | 2 | 2 | 2 |
| C | 1 | 1 | 1 | 1 | 1 | 1 | 1 | 1 | 1 | 1 | 1 | 1 | 1 |

## （四）测试分析

36～50分的人:你真是一位社交高手,相信你如鱼得水的处事方式,一定深受大家的喜爱,身后总是有一大帮的跟随者。恭喜你,这可是一笔不小的资源,将有助于你的生活与工作。

21~35分的人:你虽然不会使用华丽的言语,也没有刻意的行为,却一直以你的忠厚为大家所认同。但如果你想让所有成员一起朝着共同目标努力的话,建议你和更多的人保持适当的沟通。

0~20分的人:从目前来看,你的状况似乎不太妙。尽量尝试多和你身边的人沟通,把自己的心灵放开,这样,你才会了解他们。另外,建立一定的自信也是必不可少的。

# 主要参考文献

[1] 胡邓. 人际交往从心开始[M]. 北京:机械工业出版社,2008.
[2] 覃彪喜. 读大学,究竟读什么[M]. 广州:南方日报出版社,2005.
[3] 万丽华,蓝旭译. 孟子·卷四·公孙丑下[M]. 北京:中华书局,2006.
[4] 阿兰·德波顿. 身份的焦虑[M]. 上海:上海译文出版社,2009.
[5] 许嘉璐. 二十四史全译·旧唐书·卷七十一·列传第二十一·魏徵[M]. 上海:汉语大词典出版社,2004.
[6] 常桦. 成功潜规则——中国式人脉网[M]. 武汉:武汉大学出版社,2010.
[7] 贺淑曼,蔺桂瑞. 健康心理与人才发展[M]. 北京:世界图书出版社,1999.
[8] 姜宪明. 大学生心理自我保健[M]. 北京:北京出版社,2001.
[9] 贺淑曼,聂振伟,金树湘. 人际交往与人才发展[M]. 北京:世界图书出版社,1999.
[10] 林昊. 决定你一生的人格魅力[M]. 北京:中国华侨出版社,2008.
[11] 宇文思哲. 培养孩子人格魅力的66种方法[M]. 北京:海潮出版社,2008.
[12] 万象文画编写组. 提升孩子人格魅力101个故事[M]. 呼和浩特:内蒙古人民出版社,2009.
[13] 于丹.《庄子》心得[M]. 北京:中国民主法制出版社,2007.
[14] 于丹.《论语》感悟[M]. 北京:中华书局,2008.
[15] 朱建军. 走出迷惘——增强你的人格魅力[M]. 合肥:安徽人民出版社,2009.
[16] 金正昆. 社交礼仪教程(第二版)[M]. 北京:中国人民大学出版社,2005.
[17] 丁煌. 交际信息学[M]. 武汉:华中理工大学出版社,1997.
[18] 张声雄、范芸. 学习型组织"金"典故事[M]. 上海:上海三联书店,2003.
[19] 《读书文摘》编辑部. 相处的艺术[M]. 兰州:甘肃人民出版社,1989.
[20] 杨霈霆主编,《中外管理》杂志编著. 用故事轻松领导[M]. 北京:机械工业出版社,2005.
[21] 常华. 先学会听话,再学会说话[M]. 北京:中国言实出版社,2009.
[22] 祖荣祺. 倾听艺术与技巧[M]. 北京:中国社会出版社,1997.
[23] 张自慧. 人际关系与沟通艺术[M]. 北京:人民美术出版社,2004.
[24] 张岩松. 公关交际艺术[M]. 北京:中国社会科学出版社,2006.
[25] 詹启生,俞智慧. 首因效应与近因效应在不同情境下作用的比较[J]. 健康心理学杂志,2000.
[26] 温永慧. 大学生人际交往障碍及人际交往技巧[J]. 山东省团校学报,2007(5).
[27] 魏俊桃,陈谊. 浅谈大学生人际交往的技巧[J]. 今日湖北(理论版),2007(2).
[28] 陈艳红. 大学生人际关系危机及解决方法[J]. 内江师范学院学报,2004(19).
[29] 李锦峰,福星. 网络人际关系的内在伦理矛盾分析[J]. 自然辩证法研究,2003(4).
[30] 朱彤. 日常生活中的心理学[M]. 北京:金城出版社,2007.
[31] 钱文忠. 玄奘西游记[M]. 上海:上海书店出版社,2008.
[32] 俞国良. 社会心理学[M]. 北京:北京师范大学出版社,2006.

[33] 曾仕强,刘君政.人际关系与沟通[M].北京:清华大学出版社,2004.
[34] 金理.口才艺术——卡耐基口语学[M].西安:陕西旅游出版社,2003.
[35] 熊文华.表达与听解[M].北京:国防大学出版社,2005.
[36] 孙汝建.口语交际理论与技巧[M].北京:中国轻工业出版社,2007.
[37] 陈汝东.社会心理修辞学导论[M].北京:北京大学出版社,1999.
[38] 张声雄等.学习型组织金典测试[M].上海:生活·读书·新知三联书店,2004.